독서의 쓸모

독서의 쓸모
내 삶을 채워주는 80권의 마음 처방전

초 판 1쇄 2024년 09월 27일
초 판 2쇄 2025년 05월 12일

지은이 양미현
펴낸이 류종렬

펴낸곳 미다스북스
본부장 임종익
편집장 이다경, 김가영
디자인 임인영, 윤가희
책임진행 이예나, 김요섭, 안채원, 김은진, 장민주

등록 2001년 3월 21일 제2001-000040호
주소 서울시 마포구 양화로 133 서교타워 711호
전화 02) 322-7802~3
팩스 02) 6007-1845
블로그 http://blog.naver.com/midasbooks
전자주소 midasbooks@hanmail.net
페이스북 https://www.facebook.com/midasbooks425
인스타그램 https://www.instagram.com/midasbooks

© 양미현, 미다스북스 2024, Printed in Korea.

ISBN 979-11-6910-818-8 03810

값 18,500원

※ 파본은 본사나 구입하신 서점에서 교환해드립니다.
※ 이 책에 실린 모든 콘텐츠는 미다스북스가 저작권자와의 계약에 따라 발행한 것이므로 인용하시거나 참고하실 경우 반드시 본사의 허락을 받으셔야 합니다.

미다스북스는 다음세대에게 필요한 지혜와 교양을 생각합니다.

독서의 쓸모

내 삶을 채워주는 80권의 마음 처방전

양미현 지음

미다스북스

		프롤로그	012
		『독서의 쓸모』 쓸모 있게 읽는 법	019

1장 위로가 필요할 때

1	'우리'를 관찰하는 '그들'에 대해	권정민, 『우리는 당신에 대해 조금 알고 있습니다』, 문학동네, 2019.	023
2	마음속 전쟁 '화' 다스리기	루키우스 안나이우스 세네카, 『화에 대하여』, 사이, 2013.	026
3	내 안의 용수철, 회복 탄력성은?	김주환, 『회복 탄력성』, 위즈덤하우스, 2011.	030
4	뜻대로 되지 않을 때 - 나와 대화하기	대니얼 고틀립, 『마음에게 말 걸기』, 문학동네, 2009.	034
5	당신은 '어른'입니까?	문요한, 『나는 왜 나를 함부로 대할까』, 해냄, 2022.	038
6	나의 언어 온도는 몇 도?	이기주, 『언어의 온도』, 말글터, 2016.	042
7	고마운 나에게 인사를	전승환, 『나에게 고맙다』, 허밍버드, 2016.	045
8	설렘주의보	이강남, 『설렘』, 북랩, 2019.	049
9	행복은 지금, 이 순간!	웨인 다이어, 『행복한 이기주의자』, 21세기북스, 2006.	053
10	오늘 행복하십니까?	프랑수아 를로르, 『꾸뻬 씨의 행복 여행』, 오래된미래, 2013.	057

2장 너를 이해할 수 없을 때

1	내 안의 오만과 편견	제인 오스틴, 『오만과 편견』, 민음사, 2003.	063
2	내가 그렇게 행동한 이유는?	로렌 슬레이터, 『스키너의 심리상자 열기』, 에코의 서재, 2005.	067
3	'인간' 아버지에 관하여	신경숙, 『아버지에게 갔었어』, 창비, 2021.	070
4	문제 해결의 정석은 '문제의 정의'	데이비드 니븐, 『나는 왜 똑같은 생각만 할까』, 부키, 2016.	074
5	'관계'의 안녕을 위한 방법	안도현, 『관계』, 문학동네, 1998.	078
6	우리들의 안정제	김동영·김병수, 『당신이라는 안정제』, 달, 2015.	081
7	내가 네 친구가 되어 줄게	엘윈 브룩스 화이트·가스 윌리엄즈, 『샬롯의 거미줄』, 시공주니어, 2018.	085
8	쓸모없는 예술의 쓸모	오스카 와일드, 『도리언 그레이의 초상』, 위즈덤하우스, 2018.	090
9	새털 같은 삶의 나날을 위해	밀란 쿤데라, 『참을 수 없는 존재의 가벼움』, 민음사, 2018.	094
10	빨간 피터가 인간들에게 보내는 보고서	프란츠 카프카·마히 그랑, 『빨간 피터의 고백』, 늘봄, 1996.	099

3장　'다름'을 이해한다는 것에 대하여

1	예술의 시작 - 익숙함에서 벗어나기	알랭 드 보통·존 암스트롱, 『영혼의 미술관』, 문학동네, 2019.	105
2	여행하는 이유	문요한, 『여행하는 인간』, 해냄, 2016.	109
3	코끼리와 쥐 - 누가 오래 살까?	모토가와 다쓰오, 『코끼리의 시간, 쥐의 시간』, 김영사, 2018.	113
4	공간과 건축에 길들여지다	이상현, 『길들이는 건축 길들여진 인간』, 효형출판, 2013.	117
5	고독한 예술가 빈센트	정여울, 『빈센트 나의 빈센트』, 21세기북스, 2019.	121
6	책상은 왜 책상이어야만 할까?	피터 빅셀, 『책상은 책상이다』, 이용숙 옮김, 예담, 2001.	125
7	발명과 통찰의 시작점 = 맹점, 그에 대한 궁금함	매들린 L. 반 헤케, 『블라인드 스팟』, 다산초당, 2007.	129
8	'시'를 맛보는 예의	김사인, 『시를 어루만지다』, 도서출판b, 2013.	133
9	이기적 유전자를 이기는 생존 기계, 인간	리처드 도킨스, 『이기적 유전자』, 을유문화사, 2018.	137
10	설득과 협상에서 내가 원하는 것을 얻는 방법	다니엘 사피로·로저 피셔, 『원하는 것이 있다면 감정을 흔들어라』, 한국경제신문, 2013.	142

4장 배운다는 것에 대하여

1	지성의 숲, 열두 발자국	정재승, 『열두 발자국』, 어크로스, 2018.	149
2	퇴계 선생에게 배우는 삶의 기술 '공부'	설흔, 『퇴계에게 공부법을 배우다』, 예담, 2009.	154
3	어리석은 이야기 속의 현명함을 찾아	이한, 『몽구』, 홍익출판사, 2012.	157
4	고전의 위력	율곡 이이, 『격몽요결』, 민음사, 2015.	162
5	거꾸로 읽는 동화	김민웅·노윤구, 『동화독법』, 이봄, 2017.	166
6	생각을 지배하는 것은 의식? 무의식?	엘든 테일러, 『무엇이 우리의 생각을 지배하는가』, 알에이치코리아, 2012.	170
7	자장면에서 배우는 생활 속의 경제학	오형규, 『자장면 경제학』, 좋은책만들기, 2010.	175
8	'철학'이 우리에게 주는 것	에릭 와이너, 『소크라테스익스프레스』, 어크로스, 2021.	178
9	생각에도 산소가 필요하다	정철, 『내 머리 사용법』, 리더스북, 2009.	183
10	지극히 개인적인 독서가 필요한 시대	문유석, 『쾌락독서』, 문학동네, 2018.	187

5장 가르친다는 것에 대하여

1	내 아이의 성장을 예측하는 지표, 마음을 나누는 기술	존 가트맨·최성애·조벽, 『내 아이를 위한 감정 코칭』, 한국경제신문, 2011.	193
2	"어른들도 함께 있니?"	윌리엄 골딩, 『파리대왕』, 민음사, 2000.	198
3	낭독의 힘	정여울, 『소리 내어 읽는 즐거움』, 홍익출판사, 2016.	202
4	이미 실천하고 있는 호모 리더스 독서법	권영식, 『다산의 독서전략』, 글라이더, 2016.	205
5	세상을 살아가는 처세술	N.마키아벨리, 『군주론』, 홍신문화사, 2007.	208
6	교사와 학생 사이	하임 G. 기너트, 『교사와 학생 사이』, 양철북, 2003.	212
7	계획대로 일이 되지 않을 때	스티브 도나휴, 『사막을 건너는 여섯 가지 방법』, 김영사, 2011.	215
8	지금은 건강한 비교가 필요한 때	리처드 니스벳, 『생각의 지도』, 김영사, 2004.	218
9	시대를 이기는 장사의 기술	박찬일, 『노포(老鋪)의 장사법』, 인플루엔셜, 2018.	222
10	'같기'를 기다리는 교육 말고	조던 스콧·시드니 스미스, 『나는 강물처럼 말해요』, 책읽는곰, 2021.	225

6장 사랑한다는 것에 대하여

1	내가 가장 아끼는 낱말은?	아그네스 드 레스트라드·발레리나 도캄포, 『낱말공장나라』, 세용출판, 2009.	231
2	외로움과 고립의 끝	델리아 오언스, 『가재가 노래하는 곳』, 살림, 2019.	234
3	살며, 사랑하며, 철학하며	뮈리엘 바르베리, 『고슴도치의 우아함』, 아르테, 2017.	238
4	누군가를 사랑한다는 것은 내 안의 나를 만나는 것	알랭 드 보통, 『왜 나는 너를 사랑하는가』, 청미래, 2007.	242
5	의식의 흐름을 따라 읽다	버지니아 울프, 『등대로』, 민음사, 2014.	246
6	쉬운 이야기, 깊은 생각, 토끼와 자라 이야기의 재해석	성석제·윤미숙, 『토끼와 자라』, 비룡소, 2010.	250
7	내가 달리는 목적	조지 쉰, 『달리기와 존재하기』, 한문화멀티미디어, 2003.	253
8	자유인 조르바	니코스 카잔차키스, 『그리스인 조르바』, 열린책들, 2013.	257
9	내가 만약 사흘만 볼 수 있다면	헬렌 켈러, 『사흘만 볼 수 있다면』, 산해, 2005.	261
10	'운명'적 사랑	이디스 워튼, 『여름』, 민음사, 2022.	264

7장 함께 한다는 것에 대하여

1	침묵을 지킬 수는 없었니?	프랑수아 플라스, 『마지막 거인』, 디자인하우스, 2002.	271
2	법이 바뀌어도 여전히 김지영	조남주, 『82년생 김지영』, 민음사, 2016.	274
3	머리가 아닌 가슴으로 역사 느끼기	최치원, 『새벽에 홀로 깨어』, 돌베개, 2008.	277
4	얼마만큼 원하시나요?	권정생, 『우리들의 하느님』, 녹색평론사, 1996.	280
5	낯선 이에 대한 편견과 '함께' 산다는 것	헬렌 한프, 『채링크로스 84번지』, 궁리, 2004.	284
6	소크라테스의 변명	플라톤, 『소크라테스의 변명』, 문예출판사, 1999.	287
7	내 삶의 모자이크를 위해 필요한 것들	천선란, 『천 개의 파랑』, 허블, 2020.	292
8	사람에 대한 예의	권석천, 『사람에 대한 예의』, 어크로스, 2020.	297
9	디지털 문명 부작용의 뒷면 읽기	최재붕, 『포노사피엔스』, 쌤앤파커스, 2019.	302
10	환경조정시간이 필요해	루이스 세풀베다, 『갈매기에게 나는 법을 가르쳐준 고양이』, 바다출판사, 2021.	306

8장 살아간다는 것에 대하여

1	삶을 빛내는 '소확행'	카르멘 치카·마누엘 마르솔, 『거인의 시간』, 로그프레스, 2016.	313
2	느리게, 오래, 자세히 보기	리자베스 토바 베일리, 『달팽이 안단테』, 돌베개, 2011.	316
3	죽음에 관한 불편한 진실	레프 니꼴라예비치 톨스토이, 『이반 일리치의 죽음』, 창비, 2011.	320
4	삶을 풍요롭게 살아가는 방법	알랭 드 보통, 『프루스트가 우리의 삶을 바꾸는 방법들』, 청미래, 2010.	324
5	차라투스트라는 이렇게 말했다	프리드리히 니체, 『차라투스트라는 이렇게 말했다』, 민음사, 2004.	328
6	'미래'에 있는 '현재'	김초엽, 『우리가 빛의 속도로 갈 수 없다면』, 허블, 2019.	332
7	나만의 '삶의 의미'를 찾아서	빅터 프랭클, 『빅터 프랭클의 죽음의 수용소에서』, 청아출판사, 2022.	336
8	메멘토 모리! 죽음을 기억하라	김지수·이어령, 『이어령의 마지막 수업』, 열림원, 2021.	340
9	왜 오뒷세이아를 읽어야 하는가	호메로스, 『오뒷세이아』, 숲, 2019.	344
10	'끝'의 다른 이름	알프레도 코렐라·호르헤 곤살레스, 『끝의 아름다움』, 소원나무, 2021.	349

부록

아이와 함께, 가족과 함께하는 독서 토론 목록	355
『독서의 쓸모』 읽고 독서 토론하기	356
에필로그	358

프롤로그

내 삶을 채워주는 마음 처방전

'쓸모'란 대상의 '쓸 만한 가치', '쓰이게 될 분야나 부분'이라는 뜻을 갖고 있습니다. 인간은 그 자체가 쓸 만한 가치를 가진 존재입니다. 책상이나 악기도 쓰이게 될 분야나 부분을 갖고 있습니다. 책도 마찬가지입니다. 재미있는 책, 기술과 기능을 알려주고 배우도록 하는 책 등 모든 책은 다 쓸 만한 가치를 가지고 있겠지요.

머리가 아플 때 두통약을 먹으면 나을 때가 있습니다. 증상에 맞는 약의 쓸모처럼 책은 위로의 약이 되기도 하고, 배움과 가르침을, 삶의 용기와 지혜를 주기도 합니다. 사과를 먹으면 맛도 있지만 동시에 비타민도 섭취하게 되는 것처럼, 책을 재미있게 읽으면 감동과 재미도 얻지만, 동시에 우리의 습관과 삶에 작은 변화를 불러올 수 있을 만큼 적지 않은 영향을 미치기도 합니다. 독서의 쓸모는 책의 존재 자체가 쓸모라고 생각합니다. 그렇다면 책이 어떻게 우리의 삶에 쓸모 있는 위안과 이해가 될 수 있으며, 또 어떻게 책을 통해 우리는 성장하게 될까요?

위로가 필요할 때

마음이 힘들거나 위로가 필요할 때, 가족이나 친구가 곁에서 늘 나의 하소연을 들어준다면 참 좋겠지요. 때론 가족과 친구들도 도움이나 위로가 되지 못할 때도 있습니다. 그럴 때 한 권의 책은 작은 위로와 힘이 되고 친구가 되어줄 수도 있습니다. 책의 내용을 이해하고 공감하며 우리는 때로는 잊었던 행복의 순간들을 다시 떠올릴 수 있을 것입니다.

네가 이해되지 않을 때

꽉 닫힌 한 공간에 오랫동안 있으면 답답함을 느끼게 되고 환기가 필요해집니다. 내가 이해할 수 없는 일에 대해서도 창문을 열 듯 다른 시선으로 바라보면 마음의 평안을 찾을 수도 있을 것입니다. 이해하지 못해도 존중할 수는 있을 것입니다. 책은 다른 사람의 마음을 들여다볼 수 있는 창을 열어줍니다. 다양한 주제의 책들 속에서 여러 인물들을 만나고, 동시에 나와는 다르고 낯선 그들의 생각을 만나보시기를 추천합니다.

서로 다름에 대하여

이 세상에서는 '같은' 것을 찾기가 더 어려울 만큼 만물은 다 다른 모습 아닐까요? 같은 나무, 같은 가지에서도 꽃이 피는 시기와 색깔과 모양이 다른 것처럼 우리의 모습도 생각도 가치관도 다 다릅니다. 그 다름으로 인해 모든 것이 아름답게 어우러진다고 생각합니다. 서로 '다르다'는 것을 알고 있으면서도 그 '차이'에 대해 이해하지 못할 때가 있습니다. '다름'의 배경을 알면 어떨까요?

책은 다양한 관점에서 다름을 이루는 배경을 이해하게 해주며, 지혜를 주는 세계로 안내해 줍니다. 책은 다양성의 가치를 알게 해주며, 동시에 서로 다른 배경과 문화에서 온 이야기들을 통해 세상을 더 포용적인 시각으로 바라보게 도와줄 것입니다.

배운다는 것에 대하여

아는 만큼 보인다고 합니다. 배움은 변화이며 함께 성장하는 일입니다. 우리들이 사는 세상은 새로움과 변화의 속도가 너무 빨라 어제의 정보와 지식은 오늘의 쓰레기가 됩니다. 삶이 계속되는 한 늘 내 삶에 의미가 있는 배움을 얻어야 합니다. 그러기 위해서는 열린 마음과 나에게 맞는 습득의 방법이 필요합니다. 내게 배움이 필요할 때, 잘 학습되지 않을 때 어떻게 해야 할까요? 다양한 배움의 관점에서 나를 들여다보면 새로운 방법이 떠오르지 않을까요?

가르친다는 것에 대하여

'가르친다'는 것은 '배우다'의 반대 개념이 아닙니다. 가르치는 일이 배우는 일보다 우위에 있는 것도 아닙니다. 우리는 누군가에게 가르쳐 주면서 비로소 "아하!" 하고 탄성을 지르게 되는 때도 있습니다. 배우고, 가르치고, 때로는 가르침을 통해 다시 배우게 됩니다. '배운다는 것은 꿈을 꾸는 것, 가르친다는 것은 희망을 노래하는 것'이라는 노랫말처럼 희망을 꿈꾸고 가꾸게 하는 책을 한 권 펼쳐보는 것은 어떨까요?

사랑한다는 것에 대하여

사랑은 설렘, 기다림, 때로는 대답 없는 메아리입니다. 사랑은 살아가는 이유이기도 합니다. 오묘하기도 난해하기도 한 사랑, 나와 사람과 세상, 자연, 사물, 삶을 사랑하는 이야기에 함께 떠나보고 나만의 사랑의 해답을 발견해 보기를 바랍니다.

함께 한다는 것에 대하여

'나'가 '모이면' '우리'가 되는 것이 아니라, '나'를 '버려야' '우리'가 된다는 『내 머리 사용법』의 문구가 떠오릅니다. 펄펄 끓는 지구와 이상 기후와 기아는 '나'를 포함한 '우리'의 현실입니다. 책의 쓸모는 '나 하나쯤이야.' 하는 이기적인 생각 대신 '나 혼자라도, 나부터라도, 나만이라도'라는 함께하는 생각으로 우리를 바꿔줍니다. 또한 이를 통해 실천하는 힘을 길러줄 것입니다. 아주 작은 따뜻한 마음과 결단의 표현은 나를 '버리는 일'이고 그런 내가 '모이면' 아름다운 '우리'의 세상이 되는 것이라 믿습니다.

살아간다는 것에 대하여

내가 잘 살아가는지, 어떻게 살아야 하는지 알려면, '내가 세상을 떠날 때, 가족과 친구들로부터 어떤 말을 듣고 싶은가?', '내 묘비명에 어떤 말을 쓰고 싶은가?'를 생각해 보면 된다고 합니다. '잘 살기 위해' 우리는 죽음에 대해 이야기합니다. '지금'의 소중함을 잊지 않기 위해 우리에게 시간이 얼마나 남았는지 가늠해 보기도 하고, 내 주변의 소중한 것을 발견하기 위해 니체도 만나고, 내가 행복해지는 방법을 찾아보고 나만의 의미 찾기에 시간을 보내 봅니다.

책을 제대로 이해하고 싶어서 15여 년간 독서 토론 동아리를 운영해 왔습니다. 독후감이나 서평 등 책에 대한 글을 쓰고 싶은 마음도 자연스럽게 생겼습니다. 그래서 전국독서새물결모임에서 편집 위원으로 정기적인 '독서 편지'를 8년간 월 2회 쓰고 있습니다. '잘해서'가 아니라 '잘하고 싶어서' 책을 추천하는 편집 위원이 되었습니다. 책을 읽고 좋은 부분을 공유하기 위해 글을 쓰다 보니 가끔은 '책을 읽고 싶은 마음이 생기도록 이끌어가는 추천의 글이 좋았다'라는 회원님의 메일도 받게 되었습니다. 그런 응원으로 자신감을 얻게 되었습니다. 그렇게 읽고 토론하고 쓴 글들을 모아 제가 책으로 위로받고, 성장했듯 함께 공유하고 싶은 마음으로 책으로 펴내 봅니다.

'모두는 하나를 위하여, 하나는 모두를 위하여'란 말이 이처럼 와닿은 적이 있을까 싶습니다. 이 한 권의 책은 저와 이어진 여러 사람의 도움으로 만들어졌습니다. 이제 삶의 한 부분이 된 독서 토론 모임 '아고라북'. 저는 아고라북의 회원 여러분과 함께 생각을 공유하고 오랜 시간 토론함으로써 제 생각과 관점을 더욱 성숙하게 만들 수 있었습니다. 회원들에게 감사의 마음을 전합니다. 도전하듯 시작한 독서 편지 편집 위원으로서 다양한 책을 선정하고 관심 영역을 넓혀보고 성실하게 글을 쓸 수 있었던 것은 긴 시간 한결같이 응원하고 편지를 읽어준 전국독서새물결모임 회원들 덕분입니다.

나이가 많다고 어른이 아니듯, 경험이 많거나 책을 많이 읽었다고 지혜로운 것은 아닙니다. 어떻게 내 것을 소화하고 재해석하느냐가 중요합니다. 삶에서 누구나가 겪을 수 있는 경험에 더하여, 그것과 관련된 책의 이야기를 연결하여 생각하기를 권합니다. 그것이 지혜로 재탄생하면, 결국 그 지혜를 통해 우리의 내일이 변화할 수 있다는 것을 공유하고 싶습니다. 이 글들은 독서 편지 쓰기와 토론 동아리 활동으로 읽고 쓴 글들 중 80편의 글을 주제별로 분류하였습니다.

이 책의 출판과 관련된 정보를 찾는 일에 도움을 준 대감초등학교에서 함께 근무했던 지혜 님에게 감사함을 전합니다. 그녀는 저 못지않게 이 책이 세상이 나오기를 기다렸습니다. 드디어 세상에 나왔노라고 감사의 전화와 함께 책을 보내주고 싶습니다. 수년간 책으로 펴고 싶었으나 답보 상태에 있던 저에게 도전하여 책을 펴도록 조언과 편집을 도와준 명상완 실장님께도 고마움을 전합니다.

감사를 전하고 싶은 인물은 그 외에도 많습니다. 먼저 독서 편지를 쓰는 오랜 시간 동안 도움을 주고, 또 이 책의 편집 과정에서 조언을 구하면 독자의 관점에서 제목과 내용의 조화를 짚어주고, 그 외에 수정이 필요한 부분을 날카롭게 지적해 내게 배움을 준 아들 한결, 두 번째로 타국에서 시차가 다른데도 불구하고 수시로 보내준 글들을 꼼꼼하게 읽어주고, 새로운 아이디어와 함께 힘을 준 딸 다솜이, 세 번째로 늘 메시지와 전화로 글 쓰는 일을 응원해 주고, 동시에 공감되는 부분도 말해 주어 용기를 준 사위 재현과 며느리 희정에게도 고마운 마음을 전합니다. 네 번째로 공기처럼 곁에 있어 주며, 지쳤을 때는 함께 쉼으로, 자존감이 낮아질 때는 공감과 용기로 지지해 주는 짝, 재홍 님에게도 감사의 마음을 전합니다. 다섯 번째로 시골에 계시면서도 생각은 늘 앞서가시는 분, 일과 공부를 하는 저를 안쓰러워하기보다는 좋아하는 일을 하는 것도 감사한 일이라며 자랑스럽다고 해 주시는 엄마, 마지막으로 딸에게 사랑한다는 말도, 마음도 다 주지 못하고 오래전 떠나신 아버지께 감사함을 바칩니다.

성철 스님은 누구보다도 책을 많이 읽었지만 우리에게 "내가 하는 말은 모두 거짓말이다.", "책을 읽지 마라."고 하였습니다. 어떤 철학자는 책을 읽는 동안은 작가의 생각을 따라가고 나를 잊게 되므로 책을 읽지 말라고 충고하기도 합니다. 수많은 책을 읽어도 변하지 않는 사람과, 단 한 권을 읽어도 삶이 변하는 것의 차이는 무엇일까요? 책으로 작가의 생각을 만나지만 따라가지 말고 낯선 생각, 다른 관점으로 뒤집고 비틀어보라는 뜻이겠지요.

  여럿이 도와 만든 한 권의 책을 통해 제가 위로받고, 배우고 성장한 것처럼 공감의 책, 낯선 책들을 만남으로써 여러분들의 하루하루가 위로와 용기를 얻고 풍요로워지기를 바랍니다. 책을 펼칠 때마다, 질문과 의문을 통해 새로운 발견과 성장을 하시길 기대하며, 독서의 쓸모를 공유하기를 바랍니다. 꼭 책을 많이 읽어야만 변화하는 것은 아니지만 남모를 단 한 권의 책 속에서 나를 바꾸는 보석을 발견하길 소망합니다.

2024년 9월
보이지 않는 큰 꿈을 품은 작은 씨앗을 심는 양미현

『독서의 쓸모』 쓸모 있게 읽는 법

- 이 책은 읽는 순서가 없습니다. 마음에 드는 주제, 관심 있는 제목이나 읽은 도서명을 찾아 한 편씩 읽어도 됩니다. 중간, 뒤에서부터 읽어도 문제가 없는 책입니다.

- 각 도서 추천 글 아래의 질문들을 읽고 책을 읽으면 깊이 있는 생각을 하는 데 도움을 줍니다.

- 추천하는 책을 읽지 않고 추천 글만 읽어도 생각을 말할 수 있는 질문들로 구성하였으므로 이 책을 읽고 토론해도 되고, 각 글에 대해 질문과 함께 생각하는 시간을 가질 수 있습니다.

- 가족과 함께, 또는 자녀, 학생들과 토론할 수 있는 책들이 있어 독서 토론 동아리를 시도해 볼 수 있습니다.(부록 '아이와 함께, 가족과 함께하는 독서 토론 목록' 참고)

- 책을 읽고 나서 추천 책의 질문이 아니더라도, 다음과 같은 질문에 대해 스스로 생각해 보세요. 이 질문들을 통해 함께 대화를 나누고 토론하고 나면, 어느새 책을 더 깊이 이해하게 될 것이며, 또 오랫동안 책을 기억에 남길 수 있게 되고, 생각도 넓어질 것입니다.

⊘ 책의 내용과 비슷한 경험을 한 적이 있나요?

⊘ 책에서 재미있는 부분이나 장면은 무엇인가요? 왜 그렇게 생각하나요?

⊘ 책 속에서 궁금한 부분은 무엇인가요? 이 부분에 대해 <u>스스로 또는 토론</u>하는 사람들과 각자의 생각을 이야기해 봅시다.

⊘ 책에서 내가 가장 중요하다고 생각하는 것은 무엇인가요? 왜 그렇게 생각하나요?

⊘ 작가의 메시지, 또는 주제는 무엇이라고 생각하나요?

⊘ 가장 인상 깊게 읽은 부분이나 문장에 줄을 긋고 따라 적어 봅시다. 인상 깊게 읽은 이유에 대해서도 이야기해 봅시다.

1장
위로가 필요할 때

마음이 힘들거나 위로가 필요할 때,
가족과 친구가 늘 곁에서
내 하소연을 들어준다면 참 좋겠지요.

내 마음이면서도 나도 모를 때,
곁에 아무도 없다고 여겨질 때,
혹은 있어도 별 도움이 되지 못할 때,
가장 큰 힘의 위로가 되는 것은
한 권의 책일지도 모릅니다.

책은 내가 스스로 헤쳐 나갈 방법을 찾을 때까지
말없이 곁에서 나를 위로해 주기도 합니다.
책 속의 또 다른 나를 찾아 들여다보면
어느새 약을 먹은 듯,
조금은 치유가 될 수도 있을 것입니다.

1	'우리'를 관찰하는 '그들'에 대해	권정민, 『우리는 당신에 대해 조금 알고 있습니다』, 문학동네, 2019.
2	마음속 전쟁 '화' 다스리기	루키우스 안나이우스 세네카, 『화에 대하여』, 사이, 2013.
3	내 안의 용수철, 회복 탄력성은?	김주환, 『회복 탄력성』, 위즈덤하우스, 2011.
4	뜻대로 되지 않을 때 - 나와 대화하기	대니얼 고틀립, 『마음에게 말 걸기』, 문학동네, 2009.
5	당신은 '어른'입니까?	문요한, 『나는 왜 나를 함부로 대할까』, 해냄, 2022.
6	나의 언어 온도는 몇 도?	이기주, 『언어의 온도』, 말글터, 2016.
7	고마운 나에게 인사를	전승환, 『나에게 고맙다』, 허밍버드, 2016.
8	설렘주의보	이강남, 『설렘』, 북랩, 2019.
9	행복은 지금, 이 순간!	웨인 다이어, 『행복한 이기주의자』, 21세기북스, 2006.
10	오늘 행복하십니까?	프랑수아 롤로르, 『꾸뻬씨의 행복 여행』, 오래된미래, 2013.

'우리'를 관찰하는 '그들'에 대해

권정민, 『우리는 당신에 대해 조금 알고 있습니다』, 문학동네, 2019.
이 책은 식물의 시선으로 우리의 삶을 관찰한 모습을 들려주는 이야기입니다. 집과 식당, 거리 등 고개를 돌리는 곳마다 있는 녹색 식물들, 관상용에서 이제는 반려의 대상이 된 식물들이 본 우리의 모습은 어떨까요? 식물은 우리 인간들이 그들과 어느 면에서 닮았음을 보여줍니다. 거울처럼 우리 모습을 비춰주는 그들이 무슨 말을 할까요?

얼마 전 베란다에 나가서 화분의 나뭇잎을 닦아주던 때였습니다. 넓은 고무나무 잎을 한 잎 한 잎 닦아주는데 화분 아래에 옹기종기 자라고 있는, 잎이 작은 아이비와 스킨답서스에게 눈이 갔습니다.

그들은 "맨날 큰 나뭇잎들만 닦아주고 정성을 주는 것 같아! 우리도 먼지 닦아주고 사랑이 필요한데~"라고 말하는 것 같았습니다. 아주 가끔 들여다보는 저를 질책하는 듯한 느낌도 들었습니다. 그럴지도 모릅니다. 이제 '그들'은 관상용이 아니라 '반려 식물'로 불리는 존재이기 때문입니다. 때로는 꽃과 나무들이 잘 자라고 있거나 말라 죽는 것은 우리가 삶의 여유를 갖고 살아가는지 알 수 있는 징표가 되기도 합니다.

당신은 가끔 많이 힘들어 보입니다.
우리를 돌아볼 수도 없을 만큼.
_권정민, 『우리는 당신에 대해 조금 알고 있습니다』, 문학동네, 2019. p22

이 책은 우리가 집이나 사무실에서 키우는 식물들의 이야기입니다. 그들의 눈으로 지켜본 우리들의 모습에 대한 표현을 읽을 때마다 "아! 우리가 그랬나?" 하고 평상시의 모습을 돌아보게 되고 때론 우리의 민낯을 발견하게 되어 부끄럽기도 합니다. 화원에 가서 식물을 고를 때의 기준은 무엇인가요? 저는 자주 신경을 안 쓰고 물을 자주 안 줘도 잘 자라는 식물, 그러고도 멋있는 식물을 찾습니다. 사실은 그것이 식물을 위해서도 필요하고 좋은 일입니다. 하지만 동시에 그런 제 모습을 바라볼 때, 저는 '적은' 노력으로 '최상'의 효과를 노리는 제가 얼마나 영악한지, 또 처음에 주던 관심과 정을 얼마나 쉽게 배신하고 내던져 버리는지 되돌아보게 됩니다.

축제나 크리스마스가 다가오면 거리나 아파트 앞 나무의 둥지와 가지에 칭칭 램프 줄을 감아 아름답게 장식합니다. 밤새 빛나고 찬란한 불을 켜기 위해서 말입니다. '그들'은 얼마나 뜨거울까요? 말하지 못해도 느낄 수는 있을 것이고, 그것은 생존과 관계있을 수도 있습니다. 견딜 수만 있다면 다 괜찮은 것일까요? 뜨겁지 않은 LED 등이면 밤새 불빛을 내고 있어도 나무는 괜찮은 것일까요?

어느 공간 한쪽에 갖다 두어도 우리는 '그들' 이름에 관심 없습니다. '우리'가 원하는 곳이라면 '그들'이 원하지 않아도 빛과 바람이 없는 지하의 공간이나 화장실이든 상관없습니다. '우리'가 힘들면 '그들'은 방치되어 빈 화분으로 나가도 관계없습니다. 우리가 이 나무 같은 취급을 받고 살았던 적은 없었을까요? 불현듯 나무들의 이야기가 아니라 우리들의 이야기임을 느끼게 됩니다.

저희 집 베란다 한구석에 아주 오래전 사 놓은 선인장이 있습니다. 마치 조화처럼 몇 년간 아무런 변화가 없었습니다. 물을 주어도 단 1mm도 자라지 않아 가끔 들여다볼 때마다 고민이었습니다. 시든 것인데 내가 모르고 있나? 버려야 하나? 3~4년이 지난 어느 날, 손톱만큼 봉긋이 솟은 선인장이 눈에 띄었습니다. 그러더니 하루가 다르게 쑥쑥 머리를 들고 올라왔습니다. 변화할 거라는 믿음으로 오랜 세월을 기다려야 한다는, 하지만 기다리고 나면 4~5년 후에는 폭풍처럼 성장한다는 모소 대나무 이야기가 생각났습니다.

그래! 자라고 있었구나. 반가움보다 경이로웠습니다. '우리'의 기준에서 모를 뿐 '그들'은 늘 그 자리에서 호흡하고 있습니다. 우리는 기다림에 아직 서툰 것 같습니다. 오늘 잠시 여유를 갖고 집의 한쪽에서 묵묵히 기다리면서 자라고 있는 '그들'이 잘 자라고 있는지 한 번 가보는 것을 추천합니다. 식물이 시들어 가고 있다면 그것은 '내'가 힘들다는 신호입니다. 그들이 잘 자라면 그만큼 '나'는 여유 있는 삶을 살고 있다고 여겨도 좋습니다.

생각하면 쓸모 있는 질문 한 스푼

- '조금' 알 때와 '많이' 알 때의 차이는 무엇일까요? 그 차이로 인하여 태도는 어떻게 달라질까요? 왜 그럴까요? 깊게 읽은 이유에 대해서도 이야기해 봅시다.
- 이야기 속의 나무처럼 원하지 않는 위치나 역할을 하게 된 경우, 나는 어떻게 버텼나요?
- 힘든 시기를 지날 동안 나를 버티게 한 힘은 무엇이었나요?

마음속 전쟁 '화' 길들이기

루키우스 안나이우스 세네카, 『화에 대하여』, 사이, 2013.
고대 로마 철학을 대표하는 세네카가 '화'라는 감정에 대해 철학적으로 고찰하고 사람들의 심리를 분석하여 쓴 책입니다. 화를 잘 내는 동생 노바투스의 부탁으로 세네카는 화를 가라앉히는 방법을 저술하였습니다. 책에서는 화는 필요한 것인지, 억제할 수 있는 것인지에 대해 철학적으로 접근하여 해결책을 찾아봅니다. 또한, 단순히 화를 다스리는 방법과 어떤 상황에서도 마음의 평정을 잃지 않는 방법에 대해서도 안내하고 있습니다.

우리가 화를 내는 이유는 무엇일까요? 화가 나면 어떻게 해결하시나요? 아이들이 어렸을 시절, 제가 아이들을 양육하던 모습을 되돌아보면, 방 정리, 각자가 해야 할 과제나 역할을 몇 번이나 말해도 안 했을 때 화를 낸 것이 기억납니다. 제가 원하는 대로 상대방이 하지 않는 상황도 화를 내는 이유라고 생각됩니다.

이 책은 화를 잘 내는 동생 노바투스가 형 세네카에게 '화를 다스리는 방법'을 써 달라는 부탁으로 출간하게 된 편지글 형식의 책입니다. 세네카는 철학자로서 인간의 감정 중 '화'에 대해 많은 연구를 합니다. '화'가 인간의 본성인지, 화를 낼 때의 인간은 어떤 모습으로 변하는지, 화의 해악, 화를 억제하거나 다스리는 방법에 대해 들려줍니다.

세네카는 화 나는 상황과 원인은 자신이 억울하거나 부당한 대우를 받았다고 여길 때라고 합니다. 그러고 보니 위의 제 사례도 부당한 대우, 엄마가 말한 것에 대해 정당하게 대우해 주지 않아 화를 낸 이유에 속합니다.

우리가 잘못을 인정하지 않는 이유는 우리 자신이 무지하고 오만하기 때문이라고 저자는 말합니다. 세네카는 '아무 잘못이 없는' 경우가 있다고 하더라도 이성을 잃고 화를 폭발시키지 않도록 유의하라고 합니다. 이것은 '화'라는 감정을 스스로 다스리라는 뜻과도 일맥상통합니다.

반면 아리스토텔레스는 우리에게 '화'를 활용하기를 권합니다. '화'도 때로는 동기부여가 된다는 입장입니다. '화가 없으면 전쟁에서 승리할 수도 없다고 말하며, 그는 화를 강제로 누르지 말고 그것을 자신에게 도움이 되도록 이용하라고 합니다. '화'를 지휘관이 아닌 보병과 같이 도구로 잘 활용하라고 강조합니다.

우리는 때로 '화'가 나서 어떤 일을 더 잘해 내기도 합니다. 이처럼 세네카는 '화'를 고통으로 갚고자 하는 욕망으로 정의합니다. 화라는 감정보다 이성이 더 강하다는 입장입니다. 이성의 반대인 화는 파괴적이고 유용하지 않으므로 이성이라는 무기를 잘 사용하라고 합니다.

화는, 바람처럼 공허하다.
_루키우스 안나이우스 세네카, 『화에 대하여』, 사이, p73

딸아이가 어렸을 때, 어떤 잘못에 대해 제가 지적하고 화를 내며 고함을 친 적이 있었습니다. 딸이 울길래 "그렇게 억울하니?"라고 우는 이유를 물었습니다. 그러자 딸은 흐느끼면서 "그게 아니고… 화를 내는 게 너무 무섭고 놀라서…." 하며 띄엄띄엄 말했습니다. 그 말이 저의 뇌리를 꽝 치는 듯 충격을 주었습니다. 저 자신을 되돌아보았습니다. '내가 왜 이토록 화를 내지?' 딸에게 참 미안했습니다. 그냥 잘못을 지적하면 되는데 왜 화를 내었을까? 사실은 그 화는 아이가 한 잘못이 아니라 그 잘못에 대한 제 내면에 잠재된 그 '무엇'에 있다는 것을 왜 몰랐을까요?

세네카는 잘못을 꾸짖되 화를 내지 말라고 합니다. 세네카는 플라톤의 이야기를 예로 들면서 화를 유예하라고 합니다. 그 예는 이렇습니다. 어느 날, 플라톤이 노예에게 화가 나서 벌을 주려는 순간 자신이 화난 것을 알아차렸습니다. 그는 즉시 친구에게 자기 대신 노예에게 벌을 주라고 부탁했다고 합니다. 자신의 화로 또 다른 일이 생길까 봐서였습니다. 세네카는 최대한 화를 미루어 심사숙고의 시간을 갖도록 서로에게 요구하라고 합니다. 세네카는 우리 인간이 화를 마음속에서 떠나보낼 능력이 있다고 주장하며 자연을 극복하는 인간을 예로 듭니다. 육체적인 단련으로 강인해지면 더위와 추위도 극복할 수 있는 것처럼 화도 감정을 훈련하면 절제할 수 있다고 합니다. 신체적인 훈련으로 몸이 단련해지는 것처럼 우리의 화도 통제가 가능할까요? 화가 날 때 어떤 방법으로 미룰 수 있나요?

화를 유예할 수 있는 능력에서 교육의 중요성이 강조됩니다. 화에 대한 원인과 표현하는 방식은 어릴 때의 양육 방법에서 비롯되기 때문에 교육이 중요하다는 것입니다. 책에선 아이에게 자유와 칭찬으로 기를 살리되 중용의 마음가짐을 갖도록 교육해야 한다고 조언합니다. 남의 비위를 맞추거나 부모에게 애원하여 원하는 것을 얻도록 하지 말라는 자녀 교육법은 지금도 적용할 수 있는 교육 방법입니다.

하루의 일과를 마치고 잠들기 전 어떻게 지냈고 어떤 점을 개선해야 하는지 성찰하나요? 세네카는 로마의 사상가 섹스티우스의 예를 전하며 우리에게 하루의 일상을 꼼꼼히 들여다보는 습관을 가지라고 강조합니다.

오늘 기분은 몇 점인지요? 저도 이 책을 읽으며 화를 얼마나 내었는지 하루의 일상을 되돌아보며 감정을 체크하고 거울을 들여다보게 됩니다.

생각하면 쓸모 있는 질문 한 스푼

- 내가 자주 혹은 극도로 화를 내는 것은 어떤 때인가요? 화가 날 때 어떤 행동이나 말을 하게 되나요?
- 세네카는 자연을 극복하는 인간의 사례처럼 인간이 화를 극복할 수 있다고 말합니다. 마음의 평정을 유지하고 자제하는 훈련과 습관으로 화를 극복하는 것이 가능할까요?
- 화가 날 때 그 화를 참을 수 있는 나만의 방법은 어떤 것이 있나요?

내 안의 용수철, 회복 탄력성은?

김주환, 『회복 탄력성』, 위즈덤하우스, 2011.
'회복 탄력성(Resilience)'이란 스프링처럼 튕겨 나갔다가 다시 제자리로 돌아오는 힘이라는 뜻입니다. 심리학에서 쓰이는 용어로 시련이나 고난을 이겨내는 긍정적인 힘을 의미합니다. 이 책은 회복 탄력성으로 다양한 사람들이 고난과 어려움을 이겨낸 사례들을 소개하며, 회복 탄력성의 여섯 가지 요소와 회복 탄력성을 키우는 방법들을 안내하고 있습니다.

이 글을 읽기 시작했다면, 다음의 문제에 대해 생각을 쓰고 나서 글을 읽기를 권합니다.

"지금부터 10분 동안 자신의 장점을 적어 봅시다."

10분 이내에 쉽게 자신의 장점을 많이 적었나요? 저는 학생이나 성인을 대상으로 수업할 때 자주 이 과제를 제시합니다. 각 반이 30여 명일 때 2~3명 외에는 서너 가지 쓴 후에는 내내 고심합니다. 3~4명은 시간 내에 완성하곤 합니다. 수강생들은 시간 내에 장점을 채우지 못하는 자신의 새로운 발견에 당황하기도 합니다.

우리 자신에게 그만큼의 장점이 없어서일까요? 그것은 아닐 것입니다. 그런데 왜 그 일이 어려울까요? 우리는 구체적으로 자신의 장점을 자주 생각하며 살아가지는 않습니다. 우리나라 사람들의 한 가지 특징이 있다면 특히 자신에 대해 인색한 편입니다. 잘하는 점보다는 보충하고 노력해야 하는 점에 대해 더 민감하게 반응합니다.

학생들이 발표 수업을 마치면 저는 그날의 발표자에 대해 30명 모두가 메모지에 발표자의 장점을 한 가지씩 적게 하여 그것을 책으로 만들어 발표자에게 선물해 줍니다. 받은 사람의 소감은 한결같이 칭찬받은 적이 없어 쑥스럽기도 하지만 너무나 감동이라고, 뿌듯하고 행복하다고 말합니다.

행복은 능력이다. 행복은 긍정적 정서를 통해 자신을 자기가 원하는 방향으로 이끌어 갈 수 있는 능력이며, 또한 타인에게 행복을 나눠줌으로써 원만한 인간관계와 성공적인 삶을 일구어내는 능력이다.
_김주환, 『회복 탄력성』, 위즈덤하우스, 2011, p220

자신도 행복하고 남을 행복하게 해 주는 긍정적인 정서를 가진 사람일수록 강한 회복 탄력성을 지니고 있다고 합니다. 행복은 발견이며 하나의 능력입니다. 무엇보다 그 능력을 누구나 후천적인 훈련과 연습의 과정을 통해, 또 긍정적인 뇌로 바꾸는 습관을 통해 가질 수 있다고 하니 희망적입니다.

"무심코 던진 돌에 개구리 맞아 죽는다."라는 속담에 대해 지금까지 저는 돌 던진 사람의 부주의성에 대해 메시지를 주는 것으로 생각했습니다. 그 속담은 상대방의 사소한 장난에 타인은 큰 상처가 될 수도 있으니 행동 하나, 말 한마디라도 조심해야 한다는 메시지로 쓰여 왔습니다. 그런데 문득 돌에 맞는다고 해서 모든 개구리가 죽는 것은 아니라는 생각이 들었습니다. 어쩌면 무심코 던진 돌에 대한 반응은 돌 던진 쪽이 문제가 아니라 맞는 개구리에게 있을 수도 있다는 반대의 생각을 하게 되었습니다.

건강한 개구리는 아무렇지도 않게 생각할 수도 있고 약간 충격을 느낄 수도 있습니다. 또 다음에는 돌을 안 맞을 수 있는 대비를 할 수도 있습니다. 반면 병약한 개구리에게는 그 돌이 치명적일 수도 있습니다. "왜 하필 나에게!"라고 불평하며 비관적인 생각을 가지고 남을 탓할 수도 있습니다. "왜 나만 맞지?"라고 생각할 수도 있습니다. 회복 탄력성이 높다면 상처가 되지 않는다는 것이 아니라 그 상처를 스스로 다스리고 상처받지 않을 수 있는 대처를 하게 된다는 의미입니다. 조앤 보리센코도는 『회복 탄력성이 높은 사람들의 비밀』이란 책에서 역경을 이기는 힘인 회복 탄력성을 가진 사람은 낙관적인 자세로 현실을 바라보고 과거에 집착하지 않고 앞으로의 일을 대비하는 능력을 갖추고 있다고 했습니다.

나의 회복 탄력성은 어떤 상태인지, 나의 긍정성과 스트레스를 이겨내는 나의 힘에 대해 살펴보는 것도 현재 자신의 상황과 문제 해결의 실마리를 찾아볼 수 있습니다.

생각하면 쓸모 있는 질문 한 스푼

- ⊘ '나'에 대한 긍정적인 점을 5~10가지 적어봅시다. 더 많이 적어도 좋습니다.
- ⊘ 힘든 일로 좌절하거나 실망이 컸을 때 나에게 힘이 된 것은 무엇인가요? 왜 그렇게 생각하나요?
- ⊘ 긍정적인 감정을 가지기 위해 노력하는 나만의 방법이 있다면 무엇인가요?
- ⊘ 나의 삶에서 '끝까지 나를 지지하고 응원'해 주고 나의 입장을 무조건적으로 이해해 준 사람이 있다면 누구인가요?
- ⊘ 이 책에서 저자는 『진정한 행복』에서의 글을 인용하여 일상생활에서 각자 자신만의 고유한 덕성과 강점을 발휘하는 것만이 진정한 행복에 이르는 길이라고 합니다. 자신의 대표 강점이 무엇인지 발견하여 적어 봅시다.

뜻대로 되지 않을 때 - 나와 대화하기

대니얼 고틀립, 『마음에게 말 걸기』, 문학동네, 2009.
이 책은 심리학자이자 가족 문제 치료 전문가 대니얼 고틀립이 상담실에서 만났던 사람들에 대한 이야기입니다. 저자는 우리가 예기치 않은 비극 앞에서 힘들 때 어떻게 살아가야 하는가에 대한 치유의 이야기를 들려줍니다. 저자는 전신 마비와 이혼, 우울증, 손자의 자폐증 등의 불행을 겪었으면서도 따뜻한 마음으로 다른 사람을 위로합니다. 당신이 삶의 아픔과 상처 속에서 헤매고 있다면 어떻게 마음의 문제를 풀어 나가야 하는지에 대한 깨달음이 담긴 이 책이 치유를 선물해 줄 것입니다.

저녁에 대학원 교육심리학 수업을 마치고 정리하고 있는데 한 학생이 헐레벌떡 뛰어와 저에게 사정했습니다. 직장에서 중요한 업무가 있어서 해결하고 이제 도착했는데 참여하지 못한 수업은 과제로 대체할 테니 출석을 인정해달라는 것이었습니다. 이미 강의는 끝났는데 말입니다. 성적에 들어가는 출석 점수 비율은 낮고 과제와 평가에 집중하면 충분히 좋은 점수를 받으니 편안하게 생각하라고 하니, 그 수강생은 자신이 결석한 것이 용납이 안 된다고 자책했습니다.

자기 스스로 기대하는 만큼 잘하는 것도 필요하지만, 양립할 수 없는 두 가지 일을 완수하려는 모습이 안타까웠습니다. 살아가면서 때로는 있는 그대로 받아들이고 인정하는 '내려놓음'도 필요하지 않을까요? 자신에 대해 실망하거나, 하는 일이 뜻대로 되지 않을 때라면 나 자신을 너무 심각하게 받아들이지 말라고 하는 대니얼 고틀립의 『마음에게 말 걸기』를 펼쳐보면 위안이 될 것입니다.

저자는 고교 시절에는 학습 장애로 낙제를 거듭했고, 대학교에 가서도 두 번이나 학교를 옮겨 다닌 끝에 장애를 극복하고 심리학 박사 학위를 받았습니다. 정신의학 전문의로 장래가 촉망되던 30대에 교통사고로 전신 마비가 됩니다. 거기에 극심한 우울증과 이혼, 부모와 누나의 죽음을 경험하게 되면서 그는 의사가 아닌 환자의 관점에서 '마음'을 관찰하여 우리에게 메시지를 전해 줍니다.

이 책은 역경과 고난을 이기는 방법으로 강한 의지와 노력을 부르짖는 것이 아니라 너무 애쓰지 말고 있는 그대로 두기, 놓아버리기, 사랑과 연민으로 자신과 타인을 끌어안는 방법을 말하고 있습니다. '내가 생각하는 나'와 '지금의 나'가 다름에서 오는 갈등은 언제나 있습니다. 하지만 책에서는 갈등을 내려놓고 서로 힘들고 아플 때는 서로 배려하느라 조심하거나 참는 대신 울어버리라고 말합니다.

저는 가끔 가족들이나 동료, 친구들이 "역시 너다워." 혹은 "너답지 않게 왜 그래?"라고 할 때 도대체 '나'다운 것은 어떤 것인지, 나라면 꼭 어떠어떠해야만 하는 건지, 그런 것 때문에 힘들 때가 있습니다. 우리는 늘 내가 아닌 주위에서 바라는 '나답기' 위해 힘든 노력을 하고 있다는 생각이 들기도 합니다.

꼭 내가 생각하는 내가 되지 않아도 된다. 지금 이대로의 모습으로도 우리는 충분히 사랑스럽다. 이것을 받아들이는 순간 우리를 괴롭혀 온 그 오랜 불안과 열등감도 서서히 자취를 감출 것이다.
_대니얼 고틀립, 『마음에게 말 걸기』, 문학동네, 2009, p79

고틀립은 우리 자신에게서 젊음, 권력 혹은 '착하다', '부모', '다정하다'라는 꼬리표를 떼고 나면 무엇이 남는지 묻습니다. 우리 자신에 대해 '어떠어떠해야 한다'에서 벗어나 있는 그대로 인정하고 각자의 내면에 있는 다이아몬드를 찾아보자고 합니다. 회복 탄력성은 자기 모습을 제대로 보고 인정하면서부터 시작한다고 말입니다.

상처가 났을 때, 약을 바르거나 그냥 두어도 시간이 지나면 아뭅니다. 그때, 간질거리고 딱지가 되려는 부분에 손이 가곤 합니다. 그럴 때 자꾸 건드리면 상처는 아물지 않고 딱지는 떨어지고 계속 아픕니다. 힘들지만, 저절로 딱지가 떨어질 때까지 기다려야 합니다. 마음의 상처도 이와 같습니다. 가만 내버려 두면 괜찮아질 수도 있는데, 가족이나 가까운 사람들이 이 상처를 직면하게끔 하여 계속 이야기하게 된다면 상처가 덧나는 것과 같다고 합니다. 상처를 위로하려고 노력하기보다는 저절로 딱지가 떨어질 때까지 가만히 두고 기다리는 시간이 필요할 때도 있습니다.

이 책을 읽으면 팽창된 고무줄이 느슨해지는 느낌이 듭니다. '이대로도 좋아.'라는 여유가 마음 한쪽 틈새로 들어오면서 편안해집니다. 어떤 일에 대해 '그렇지 않다.'라고 '부정'하는 데에는 용기가 필요합니다. 그러나 그보다 더 어려운 일은 어떤 일에 대해 '인정'하는 일입니다. 자기 모습이나 상황이 힘들고 어려울 때 피하거나 변명하지 않고 '있는 그대로' 받아들이고 인정하는 것이야말로 더 큰 용기가 필요한 일입니다. 그것이 '내려놓음' 아닐까요? 나와 타인을 있는 그대로의 모습으로 받아들이고 사랑하며 흘러가는 마음 그대로를 고요히 들여다보고 말을 걸어보면 내 안의 위로를 찾을 수 있지 않을까요?

생각하면 쓸모 있는 질문 한 스푼

- 내가 생각하는 '나다움', 다른 사람들이 보는 '나다움'은 어떤 것인가요? 10가지 적어 봅시다.
- 힘들게 살아온 나를 칭찬하고 격려해 준다면 어떤 것, 어떤 모습을 칭찬하고 싶나요?
- 현재 나의 상황이나 감정 등 여유와 마음의 평안을 위해 '내려놓을' 것이 있다면 무엇이라고 생각하나요? 왜 그런가요?
- 내 마음을 위로하거나 힘이 나는 말은 무엇인가요? 어떤 말을 듣고 싶은가요?

당신은 '어른'입니까?

 **문요한, 『나는 왜 나를 함부로 대할까』, 해냄, 2022.**
이 책은 타인의 잘못에는 관대하지만, 자신의 작은 잘못에는 비난과 자책이 많은 사람에게 자기 돌봄의 지혜가 필요함을 알려줍니다. 심리치유법을 연구한 정신과 의사인 저자가 마음의 구조와 작동 원리를 이해하고 자기 자신을 존중하도록 저자의 경험과 상담 사례와 연구를 통하여 실천 기법을 이야기합니다. 인정 강박과 자기 비하 등 자신을 제대로 돌보지 못해 일어난 현상들과 그 이면에 있는 마음 배경을 들여다보고 자신을 돌보는 중요함과 정신 건강에 대해 도움을 줍니다.

여러분의 가족 중 누군가 아프면, 어떻게 하나요? 대부분은 보살펴주고, 약을 주거나, 병원에 함께 갈 것입니다. 제때 식사하지 않는 가족이나 친구가 있으면 어떻게 하나요? 챙겨 먹도록 보살필 것입니다. 그런데 정작 본인이 아프거나 식사를 제때 하지 못할 때는 어떤가요? 타인을 보살필 때와는 다르게 아파도 그냥 참거나 식사를 못 해도 내버려두게 됩니다.

저는 대학교를 졸업하고 직장생활을 할 때, 아프면 병원에도 잘 가지 않고 그냥 견디거나 약을 먹고 마는 적이 자주 있었습니다. 식사도 때에 맞추어 하는 것이 아니라 그냥 배가 고플 때 먹고, 먹기 싫으면 먹지 않기도 했습니다. 저 자신을 내팽개친 것 같습니다. 그러던 어느 날 몸이 아파 혼자 병원에 가서 치료받고, 때에 맞추어 식사를 챙겨 먹을 때 그러한 제 모습을 보면서 비로소 '내가 나를 챙기네. 어른이 된 것 같네.' 하고 느꼈던 적이 있습니다. 어른과 아이를 구분하는 기준은 많겠지만, 이렇게 자신을 스스로 돌보게 될 때 비로소 성숙한 '어른' 아닌가 싶습니다.

신체적인 돌봄보다 더 심각한 일은 나와 나 자신 간의 관계에 대해 돌보지 않고 자기를 비난하거나 가혹하게 대하는 것입니다. 보편적으로 우리는 타인에게는 너그럽고 친절하지만, 자신의 실수나 잘못한 일에 대해서는 비난하고, 후회하며, 냉정한 기준으로 대하는 경향이 있습니다. 저자는 자신을 비난하고 가혹하게 대하거나 자신에게 상처를 주는 것은 유년 시절의 상처와도 관련이 있다고 말합니다. 그래서 현재의 나를 만든 유년 시절의 나를 만나 그 경험을 들여다보고, 자기 연민을 가지라고 이야기합니다.

자신에 대해 연민을 느낀 적이 있나요? 사전적으로는 '자기 자신을 불쌍하게 여기는 마음'이라고 해석할 수 있습니다. 크리스틴 네프는 "자기 연민이란, 자신에게 따뜻하고 힘이 되는 친구가 되는 것."이라고 했습니다. 최근 자기 연민이 '자기 비판'보다 성공의 비결이라는 연구 결과가 많다고 합니다. 여러분은 실수하거나 일이 잘못되었을 때 어떤 태도와 감정을 갖게 되나요? 저자는 비난과 후회, 부끄러움보다 '자기 연민', 자신의 실수를 관대하게 용서하고 실망하게 될 때도 자신을 돌보는 노력이 필요하다고 합니다. 저자는 네프의 연구를 인용하면서 자기 연민의 세 가지 요소인 자기 친절, 보편적 인간성, 마음 챙김을 가져야 한다고 했습니다.

'우리가 고통을 느낄 때 우리가 진실로 사랑하는 사람을 돌보듯이 우리 자신을 돌보는 것' 그것이 바로 자기 연민의 핵심이다.
_문요한, 『나는 왜 나를 함부로 대할까』, 해냄, 2022, p162

저자는 정신과 의사로서 통합적 심리 치유와 자기 돌봄을 연구하면서 여러 사례를 겪었고, 그것을 바탕으로 책을 지었습니다. 저자는 이 책에서 나는 나를 왜 그렇게 매정하게 대하는지에 대해 알 수 있도록, '자신에게 질문하기'를 해볼 것을 권합니다. 그리고 이 질문하기를 통해 자기와 자기 자신과의 관계를 살펴보도록 인도해줍니다. 대부분 그런 관계를 형성하게 된 원인은 유년 시절에 있기에, 유년 시절을 들여다보고, 마음에서 우러나오는 자기 연민을 갖도록 책은 이끌어 줍니다. 여러분은 고통과 어려움 속에서 자신의 마음을 어떻게 챙기나요? 저자는 나와 내 마음과 거리를 두어 객관적인 관찰을 해야 한다고 말합니다. 또한, 관찰을 통해 자신과 소통하여 활력을 찾아가도록 방법을 안내합니다.

내가 좋아하는 것들은 무엇인가?
내가 활력을 느끼는 진짜 위로가 되는 활동은 무엇인가?
내 영혼을 기쁘게 하는 능동적인 휴식은 무엇인가?

종이를 꺼내서 위의 질문에 대해 구체적으로 수십 가지가 되도록 적어 보세요.
거울을 마주하고 2분 동안 눈을 피하지 말고 내 모습을 바라보세요. 내 머리를 쓰다듬거나 내 팔로 내 몸을 포옹하며 따뜻한 말을 해 보세요.
조금 어색할 수도 있는 이 행동들로 자기와의 관계를 새롭게 바라보는 시간을 가져보시기를 권합니다. 그리고 내가 기뻐하고 즐거워하는 일은 무엇인지 찾아 그것들을 실천하는 봄이 되기를 소망합니다.

생각하면 쓸모 있는 질문 한 스푼

- 가끔 '내가 이렇게 있어도 되나?' 하는 생각이 들 때가 있나요? 왜 그런 생각을 하게 되는 것 같나요?
- 나는 어떻게 '휴식'하나요?
- 나 자신이 '괜찮은 사람'이라고 생각될 때는 언제인가요?
- 내가 힘들 때 위로와 힘이 되는 문장은 무엇인가요? 나에게 힘을 주는 이유가 무엇이라고 생각하나요?
- 저자는 '내 안의 밝음을 키우자'라고 합니다.(p208) 나의 장점과 좋아하는 취향, 나에게 기쁨을 주는 경험은 무엇인지 1~2가지씩 적어 봅시다.
  - 장점
  - 좋아하는 취향
  - 나에게 기쁨을 주는 경험

나의 언어 온도는 몇 도?

이기주, 『언어의 온도』, 말글터, 2016.
언어에도 따뜻함과 차가움의 온도가 있습니다. 책의 한 문장, 한 구절에서 따뜻한 위로를 얻기도 하고, 친구와 대화 속에서 마음 상하기도 하고, 힘을 얻기도 합니다. 『언어의 온도』의 저자 이기주는 생활 속에서 접하는 이웃의 이야기, 버스나 지하철에서 듣게 되는 이야기들 속에서 의미 있는 말과 글을 발견하고 그 언어들의 의미, 낱말의 유래와 어원 그리고 그 언어들의 소중함을 이야기해 줍니다.

학교 선생님들을 대상으로 '수업의 품격-미덕으로 말해요'라는 주제로 연수를 한 적이 있습니다. 그즈음 저는 미덕(virtues) 언어의 활용으로 '수업이 이렇게 품격이 있을 수 있구나.' 하는 새로운 경험을 하고 적용해 오던 터였습니다.

예를 들면, 수업 시간에 장난을 심하게 쳐서 다른 학생들에게 방해되는 행동을 하는 학생에게 보통은 "~하는 행동 하지 마라."라고 금지하거나 '나 전달법'으로 행동을 수정하도록 합니다.

그런데 미덕 언어를 활용하면 다르게 접근할 수 있습니다. 경주(가명)라는 학생이 수업 시간 동안 계속해서 옆 친구들에게 장난을 걸고 방해한다고 해봅시다.

"얘들아, 경주에게 지금 필요한 것이 무엇일까?" 반 친구들에게 물어봅니다. 수업과 친구들에게 방해를 준 당사자 경주에게도 물어봅니다. 그러면 학생들은 자율, 배려, 끈기 등의 덕목을 이야기합니다. 그리고 나면 경주는 그중 스스로 필요하다고 생각하는 덕목과 실천 행동을 이야기합니다.

"배려가 필요하다고 생각해요. 왜냐하면 저 때문에 친구들이 수업을 계속할 수 없으니, 다른 친구들을 배려해야 해요. 그래서, 쉬는 시간 될 때까지 장난을 걸지 말고 함께 수업해야 해요."

이렇게 하고 나면, 수업에 방해가 되는 행동 하나만 고치는 것이 아니라 특별한 가치를 배우게 됩니다. 나아가 장난을 걸었던 경주도, 다른 친구들도 서로 감정이 상하지 않게 됩니다.

이런 방법은 가까운 길을 멀게 돌아가는 것과 같이 시간이 오래 걸립니다. 이렇게 해결해 나가는 것은 단지 미덕 언어를 활용하는가 활용하지 않는가의 문제를 넘어 학생들에 대한 애정과 기다림이 필요한 일입니다. 이런 생각 속에서 『언어의 온도』라는 책이 떠올랐습니다.

언어가 가진 온도는 말이나 글 이면에 그 대상에 관한 관심과 애정이 얼마나 있는가와 연관이 있는 것이라는 생각이 듭니다. 저자는 우리의 생활 속에서 주변의 사람들이 나누는 말과 글에 주의를 기울여 그 언어들이 가진 온도에 관해 이야기합니다. 노부부가 나누는 이야기를 되뇌며 언어를 돌아보고, 책 속의 한 구절, 여행에 대한 단상과 그에 대한 글에 대해 사색하고 있습니다.

어떤 말을 하느냐보다 어떻게 말하느냐가 중요하고 어떻게 말하느냐보다 때론 어떤 말을 하지 않느냐가 더 중요한 법이다. 입을 닫는 법을 배우지 않고서는 잘 말할 수 없는지도 모른다.
_이기주, 『언어의 온도』, 말글터, 2016, p30

이 책은 '읽는' 것이 아니라 '생각하는' 것이라는 깨달음이 옵니다. 독서는 글을 읽는 동시에 그와 관련된 경험을 떠올리고 되뇌고 생각을 정리하는 '사색'이라고 할 수 있습니다. 자신의 삶을 재조명하며 관계있는 사람들에 관한 관심과 사랑을 키우고 성찰하는 것이 자신이 쓰는 언어 온도를 높이는 일이 아닐까요?

생각하면 쓸모 있는 질문 한 스푼

- 나의 언어 온도는 평상시 몇 도라고 생각하나요? 그렇게 생각하는 이유는 무엇인가요?
- 언어의 온도 차이를 만드는 것은 무엇이라고 생각하나요?
- 내가 생각하는 가장 온도가 따뜻한 말은 무엇인가요?
- 이 책에서 어떤 새들은 비바람이 부는 날을 일부러 골라 둥지를 짓는다고 합니다. 바보 같아서가 아니라 악천후에도 견딜 수 있는 튼실한 집을 짓기 위해서라고 합니다.(p219) 이 이야기에 빗댈 수 있는 나의 힘든 경험과 난관이 있다면 무엇인가요? 그로 인해 어떤 힘이 생겼다고 생각하나요?
- 이 책에서 저자는 '무직은 어떤 직업이든 할 수 있다는 뜻이고, 안내판이 없다는 것은 그릇된 길이 아니라 어디나 갈 수 있는 길(p95)'이라고 다른 관점에서 생각하기를 권합니다. 내가 가진 생각을 이렇게 정반대의 뜻으로 해석해 봅시다.

고마운 나에게 인사를

전승환, 『나에게 고맙다』, 허밍버드, 2016.
다양한 SNS 채널에서 <책 읽어주는 남자>로 독자들에게 힘이 되는 좋은 글을 전하는 전승환 작가의 책입니다. 지금까지 잘 살아온 '나'에게 고마운 말, '애썼다'라는 말을 전해줍니다. 우리는 '나 자신'을 얼마나 칭찬해 주나요? 가족과 친구, 이웃과 동료를 챙기느라 외면하고 살아온 '나'를 따뜻하게 안아주고 위로해 주는 따뜻한 이야기로 힘이 되는 책입니다.

어제도 오늘도 또 내일에도 늘 떠오르는 해에 신년 첫날 새로이 이름 붙인 '새해'가 떠올랐습니다. 모두가 '이번만큼은', 또는 '이번만이라도' 꼭 실천하리라는 많은 결심과 포부를 새해 첫날 처음 떠오르는 해를 보며 가슴에, 일기장에, 메모장에 새깁니다. SNS로 지인들에게 지난 한 해 감사했다, 새해 원하는 일 잘되기를 바란다는 인사를 전합니다.

TV 뉴스에서는 신년을 맞아 시대마다 달라진 자기 계발의 트렌드에 관한 소식을 전합니다. 예전에는 '조금만 참고'이거나 '나를 극복하고'와 같은 트렌드가 많았다면, 이제는 '그래도 괜찮아', '나의 모습 그대로' 등 자신의 처지나 감정을 인정하고 보듬는 데서 새로운 에너지를 찾는 방향으로 트렌드가 바뀌었다고 합니다. 더불어 그런 책들이 출간되었다고 전합니다.

'괴로워도 슬퍼도 나는 안 울어, 참고 참고 또 참지 울긴 왜 울어, 웃어라 웃어라 울면은 바보다.'라는 캔디 노래 가사가 있습니다. 우리는 자신의 감정을 이렇게 참고 참다가 병이 생기는 것 아닐까요? 내가 건강한 감정을 갖고 생활하기 위해서는 만화 주인공 캔디보다 말괄량이 삐삐처럼 자신을 인정하고 감정을 좀 솔직하게 표현하는 것도 필요합니다.

말괄량이 삐삐는 자신의 환경이 다른 친구와 달라도 그것을 결핍이라고 생각하지 않고 자신의 모습 그대로를 인정하는 성격으로 등장합니다. 자신의 감정을 솔직하게 인정하고 표현하며 살아갑니다. 사실 우리 자신은 이런 사람입니다.

우리는 다른 사람을 위하는 배려라는 이름으로, 혹은 자신의 내일을 위해 이 순간의 힘든 일이나 감정도 꾹꾹 참으며 가슴속에 스트레스를 쌓아가기도 합니다. 그러면서도 늘 나만 뒤처지는 것 같고, 나만 힘들고 나만 왜 이렇게 안 되는 것 같을까 하는 생각에 좌절도 합니다.

동료와 친구가 실패하면 "그럴 수도 있어. 괜찮아. 다음에 다시 하면 되지." 혹은 "힘내!"라고 하면서 정작 '내'가 실패하면 위로와 격려보다는 분석하고 자책하지는 않나요? 작가는 "수고했다."라는 말, "애썼어.", "괜찮니?" 이런 말들을 우리 자신에게 자주 하라고 말합니다.

한 해에 자녀의 결혼식을 두 번이나 치러야 해서 힘든 적이 있었습니다. 저는 두 번이나 축하하러 오시게 한 친지들에게 감사의 마음을 전하기 위해 결혼식을 마치고 인근의 펜션을 빌려 초대하여 하루를 지냈습니다. 음식도 대접하고 함께 지낸 추억들에 대한 이야기꽃을 피우며 즐겁게 지냈습니다. 많은 친척이 모인 것이 오랜만이라 참석한 분들이 오히려 이런 시간을 마련해준 것에 대해 저에게 고마워했습니다.

 많은 준비가 필요했지만 다행히 잘 마치게 되었고, 돌아오는 길에 저는 제 머리를 쓰다듬으며 "고생했어. 대견해. 애썼어."라고 했습니다. 이렇게 추진한 일이 제 스스로 생각해도 정말 기특했습니다. 이 모습을 보고 제 가족도, 함께 차를 탄 친척도 깜짝 놀랐다고 했습니다. 책에서 자신에게 그렇게 하라는 글들은 많이 봤지만 실제로 그렇게 하는 모습은 처음 본다고 낯설어하기도 하고, 놀라기도 하고, 함께 웃기도 했습니다. 그만큼 우리 정서에서는 자신에 대한 칭찬이 서툴기만 합니다.

 언젠가 강연에서 강사가 "나에게 좋은 것 입혀주고 먹여주고 좋은 말을 해 주라."고 했던 말이 떠오릅니다. '내가 사 입었다.'와 '내가 나에게 사 주었다.'라는 것은 조금 다릅니다. 나를 객체로 보고 타인에게 잘하듯이 대우하라는 의미이겠지요. 새해는 나에게 좀 더 잘 대하는 해로 시작하면 좋겠습니다. 처음이라 새 옷을 입는 것처럼 어색할지도 모릅니다. 내 아이, 가족과 부모, 친구와 주변의 지인들에게 신경을 쓰고 잘하지만 내가 '나 스스로'에게 극진하게 뭘 잘해 준 적은 드물기 때문입니다. 자신을 그대로 인정하는 데서 사랑은 시작됩니다. 새해엔 친구와 지인들, 타인들에게보다는 '내가 나에게' 자주 SNS로 고마움과 감사를 보내보는 것은 어떨까요?

나에게 해 주고 싶은 말이라….
잘했다, 잘했다, 잘했다.
_전승환, 『나에게 고맙다』, 허밍버드, 2016, p50

생각하면 쓸모 있는 질문 한 스푼

- 나의 장점, 내가 잘한 일을 10분 동안 최대한 많이 적어봅시다. 우리는 너무 겸손하여 자신을 과소평가하기도 합니다. 그냥 내가 가진 것, 나의 모든 것이 장점이 될 수 있습니다. 단점은 관점을 바꾸면 장점이 되기도 합니다.
- 내가 정말 애썼던 일, 나 스스로에게 정말 고마웠던 때는 어떤 때였나요?
- 내가 가장 듣고 싶은 말은 무엇인가요? 그 말을 나 자신에게 문자로 보내보세요.
- 내가 나에게 가장 해 주고 싶은 것은 무엇인가요? 왜 그렇게 생각했나요?

설렘주의보

이강남, 『설렘』, 북랩, 2019.

경제계와 금융계에서 재직한 저자가 쓴 산문집입니다. 우연히 스친 이웃들과의 단상을 소재로 자신을 찾아가는 길에서 만난 삶의 기쁨과 아픔, 세상의 경이로움을 관조하고 감사하는 마음으로 쓴 글들입니다. 잔잔한 호수의 물결처럼 우리에게 '지금 여기의 행복'을 깨우쳐 줍니다.

얼마 전 TV에서 두 팀으로 나누어 낯설고 새로운 일에 도전하여 이루어 내는 과정을 담은 예능 프로그램을 보았습니다. 그중 춤과 몸의 움직임이 유달리 서툰 한 연예인이 스포츠댄스를 배워 공연까지 하게 되었는데 이런 말을 하였습니다.

"잠을 자고 다음 날이 어떻게 될까? 설레고 기대되던 그 느낌이 십수 년 만에 처음이었다."

그리고 새로운 경험을 하게 된 것에 감사하다고 했습니다. 최근 가슴이 설레 본 적이 언제였는지 되돌아봅니다. 언제 우리는 설레게 되나요? 지금 기다리고 있는 것은 무엇인가요? 설렜던 기다림을 떠올려 보세요

『거인의 시간』이라는 동화책에 등장하는 거인이 일상에 대해 권태로워하는 모습이 떠오릅니다. 그 거인은 머리에 심어진 나무가 날마다 달라지고 숲에 찾아오는 동물이 달라도 매일 '오늘도 아무 일이 없다.'라며 하루하루

를 지겨워했습니다. 눈에 보이는 현상이 변화해도 권태로운 것은 아마도 같은 일이 반복되는 일상에 묻혀 감각을 잃은 마음 때문일 것입니다. 그래서 가슴 떨리는 설렘에 대한 수필집 『설렘』을 추천해 봅니다.

이 책은 금융업에 종사하다 퇴임하고 자신의 내면을 찾아가며 삶에서 느꼈던 평범한 일상에서의 기쁨과 설렘을 발견하는 이야기입니다. 저자는 로버트 J. 윅스의 말을 인용하며 참 행복을 위해 일상의 '평범성'에 관심을 가져보라고 하며 날마다 침묵에 머무르는 단순한 습관을 권유합니다.

저자는 한 달에 두 번 배달되는 시와 관련한 칼럼을 읽다가 어느새 시 한 편의 암송을 기다리게 되면서 기다림의 기쁨을 느낀 경험, 등산길에서 잃어버린 소중한 모자를 찾아주려고 더위에 애쓴 직원의 친절에 큰 고마움을 느낀 이야기 등 평범한 일상에서 소소하지만 위대한 삶의 기쁨을 풀어냅니다.

"봄이 오면 꽃이 피는 것이 아니라 꽃이 피어야 봄이 온다."라는 말이 있다. 내 마음에 꽃이 피어야 세상의 봄이 느껴진다는 말이다.
_이강남, 『설렘』, 북랩, 2019, p84

'나'에 대해 10점 만점에 몇 점 주고 싶나요? 저자는 금융인들을 대상으로 한 인문 강의에서 참석자들에게 "나는 '내가 알고 있는 나'보다 더 아름다운 존재인가?"라는 질문을 했다고 합니다. 수강자 대부분 선뜻, "그렇다."라는 대답을 하지 못했다고 합니다. 저도 그렇습니다. 누구나 멈칫하고 대답을 망설이게 됩니다. 그것은 겸손일까요? 저자는 이 질문에 대해 "나는 나약하지만 '내 안의 나'는 무한히 선하고 아름다운 '원형, 진정한 자기 자신'이 살고 있다고 믿고 싶다."라고 하면서 그 믿음이 자신에 대해 기다림의 삶을 기대하게 한다고 말합니다.

저자는 '나대로의 소중함', 나의 새로운 발견과 믿음, 소망에 대해, 자연과 예술 작품을 통해 이야기합니다. 일터에서 집으로 가는 사람들의 뒷모습, 시골 장터 아낙의 뒷모습에 담긴 경건함, 계절을 돌아 지천에 피는 꽃과 나무들에 대한 섬세한 표현으로 우리에게 세상을 새롭게 보는 감각을 깨워줍니다.

이문재 시인의 「오래된 기도」에는 단지 "노을이 질 때 걸음을 멈추기만 해도 … 고개 들어 하늘을 우러르며 숨을 천천히 들이마시기만 해도 기도하는 것"이라는 구절이 있습니다. 늘 같은 일상을 현미경으로 보듯이 관찰하고 느끼면 하나하나 새롭게 가슴을, 잠자는 감성을 깨워 설레게 할 것입니다.

'티라미수(Tiramisu)'는 카페에서 커피와 함께 나오는 디저트 중의 하나입니다. 이 말은 이탈리아의 '끌어 올린다'는 뜻의 '티라레(tirare)'와 '나'를 뜻하는 '미(mi)'와 '위로'라는 의미의 '수(su)'가 합성된 말로 심리 치료에 활용된다고 합니다. 날마다 잠들기 전 그날 하루의 즐거웠던 일이나 고마운 사람을 생각하는 동안 사람들은 행복을 느끼게 되겠지요? 이런 생각들로 행복해지는 것을 '티라미수 효과'라고 합니다. 나를 행복하게 하는 나만의 티라미수는 무엇인가요? 평범한 일상에서의 행복한 생각은 새로움을 발견하게 하고 그 새로움은 설렘을 부릅니다.

'기뻐할 거리'를 찾는 기쁨, '나의 티라미수'를 찾아보면 평범하게 늘 같은 내일에 대해 연애하는 만큼의 기대를 할 수 있게 될지도 모릅니다. 이를 통해 소소한 설렘의 일상이 만들어지지 않을까요?

생각하면 쓸모 있는 질문 한 스푼

- 최근에 '설레고 기대되던' 때는 언제, 어떤 일이었나요?
- 요즈음 나는 어떤 것을 기다리고 있나요? 기다리는 마음에 대해 이야기해 봅시다.
- 휴일 또는 하루 중 잠시 시간을 내어 내가 살고 있는 주변이나 공원을 산책하며 예전에 못 보던 것이나 새롭게 눈에 들어오는 것을 찾아봅시다.
- 작가가 글쓰기 공부를 하면서 받게 된 과제가 '자기소개서'라고 합니다. 자신에 대해 '자기소개서'를 써 보세요. 생각나는 대로 쓰다 보면 '내 안의 나', '나도 모르던 나'를 발견할 수도 있어요.

행복은 지금, 이 순간!

웨인 다이어, 『행복한 이기주의자』, 21세기북스, 2006.
이 책은 행복이 무엇인지, 어떻게 해야 행복을 느낄 수 있는지에 대해 구체적인 실천 방법을 제시해 줍니다. 당신은 이기적인가요? 우리는 "이기적으로 살지 말라"라고 배우지 않나요? 심리학자 웨인 다이어 박사는 자신의 임상 치료 경험에서 터득한 행복해지기 위한 10가지 마음가짐을 우리에게 제시합니다. 내 감정을 선택하고 현재를 바꾸는 나의 힘을 믿고 자유로울 수 있다는 용기를 줍니다.

지금, 행복하십니까? 살면서 가장 행복한 때는 언제인가요?

방학 중 연수를 받는 중에 강사가 이런 질문을 던졌습니다. 연수생들은 서로 멋쩍게 웃기도 하고 망설이는 기색들을 보였습니다. 그러다가 대부분 기념일이나 성공적이었던 일, 기뻤던 일 등 과거의 경험을 이야기했습니다. 우리는 대체로 지나간 행복에 대해 이야기합니다. 그런데 드물게 "지금이 제일 행복해요."라고 말하는 사람이 있습니다.

우리는 내일을 위한 어떤 준비의 시간으로 오늘을 할애하며 살고 있습니다. 우리의 문화는 현재를 만끽하기보다는 미래를 대비하고, 오늘의 쾌락보다는 뒷일을 위해 노력하고 오늘의 행복을 미루게 우리를 압박하는 경우가 많습니다.

수험생, 취업 준비생, 가수 지망생, 대회 준비생 등 미래에 올 결과를 생각하며 오늘을 오늘답게 살지 못합니다. 물론 결과를 위한 그 과정 자체가 의미가 있습니다. 다만 그러려면 그 어려운 과정을 의미 있게 즐길 수 있어야 합니다. 그렇지 않으면 영원히 우리는 내일을 살지 못할 것입니다. 그리고 현재도 살지 못합니다. 우리가 생각한 미래가 현재로 다가오면 또 우리는 그다음의 미래를 준비할 것이기 때문입니다. 마치 다가서면 사라지고 또 눈앞에 보이는 신기루와 같은 내일의 행복을 위해 제대로 '오늘'을 살지 못하게 됩니다.

웨인 다이어는 인생에서의 진정한 성공은 스스로 얼마나 행복하다고 느끼느냐에 달려 있다고 하면서 '행복한 이기주의자'가 되라고 합니다. '이기주의자'에 대한 우리의 생각은 어떤가요? '행복한 이기주의자'는 자신의 소중함을 알기에 타인도 소중하게 여기고 배려하는 사람을 말합니다. 저자는 '행복한 이기주의자'가 되려면 자신을 사랑하기, 다른 사람의 눈치 보지 않기, 자책이나 걱정하지 않기, 뒤로 미루지 않고 의존을 버리며 불평하지 않기 등 10가지의 구체적인 방법을 잘 지켜야 한다고 합니다.

지금 현재에 얼마나 만족하십니까? 행복하다고 느끼나요? 저자는 우리가 현재의 상황에 대해 행복감을 느끼려면 먼저 자신을 소중한 존재로 받아들이고 사랑하며 그대로 인정해야 하는 것이 우선이라고 말합니다. 자신이 어찌해 볼 도리가 없는 일들을 놓고도 한탄하지 않는 상태를 '행복하다'라고 정의할 수 있어야 한다는 것입니다. 이 태도는 현재 처한 상황을 그대로 받아들이고 인정하고 해결의 방법을 찾으라는 뜻입니다. 자신이 처한 상황에 대한 한탄은 과거이며, 어떻게 할까는 미래의 걱정입니다. 그리고 이를 벗어나 해결 방법을 찾아 현재를 사는 사람이 행복한 사람이라고 합니다.

저자는 역사학자 윌 듀런트가 행복을 찾는 에피소드를 소개하며 우리에게 행복은 '현재'라는 메시지를 전합니다. 윌 듀런트라는 역사학자는 지식과 여행, 부, 저술 등에서 행복을 찾으려고 애썼지만 환멸과 지루함, 불화와 피로만 쌓였다고 합니다. 그러던 어느 날, 길 건너편의 한 장면을 보게 됩니다. 자동차 안에서 한 여인이 아기를 안고 누군가를 기다리는 듯하더니, 기차에서 내린 한 남자가 다가와 차 안의 여인과 아기에게 입맞춤을 하고 함께 떠납니다. 그 가족의 모습에서 '일상 속의 순간순간이 행복을 품고 있다'라는 사실을 깨닫게 됩니다. 그리고 '똑똑함'에 대해 우리가 가진 편견을 지적하며 똑똑한 사람이 행복한 것이 아니라 행복한 사람이 똑똑한 것이라고 말합니다. 지금 이 순간 행복을 느껴보세요.

연수를 받는 중 한 강사가 "당신은 지금 여기 있습니까?"라고 질문을 던져 저는 깜짝 놀랐습니다. 무슨 말일까? 의아했습니다. 연수를 받다 보면, 현재 그 수업에 집중하는 시간은 짧고, 잡념 속에 있거나, 휴대폰의 메시지를 확인하기도 합니다. 몸은 '여기' 있으나 마음과 정신은 '여기 현재'에 있지 않다는 뜻입니다. 윌 듀런트가 행복의 순간에 대해 깨달은 것처럼 저는 강사의 그 질문에 강한 깨달음을 얻게 되었습니다. 현재를 산다는 것에 대해서.

있는 힘껏 살아라. 그렇게 살지 않는 것은 잘못이다. 살아갈 인생이 있는 한 구체적으로 무슨 일을 하느냐는 중요하지 않다. 자신의 인생을 가졌거늘 도대체 무엇을 더 가지려 하는가? (중략) 아직 운이 좋아 인생을 더 살아갈 수 있다면 모든 순간이 기회다. 살아라!

_웨인 다이어, 『행복한 이기주의자』, 21세기북스, 2006, p37

생각하면 쓸모 있는 질문 한 스푼

- '행복한 이기주의자'가 되려면 나 자신의 모든 것을 그대로 인정하고 사랑해야 한다고 합니다. 내가 나를 과소평가한 점이 있다면 무엇인지 5가지 적어보고 장점으로 바꾸어 표현해 봅시다. (예: 소심하다→섬세하다, 꼼꼼하다)
- 나 자신에 대해 내가 붙인 꼬리표, 또는 다른 사람이 나에게 붙인 꼬리표가 있다면 어떤 것인가요? (예: 내성적이다. 눈치가 없다, 다른 사람이 나를 잘 따른다, 행동력이 빠르다 등)
- 나 자신에 대한 꼬리표 중 꼭 갖고 싶은 것, 꼭 버리고 싶은 것을 한 가지씩 적어 봅시다.
- 저자가 제시하는 '행복한 이기주의자'가 되기 위한 자기 사랑 중 내가 잘 하고 있는 것은 무엇인지 제일 안 되는 것은 무엇인지 체크해 봅시다.

    나 자신을 소중히 여기며 사랑한다.   의무에 끌려다니지 않는다.
    다른 사람의 눈치를 보지 않는다.   정의의 덫을 피한다.
    자신에게 붙은 꼬리표를 뗀다.   결코 뒤로 미루지 않는다.
    자책도 걱정도 없다.   다른 사람에게 의존하지 않는다.
    미지의 세계를 즐긴다.   화에 휩쓸리지 않는다.

오늘 행복하십니까?

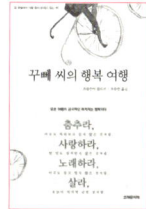

프랑수아 를로르, 『꾸뻬 씨의 행복 여행』, 오래된미래, 2013.
이 책의 작가는 프랑스 파리의 정신과 의사입니다. 자신의 임상 경험을 바탕으로 현대인들의 정신질환에 관한 책을 썼습니다. 저자가 주인공 의사로 등장하는데, 의사는 진찰 중에 환자들의 불평을 듣게 됩니다. 또 부와 명예를 가질수록 그렇지 못한 사람보다 정신적인 문제가 많고 불행하게 생각한다는 것을 알게 됩니다. 그래서 그는 무엇이 인간을 행복하게 하는지에 대한 의문을 풀기 위해 여행을 떠나면서 겪는 이야기와 행복하게 삶을 이끌어 나가는 방법에 대한 메시지를 줍니다.

'왜 많은 것을 소유하고 행운을 누리는 사람들이 사는 지역에 정신과 의사가 더 많을까?' 자신이 불행하다고 호소하는 환자들 속에서 의사 꾸뻬는 자신마저 점점 불행해지는 것 같아 여행을 떠납니다. 사람을 행복하게 하고 불행하게 만드는 것이 무엇인지를 찾아 떠납니다. 무엇이 인간을 행복하게 할까요'? 당신을 행복하게 하는 것은 무엇인가요?

꾸뻬는 중국으로 가는 비행기에서 같은 좌석에 대한 다른 느낌의 경험을 이야기합니다. 비즈니스 클래스를 타고 가서 의사는 너무 만족스럽고 무척 행복했습니다. 그러나 옆 승객 비비엥은 이전에 탔던 좌석보다 덜 눕혀진다고 투덜거렸습니다. 꾸뻬는 처음이고 비비엥은 늘 타던 좌석이라는 점이 같은 조건을 다르게 느끼게 한 것입니다. 꾸뻬는 자신도 두 번째로 비즈니스 클래스를 이용하거나 이코노믹 클래스를 타면 비비엥과 같은 불만을 가지게 될까 염려합니다. 갑자기 좌석에 대한 만족감이 낮아졌겠지요. 그래서 그는 자신을 다른 사람과 비교하지 않는 것이 행복의 비밀이라는 것을 깨닫습니다.

'이 일까지만 하고 좀 쉬어야지.'하고 그 일을 마치고 나서 정말 쉬어보셨는지요? 혹은 "대학 가면 뭐든 다 할 수 있어. 조금만 참고 공부해.", "이 대회만 잘 치르면 자유롭게 하고 싶은 것도 하고 여행도 하고….."라는 말을 자신이나 가족과 친구들에게 하지는 않나요? 사람들은 행복은 결과이고 미래에만 있다고 생각합니다.

꾸뻬는 여행지에서 만난 노승으로부터 '사람들이 행복을 목표라고 믿는 데서 불행이 온다.'라는 말을 듣습니다. 행복은 가족에게 아무것도 부족한 것이 없음을 아는 것, 행복은 자신이 좋아하는 일을 하는 것, 행복은 집과 채소밭을 가꾸는 것이라는 배움을 터득하게 됩니다. 자신의 일상을 즐겁게 생각하며 누리는 것이 행복 아닐까요? 굳이 여행하지 않아도 알고 있는 사실들입니다. 그러나 안다고 행복한 일을 하는 것은 아닙니다. 아는 것과 행하는 것의 차이랄까요?

저는 바지 정장을 좋아합니다. 친구와 함께 옷을 고르면, "역시 넌 스커트 정장이나 원피스가 잘 어울려. 예쁘다."라고 말합니다. 저에게 어울리는 스타일과 제가 좋아하는 스타일 사이에서 갈등합니다. 어느 쪽을 선택하는 것이 더 행복한 일일까요? 스커트 정장이나 원피스를 입고 가면 모두들 멋지다고 말하고 그러면 저는 미소 지으며 행복해하겠지요. 누군가가 저를 멋지게 보고 있다는 사실은 행복을 주는 일이기도 합니다. 그러나 제가 좋아하는 스타일의 옷을 입고 가면 누가 어울린다 아니다에 상관하지도 않고 그저 만족스럽습니다. 어떤 선택에 더 자신이 행복한지 아는 것은 중요합니다. 저자가 자신의 행복에 대해 고민하고 정의를 내리듯 책을 읽으며 '지금 내가 행복한 이유'를 목록으로 적어 보면 꾸뻬 씨처럼 자신 안에 숨어있는 행복을 발견할 수 있을 것입니다.

며칠 전 독서 동아리 '작가와의 만남' 워크숍에 다녀왔습니다. 강사가 "왜 책을 읽으세요?"라고 질문을 했습니다. 늘 책을 읽고 토론하면서도 그 질문에 순간 당황스러웠습니다. 마치 사는 일에 바빠서 내가 왜 사는지, 삶의 의미나 이유에 대해 생각하지 않아 대답하지 못하는 것과 같습니다. 그 질문으로 우리는 책을 읽는 이유에 대해 생각해 보고 되돌아보았습니다. 책을 읽는 이유를 생각하고 읽으면 좀 더 책이 삶 속으로 들어오게 됩니다.

"오늘, 지금 행복하십니까?"라고 누군가가 묻는다면, 뜬금없이 무슨 그런 질문을 하느냐고 당황스러울 수도 있습니다. 그리고 머릿속이 하얗게 되어 버릴지도 모릅니다. '내가 행복한가?', '행복? 행복이 뭐지?' 책을 읽으면서 반 컵의 물을 '벌써 반 컵밖에~'라고 생각하는지 '아직도 반 컵이나~'라고 여기고 있는지 나의 관점을 돌아보는 것도 우리를 행복하게 만들어 주는 또 다른 시작일 것입니다.

행복은 사물을 바라보는 방식에 달려 있다.
_프랑수아 를로르, 『꾸뻬 씨의 행복 여행』, 오래된미래, 2013, p181

저자도 자신의 책이 행복에 대한 해답을 주는 것은 아니라고 말합니다. 도리어 자신의 여정을 따라가면서 행복을 향한 자신만의 길을 발견하라는 메시지를 줍니다. 행복을 느끼지 못하게 만드는 '첫 번째 실수는 행복을 목적이라고 믿는 데 있다.'라고 합니다. 근본적인 오류를 지니고 있다면 평생 행복해지지 못하겠지요. 행복해지기 위해서가 아니고 지금 이 순간 하고 싶은 일에 최선을 다한다면 그 순간은 행복한 시간입니다.

모든 생각을 멈추고 세상의 아름다움을 바라볼 시간을 갖는 것, 그것이 진정한 행복이라는 것을.

춤추라, 아무도 바라보고 있지 않은 것처럼.
사랑하라, 한 번도 상처받지 않은 것처럼.
노래하라, 아무도 듣고 있지 않은 것처럼.
살라, 오늘이 마지막 날인 것처럼.
_프랑수아 를로르, 『꾸뻬 씨의 행복 여행』, 오래된미래, 2013, p212

생각하면 쓸모 있는 질문 한 스푼

- 내가 생각하는 '행복'이란 무엇인가요?
- 꾸뻬 씨는 여행을 통해 '행복'을 깨달아 갑니다. 나에게 있어 여행은 어떤 의미인가요?
- '지금' 행복한가요? 무엇이 행복하게 하나요?
- 나만의 행복의 목록을 만들어 봅시다.

2장
너를 이해할 수 없을 때

닫힌 한 공간에 오랫동안 있으면
답답함을 느끼게 되고 환기가 필요해집니다.
친구, 가족, 동료, 혹은 사회 현상에 대해 이해할 수 없을 때
나만의 생각으로 갇혀 지내지는 않았나?
꼭 내 생각이 옳을까?
생각의 환기가 필요할 때가 있습니다.
내 안을 들여다보거나 다른 시선으로 바라보면
마음의 평안을 찾을 수도 있을 것입니다.
이해하지는 못해도
인정하고 존중할 수는 있을 것입니다.

1	내 안의 오만과 편견	제인 오스틴, 『오만과 편견』, 민음사, 2003.
2	내가 그렇게 행동한 이유는?	로렌 슬레이터, 『스키너의 심리상자 열기』, 에코의 서재, 2005.
3	'인간' 아버지에 관하여	신경숙, 『아버지에게 갔었어』, 창비, 2021.
4	문제 해결의 정석은 '문제의 정의'	데이비드 니븐, 『나는 왜 똑같은 생각만 할까』, 부키, 2016.
5	'관계'의 안녕을 위한 방법	안도현, 『관계』, 문학동네, 1998.
6	우리들의 안정제	김동영·김병수, 『당신이라는 안정제』, 달, 2015.
7	내가 네 친구가 되어 줄게	엘윈 브룩스 화이트·가스 윌리엄즈, 『샬롯의 거미줄』, 시공주니어, 2018.
8	쓸모없는 예술의 쓸모	오스카 와일드, 『도리언 그레이의 초상』, 위즈덤하우스, 2018.
9	새털같은 삶의 나날을 위해	밀란 쿤데라, 『참을 수 없는 존재의 가벼움』, 민음사, 2018.
10	빨간 피터가 인간들에게 보내는 보고서	프란츠 카프카·마히 그랑, 『빨간 피터의 고백』, 늘봄, 1996.

내 안의 오만과 편견

제인 오스틴, 『오만과 편견』, 민음사, 2003.
『오만과 편견』은 영국인들이 가장 사랑하는 작가로 불리는 제인 오스틴의 대표작입니다. 인간의 본성인 오만과 편견으로 인한 사랑과 오해, 결혼 갈등의 이야기가 전개됩니다. 중산층과 귀족층 남녀의 결혼 이야기에서 그 시대와 지금의 결혼 문화와 여성관의 변화, 사회에 대한 풍자와 유머를 느낄 수 있습니다.

오래 전의 일입니다. 머리 염색과 커트를 하러 나섰는데 늘 다니던 미용실이 문을 열지 않았습니다. 그날이 아니면 저는 다시 시간 내기가 어려워 부근의 다른 미용실에 갔습니다. 미용실 이름을 보나, 작달막한 키, 보라색 치마에 연두 형광색 티를 받쳐입고 껌을 씹으며 고객의 머리를 만지는 원장의 모습을 보나, 내 머리를 맡길 만한 신뢰가 가지 않았습니다. 보조 미용사들에게 아무렇게나 야단치는 듯한 거친 말투도 건방져 보였습니다.

그런데 미용실은 평일이었는데도 주말처럼 북적대고 커트 손님들도 기다려야 한다고 말하니 다들 예약 시간을 정하고 돌아갔습니다. 다른 미용실에서는 제가 원하는 염색이 잘 안 되어 불만이었는데 원장은 알아서 해 주겠다더니 정말 만족스럽게 염색해 주었습니다. 좌우 언밸런스한 짧은 헤어 스타일도 대만족이었습니다. 제게 그 원장은 미용 기술은 탁월하지만 잘난 체하고 함부로 남을 무시하고 괴팍하고 특이한 사람으로 각인되었습니다. 머리는 만족스럽게 잘 해주어서 저는 가족과 지인들에게도 소개하고 한 번 가 보라고 추천했습니다.

그러던 어느 날, 그 미용실에 다녀온 남편이 들려주는 이야기에 저는 원장에 대한 생각이 조금 달라졌습니다. 원장은 휴일 없이 밤늦게까지 문을 여는데, 그렇게 번 돈을 거리에 떠도는 고양이들을 보살피고 아픈 고양이 수술해 주는 데에 쓴다며 동물 사랑에 대한 실천이 대단하더라는 것입니다. 그리고 원장이 동물사랑 단체에서 후원금 모금으로 나무 바자회를 한다고 해서 남편은 두 그루의 나무를 샀다고 했습니다. 그 후로도 거기에 가면 늘 손님들이 북적인다는 것을 알았습니다. 놀랍게도 원장은 손님들 한 명 한 명의 사정을 세세하게 알고 때로는 가정사에 대한 걱정과 축하의 말도 했습니다. 그 미용실에 가는 발걸음이 늘수록 원장에 대해 새로운 면을 알게 되어 차츰 신뢰가 갔습니다. 어쩌면 남을 무시하는 듯한 말투는 그녀의 소탈하고 화통한 성격에서 오는 것인데 제가 몰랐을 수도 있습니다. 한 사람에 대해 제대로 이해하려면 얼마의 시간과 어떤 일들을 겪어야 하는 것일까요? 원장에 대한 모습에서 제가 느끼는 편견은 어디서 시작된 것일까요?

처음 만났을 때 한 사람은 나를 무시해서 기분이 나빴고, 다른 한 사람은 특별한 호감을 표시했기 때문에 기분이 좋아서, 난 두 사람에 관해서는 선입관과 무지를 따르고 이성을 쫓아낸 거야. 지금 이 순간까지 난 나 자신에 대해 모르고 있었던 거야.
_제인 오스틴, 『오만과 편견』, 민음사, 2003, p293~294

엘리자베스는 첫 만남에서 다아시가 자기 친구에게 하는 말을 듣게 됩니다. 자신에 대해 미인도 아닌 데다가, 아무도 춤을 신청하지 않는 매력 없는 여인이라 말하며, 그녀와 춤을 추기는 싫다고 말하는 내용이었습니다. 엘리자베스는 그에 대한 모든 언행을 오만하다고 여기고 싫어합니다.

하지만 반대로 처음 만난 자신에게 친절하고 칭찬해 주고 호의를 보이는 위컴의 말은 전적으로 믿습니다. 그러나 나중에 두 남자가 자신이 아는 것과 정반대의 성격이라는 것을 알게 됩니다. 위컴은 거짓말을 일삼고 다른 사람에게 사기를 치는 사람인 반면, 다아시는 처음에 남들에게 쉽게 다가서지 못하는 수줍은 성격이 오만한 것처럼 보였을 뿐이었던 것입니다. 다아시는 자기 자신에 대한 오만 때문에 편견을 가졌다고 고백합니다. 자기 자신이 뛰어난 변별력을 가지고 있다고 믿었으며, 이를 통해 다른 사람에 대해 내리는 자신의 평가가 믿을 만하다고 스스로 생각했던 겁니다. 또 이를 통해 자기 자신을 스스로 똑똑하고 자랑스럽다고 자부하기까지 했습니다. 다아시는 이후에 자신의 이런 모습에 대해 창피해합니다.

저자는 인간은 누구나 자신에 대해 자만심을 갖고 있으며 이러한 오만은 인간의 일반적인 감정이라고 말합니다. 엘리자베스 언니 제인은 풍부한 감성으로 침착한 성격입니다. 그러나 쾌활하지만 자기 감정에 적극적이지 않아 답답하게 느껴지기도 합니다. 남을 의심할 줄 모르고 나쁜 이야기를 들어도 그 대상을 나쁘게 생각하지 않는 성격이 때로는 결정력도 없고 우유부단하게도 보입니다. 그러나 이야기가 끝나갈수록 타인의 입장을 존중하고 모든 사람에 대해 개방적으로 받아들이는 편견 없는 사람으로 빛납니다. 이 책을 읽는 동안 저도 주인공들에 대해 제가 가진 잣대로 편견을 갖고 봤지만, 책의 결말까지 읽으며 결국 이를 깨는 기회가 되었습니다.

- 편견: 사전적 의미로 공정하지 못하고 한쪽으로 치우친 생각으로 상대에 공감하지 못하는 태도를 말함.
- 오만: 태도나 행동이 건방지거나 거만함 또는 남을 업신여긴다는 의미까지 포함됨.

생각하면 쓸모 있는 질문 한 스푼

- 등장인물 중 나와 유사한 성격이거나 혹은 애정이 가는 인물은 누구인가요? 왜 그렇다고 생각하나요?
- 내가 가진 편견에는 어떤 것이 있을까요?
- 내가 어떤 편견을 가지고 있다면 그것은 어디서 시작된 것일까요?
- 내가 극복한 편견이 있다면 무엇이며 어떤 계기가 있었나요?

내가 그렇게 행동한 이유는?

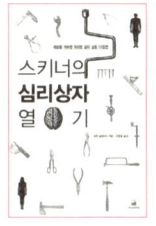

로렌 슬레이터, 『스키너의 심리상자 열기』, 에코의 서재, 2005.
이 책은 인간 심리와 본성에 관한 심리 실험 10가지에 대한 이야기입니다. 저자는 각 실험에 대한 인간 심리와 의미를 풀어냅니다. 실험의 결과가 아니라 실험 내용과 실험의 배경과 과정, 실험 이후의 이야기에 대해 소개합니다. 일상에서 우리들의 행동의 이유와 심리를 추측해 보고 사람을 이해하는 또 다른 관점이 되어 줄 것입니다.

저의 딸아이가 커피 전문점에서 한 번만 더 커피를 사면 쿠폰이 10개 되어서 공짜로 한 잔 마실 수 있다고 즐거워합니다. 저는 그 쿠폰을 모으려고 멀리 가는 시간과 거리를 따져보면 공짜도 아니라고 했습니다. 딸은 어차피 마실 커피인데 마실 때마다 다른 곳에 가느니 한 곳에서 마시면 한 잔이 공짜이고 요즘은 그런 것을 안 따지고 아무 곳이나 가서 사거나 마시는 사람이 어디 있느냐고 합니다. 어쩌면 저는 "요즘 사람들 특히 젊은이들이 대부분 그렇게 한다."라는 말에 '요즘 사람'이 되려고 다음부터는 고정된 커피 전문점으로 갈지도 모릅니다.

마트나 백화점에서 얼마 이상의 금액만큼 사면 사은품과 상품권을 준다는 이벤트에 금액을 맞추느라 더 필요한 것을 생각해 내어 일부러 산 적은 없나요? 사소한 것에도 충성을 요구하는 영업 마케팅, 그것이 동물에게 행했던 행동주의적 심리를 이용한 것이었다면 어떨까요? 이런 걸 알면 우리는 기분이 썩 좋진 않지만, 사실 우리 생활 곳곳에는 심리를 이용한 여러 장치가 널려 있습니다. 이런 심리를 조금 의식한다면 우리의 소비 행동에 조금의 변화가 생길까요?

나는 한 개인의 도덕적이거나 비도덕적인 행동이 고정된 성격적 특성 때문이라고는 생각하지 않는다. 그것은 그가 언제, 어디서, 누구와 함께 있는가가 훨씬 더 중요하다.
_로렌 슬레이터, 『스키너의 심리상자 열기』, 에코의 서재, 2005, p70

이는 우리의 행동은 변하는 날씨와 바람과 같은 외적 영향력, 상황에 의해 좌우된다는 것을 의미합니다. 사회심리학자 밀그램은 평범한 인간이 권위에 따라 복종하며 얼마나 잔혹해질 수 있는지에 대해 연구하였습니다. 그리고 사람들이 파괴적인 복종에 굴복하는 이유를 '상황'에 있다는 것을 증명해 보입니다.

이 책은 스키너가 실험을 위해 딸을 상자에 가두어 키웠다는 속설의 진실을 찾아가는 과정과 10가지의 실험 장면을 추적하여 인간 심리의 근원을 분석합니다. 저자는 실험자와 실험자 주변의 인물들과 인터뷰를 하거나 그들의 사회적 배경을 탐색하여 실험이 주는 의미와 철학적, 사회적 이슈를 던집니다. 그는 훌륭한 심리 실험은 인간의 경험을 압축시켜 본질만 남도록 해 주기 때문에 심리 실험에 매력을 느낀다고 합니다. 또한 심리 실험을 통해 인간이 사랑, 두려움, 순응, 소심함 등을 느끼도록 설정된 상황에서 어떤 역할을 하는가에 대해 알 수 있다고 합니다.

이는 마치 우리의 삶 심연에 묻혀 있는 부분을 현미경으로 확대해 보여

준다고나 할까요? 이런 심리 실험의 이야기를 통해 우리는 미처 보지 못한 자신의 심리와 행동의 이유를 발견하게 될 수도 있습니다.

이 책은 보상과 처벌 이론에 관한 스키너의 실험, 사람들이 불합리한 권위 앞에 복종하는 심리에 대한 스탠리 밀그램의 충격 기계, 권위와 복종에 대한 실험, 엽기적인 살인 사건이 벌어지고 도움을 요청하는 비명을 지르는데도 침묵한 38명의 이웃, 그들 중 누구도 행동하지 않은 심리에 대한 실험 등 10가지 인간 심리에 관한 실험이 소개됩니다.

책을 읽다 보면 끊임없이 '왜?', '무엇이 당연한 것인가?' 끊임없는 의문에 빠져들기도 합니다. 나라면 어떻게 행동했을까? 그 행동의 근원은 무엇일까를 생각해 보며 내 안의 '인간성'을 찾아 떠나는 여행을 해 보는 것도 나를 되돌아보는 시간이 되어 줄 것입니다.

생각하면 쓸모 있는 질문 한 스푼

- 나의 소비 습관이나 생활 속에서 책에서 말하는 심리 원리를 느낀 경험이 있었는지 이야기해 봅시다.
- 사람들은 20달러를 줄 때보다 1달러를 줄 때, 거짓말을 진실이라고 더 강하게 주장한다고 합니다. 왜 그렇다고 생각하나요?
- 과학 기술과 인간을 위한 동물 실험은 중단할 수 없긴 하지만, 그렇다고 이를 정당화할 수도 없습니다. 이에 관한 나의 입장과 현실적인 대안에 대해 이야기해 봅시다.

'인간' 아버지에 관하여

신경숙, 『아버지에게 갔었어』, 창비, 2021.
작가는 이 책을 익명의 아버지들에게 바치는 찬란한 헌사라고 말합니다. 이 책은 우리 시대의 모든 아버지에 대한 이야기입니다. 태어날 때부터 '아버지'란 존재로 알아 온 아버지를 떠나 한 남자, 한 인간인 낯선 아버지를 재조명합니다. 한국전쟁과 숱한 역사의 한 증언자이자 그 세월 속에서의 개별적인 인간 아버지의 삶, 가족 간의 관계에 대한 고민을 이야기합니다. 가족을 향한 연민과 서로 간의 관계에서 비롯된 갈등과 사유를 함께 하며 나의 가족, 때론 밀쳐 두고 싶은 소원한 관계에 대해 생각하게 합니다.

한동안 회자되었던 동영상 한 편에 대해 이야기하고자 합니다. "'OOO'에 대해서 아는 것, 좋아하고 싫어하는 것에 대해 이야기해 보세요."라는 질문이었습니다. 인터뷰에 응하는 사람들은 누구 할 것 없이 그 대상에 대해 잘 알고 있었습니다. 즐거운 표정으로 그 대상에 대한 정보를 이야기했습니다. 두 번째로 대상을 다르게 하고, 같은 질문을 던졌습니다. 이번에는 인터뷰하는 대부분이 아무 말도 잇지 못했습니다. 그러는 자신의 모습에 대해 당황해했습니다. 저도 마찬가지였습니다. 앞의 대상은 자녀에 대해 말하는 것이었으며, 후자는 부모님이었습니다.

'엄마', '어머니'라는 호칭은 듣기만 해도 가슴이 뭉클하고 코끝이 아릿해져 옵니다. 시대를 막론하고, 상황과 여건이 다른 곳에서 살아도 어머니의 희생과 사랑에 우리는 옷깃이 여며지곤 합니다. 그 못지않게 '아버지' 하면 또 우리는 당황스럽고 갑자기 뇌의 회로가 정지된 것 같은 기분이 들기도 합니다. 뭔가 둔탁한 것으로 머리를 한 대 맞은 것 같기도 하고 할 말을 잃게 되지는 않는지요?

자녀는 태어날 때부터 '인간'이라기보다 '아버지'를 먼저 만납니다. '아버지'로 존재했음으로 인해 우리가 보지 못한 것들은 무엇일까요? 신경숙 작가의 『아버지에게 갔었어』는 개별자로서의 존재로 아버지를 바라보게 합니다. 저의 아버지는 돌아가신 지 10년이 지났습니다. 제가 어렸을 적 아버지는 밖에서는 그럴 수 없을 정도로 대단한 호인이자 친절한 사람이었습니다만, 반대로 가족에게는 엄하고 무서운 아버지였습니다. 제 기억에는 '잘했다'라거나, '우리 강아지 예쁘다'라는 류의 말을 들은 적이 없습니다. 그냥 '동거인' 같은 관계로 지내온 것 같습니다. 그래서 엄마가 "아버지가 너를 평소에도 얼마나 사랑하고 자랑스러워하셨는지 모른다."라고 하셔도 전혀 와 닿지 않았습니다. 아마 속으로만 그 사랑스러움과 자랑스러움을 안고 계셨겠지요.

살아계시는 동안 손을 제대로 잡아본 기억이 나지 않습니다. 기껏 병석에 계실 때, 정기적으로 오가며 힘내시라고 잡은 것 말고는 기억에 없습니다. 저는 아버지가 얼마나 꽃을 좋아하셨는지, 여행을 좋아하셨는지, 시샘이 많은 사람인지, 그런 것도 모르고 살았습니다. 그렇게 아버지를 보냈습니다. 엄마의 이야기를 통해 저는 늘 새로운 아버지를 만납니다. 저도 주인공의 고백처럼 아버지를 한 번도 개별적인 인간으로 생각하지 않았습니다.

그저 아버지를 뭉뚱그려서 생각하고 한 개인으로서 아는 게 한 가지도 없다는 사실을 알게 되었습니다. 친구, 친척, 직장 동료보다도 아는 것이 없다는 것에 당황하게 됩니다.

어머니가 아파 병원에 입원하게 되면서 주인공은 시골에 홀로 남은 아버지에게 가서 지내게 됩니다. 주인공인 딸이 새롭게 만나는 아버지에 대해, 또 다른 형제들이 아버지에 대해 풀어놓는 이야기 속에 우리들의 아버지가 있습니다. 우리에게 익숙한 아버지, 그러나 참으로 낯선 인간 아버지의 모습에 저의 아버지를 비춰 봅니다. 전쟁과 격변의 세월을 버텨온 역사의 증인, 가족들을 위해 뒤도 보지 않고 살아가고 여유란 것도 모르며 그저 살아왔을 뿐, 아무것도 한 것이 없다고 말하는 우리의 아버지들. 가시 박힌 거친 손바닥과 핏줄이 툭툭 불거진 마른 손등에 숨은 인간으로서의 꿈과 외로움을 감히 가늠해 봅니다.

이 책을 읽고 아버지의 안부를 묻는 전화 한 통 하면 어떨까요? 책을 읽지 않더라도 이 글을 공유함으로써 항상 일상에서 한곳으로 밀쳐 두었던 아버지께 방문하거나 안부 전화를 한다면 그것으로 이 책은 할 일을 다하고, 추천한 보람이 있다고 생각합니다. 저도 함께 공유함으로써 다시 아버지를 생각하게 되었고, 아버지와의 추억을 재조명하게 되었으니, 그게 큰 의미가 됩니다. 저도 이번 주말엔 또 낯선 아버지의 모습을 만나러 엄마께 가야겠습니다.

생각하면 쓸모 있는 질문 한 스푼

- '아버지' 하면 가장 먼저 생각나는 것, 지금도 떠오르는 아버지와의 추억은 무엇인가요?
- 아버지에 대해 알고 있는 것(좋아하는 것, 싫어하는 것, 취미)에 대해 이야기해 봅시다.
- 아버지와 꼭 하고 싶은 일이 있다면 무엇인가요? 이유는 무엇인가요?
- 책 속에서 '벌써 육 년이 흘렀구나, 너무 오래 붙들고 있으면 그 아도 갈 길을 못 가고 헤멜 것잉게….'라는 문장을 만날 수 있습니다.(p92) 이처럼 내가 집착하거나 머물게 해서 보내지 않고 붙들고 있는 것이 있다면 무엇인가요?
- 아버지에게 꼭 하고 싶은 말이나 듣고 싶은 말이 있다면 무엇인가요?

문제 해결의 정석은 '문제의 정의'

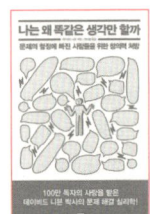

데이비드 니븐, 『나는 왜 똑같은 생각만 할까』, 부키, 2016.
이 책은 심리학자인 데이비드 니븐 박사가 문제 해결 심리학을 다룬 것으로, 우리가 문제의 함정에 빠져드는 원인이 무엇인지를 보여줍니다. 그리고 가슴 뛰는 삶을 위한 10가지 생각 전환법을 소개합니다. 문제 해결을 위해 그 문제에 집착하는 패턴에서 우리가 벗어나서 생각을 전환하는 방법을 안내합니다.

옷에 아주 작은 얼룩이 묻었을 때, 자세히 보지 않으면 잘 보이지도 않는데도 발견하게 됐으니, 그걸 계속 지우려고 노력했던 적이 있습니다. 계속 신경이 쓰여 손톱으로 긁거나 물을 묻혀 문질러보면 희미해지기는 하지만 얼룩 흔적의 범위가 넓어지게 됩니다. 저자는 이런 경우 열심히 닦는 노력이 아니라 기지나 지혜, 창의적인 해결이 필요하다며 문제 상황을 다른 관점에서 보라고 합니다.

미국 삼림소방대가 거대한 산불 진화 중 협곡에 갇혀 탈출해야 하는 상황에 놓인 적이 있었습니다. 불길의 속도가 빨랐기 때문에 무거운 장비를 들고 탈출하는 것은 불가능에 가까웠으나 모두 그것 외에는 방법이 없다고 생각했습니다. 그런데 이때, 한 소방대원이 다른 쪽에 불을 놓아 그곳을 빈터로 만들자고 했습니다. 그러면 산불이 태울 것이 없으니 이곳을 거치는 일 없이 지나갈 거라는 추측이었습니다. 모두는 반신반의하며 이를 실행했고, 결국 성공하게 됩니다.

문제가 아니라 해결책에 초점을 맞춘다는 건 지극히 간단해 보여도 실은 매우 포착하기 어려운 경로다. 우리가 살면서 얻은 모든 교훈들과 어긋나기 때문이다.
_데이비드 니븐, 『나는 왜 똑같은 생각만 할까』, 부키, 2016, p12

저자는 우리가 속도를 노력과 결부시키기 때문에 다른 가능성에 관심을 두지 못한다고 말합니다. 이 책은 문제의 함정에 빠진 사람들을 위해 창의적인 해결법을 제시합니다. 문제를 밀쳐버려라, 불확실함을 포용하라, 노력하지 마라, 첫 번째 생각을 과감하게 버려라, 한눈을 팔아라, 반대쪽을 용인하라, 스스로 생각하라 등의 차례를 보면 어떤 문제가 생겼을 때 기존의 해결 방법을 뒤집어 보는 새로운 사고방식이 필요함을 알 수 있습니다.

가족 또는 친구와의 모임에서 재미있는 게임으로 다음과 같이 간단한 실험을 해 봅시다.
- 빈 종이에 원을 한 개, 또는 같은 크기의 원을 3~5개 정도 그려서 나누어 줍니다.(원이 아니라 사각형을 그려도 됩니다.) 도형을 이용해서 무엇이든 그려보라고 합니다.
  도형의 개수가 많을수록 실험은 재미있어집니다.
  각자 그린 것을 펴놓고 감상하세요. 대체적으로 원으로 사람 얼굴, 시계, 달, 빵, 안경 등을 그립니다. 좀 더 발전하면, 원이 부분으로 들어간 자전거, 그릇, 병 등을 그립니다. 서로 그린 그림들이 비슷해서 웃게 됩니다. 우리는 어떻게 그렇게 같은 생각을 할까요?
  그중 기발하게 그린 사람이 간혹 나오겠지요. 어떻게 저런 생각을 했을까? 학생들과 수업을 할 때 아이스 브레이킹이나 생각을 열기 위한 활동으로 해 보면 비슷한 결과를 얻습니다. 우리가 그렇게 사고의 틀에 갇히도록 교육받았기 때문 아닐까요? 저자는 이런 고정의 사고관에서 벗어나기 위해 '나'에서 벗어나라고 합니다.

결정과 선택의 갈등이 있을 때 조언을 구할 때도 마찬가지입니다. 우리는 갈등하는 문제에 대한 전문적인 정보를 갖고 있고 신뢰할 만한 주변의 지인을 떠올립니다. 같은 영역의 사람들은 같은 생각을 합니다. 그래서 저자는 나와 다른 영역의 일이나 환경에 있는 사람을 찾으라고 충고합니다. 예를 들어 자주색으로 염색한 친구를 만나라고 조언합니다. 이는 나와 전혀 다른 관점을 가진 사람에게 조언을 구하고 다른 관점을 가지라는 의미입니다. 우리는 보통 주변의 나와 비슷한 사람들에게 조언을 구하는 경향이 있지만, 때로 그것은 도움이 되지 않는다는 말입니다.

저자는 사회학자 마틸 루프의 "혁신적인 기업가들이 다양한 부류의 친구들과 교류한다."라는 말로 우리에게 문제 해결을 위해 다른 관점을 가지라고 제안합니다. 저는 가끔 제 관심과 전공과 전혀 다른 영역의 책을 읽으려고 하는데 이것도 같은 이유라는 생각이 듭니다.

경영학자 피터 드러커는 기업 경영을 준비하는 최선의 방식에 대해 "바이올린을 배우라."고 합니다. 이는 여러 주제를 넘나들고 사고하며 시야를 넓혀야 한다는 의미라고 합니다. 자신의 직업과 가정사와 상관없는 무언가를 배우고, 제한된 공간, 좁은 방, 늘 자기가 접하는 공간들에서 나오라고 합니다.

이것이 미래 교육의 방향이 융합적 사고로 가는 이유이고, 학교에서 교과 연계 수업과 통합이 이루어져야 하는 것도 같은 맥락일 것입니다. 문득 엘리베이터의 속도에 대한 고객들의 불만을 해결한 이야기가 떠오릅니다. 엘리베이터 회사 측은 모터의 성능이나 윤활유 시스템 등 과학적인 측면에서 접근했습니다. 공사비도 만만찮고 해결이 난감했습니다. 그러다가 해결 방법을 찾는 공고를 합니다. 호텔에 근무하는 한 직원이 엘리베이터에 거울을 설치하자는 아이디어로 간단하게 해결했습니다. 이것은 문제 해결보다 중요한 것은 문제의 관점이라는 의미입니다. 무엇이 문제인가? '문제적 정의' 문제를 어떻게 정의하느냐? 이것이 문제 해결의 첫걸음입니다. 문제 해결을 위해 문제를 떠나서 문제를 들여다보고, 기존 생각을 뒤집게 해주는 이 책을 읽어보길 권해 봅니다.

생각하면 쓸모 있는 질문 한 스푼

- 책에서 소개하는 어려운 문제에 부딪혔을 때의 창의적인 해결법들 중 시도해 본 방법이 있나요?
   * 공감하는 방법이 있다면 무엇인가요?
- 문제를 창의적으로 해결하는 방법 중 '노력하지 마라'는 무슨 의미일까요?
- 저자는 문제의 창의적인 해결 방법으로 첫 번째 생각을 버리고 두 번째 안으로 가는 창의성을 기르는 습관으로 '멋대로 해 보라'고 하며 다음과 같이 제안합니다.(p.193~194) 하지 않던 3~5가지 방법으로 시도해 봅시다.
    - 기꺼이 실패해 봅시다.
    - 통상적인 순서와 방법을 바꾸어 봅시다.
       (예: 샌드위치 만드는 순서 바꾸기)

'관계'의 안녕을 위한 방법

안도현, 『관계』, 문학동네, 1998.
이 책은 안도현 작가가 쓴 어른들을 위한 동화입니다. 사람과 사람 간뿐 아니라 도토리와 낙엽, 꽃과 열매, 사람과 사물 등 인간과 사물과 자연과 온 우주 간의 관계에 대한 이야기입니다. 그 관계 속의 소통과 존재감, 사랑에 대해 따뜻한 이야기가 펼쳐집니다.

얼마 전 퇴근길에 빈 화분을 들고 꽃을 사러 화원에 들렀습니다. 비닐하우스 안에는 예술에 가까우리만치 아름다운 모습을 한 다양한 종류의 꽃과 나무들이 있었습니다. 그중에서 제 화분에 어울릴 만한 다육이를 골라서 심었습니다. 사장님은 정성스럽고 조심스럽게 화분에 다육이를 심은 후, 다육이의 특징을 말해주고 여러 가지 당부를 하셨습니다.

펜덴스금은 그 꽃 심은 화분을 흔들면 고개가 흔들거리면서 향기가 납니다. 햇빛을 받으면 방울의 끝이 빨갛게 변한다고 합니다. 대신 집에 가서 금방 물을 주어서도 안 되고, 화분의 자리를 자주 옮겨도 안 되고, 처음에 둔 그 자리에 두어야 한다고 했습니다. 뿌리를 뽑아 옮겨 심은 것만 해도 힘든 일이니, 식물이 스트레스를 받아 적응하는 데 시간이 걸리기 때문에 자리를 옮기면 그 스트레스가 가중된다는 것입니다. 두어 달 지나면 다육이는 적응할 테고, 그때가 되면 예쁜 모습을 보게 될 거라고 했습니다. 식물도 옮겨

심으면 스트레스를 받는데 인간은 어떨까요? 식물은 약하니 작은 자극에도 더 스트레스를 받는 것은 인간들보다 더할지도 모르는 일입니다.

　제가 근무하는 사무실의 동료가 인사이동으로 가고 새로운 분이 왔습니다. 서로 낯설어 서먹서먹한 채로 사무실에서 두 사람만 하루 종일 한 공간에서 지냅니다. 무언가 말을 하는 것도, 어떤 일을 맡길 때도 서먹하고 모든 것이 불편합니다. 나와 그녀는 서로에게 새로운 사람이고, 그녀도 환경이 새로우니 사람과 공간의 적응에 시간이 걸리겠지요. 누군가를 길들이고, 누군가에게 길들여지는 일에는 시간이 걸리는 법이니까요.

이해한다는 것은 서로에게 길들여진다는 것이에요. 구두를 이해하는 데는 시간이 필요해요. 그때까지 기다릴 줄 알아야 한다구요.
_안도현,『관계』, 문학동네, 1998, p22

　『관계』의 저자가 '구두를 이해하는 법'에서 구두를 새로 산 주인에게 새 구두가 하는 말입니다. 새 구두를 신으면 발뒤꿈치나 발가락이 아픈 경우가 있습니다. 그러니 발과 구두, 나아가 구두와 주인이 서로에게 길들여져야 하고 그러기 위해 서로를 알아야 한다고 주인에게 말합니다. 저도 사무실의 새 동료를 이해하기 위해 애썼지만, 이해하려면 시간이 필요할 것입니다. 새로운 사람과의 만남과 관계를 맺어가는 데에 이 책은 공감을 불러일으킵니다. 도토리와 죽은 잎사귀들과의 만남에서는 서로의 존재감과 소중함을 이야기합니다. '돌탑 이야기'에서는 마이산 탑사 주위의 돌탑이 이루어 낸 전설로 마음을 따뜻하게 해줍니다. 『탈무드』처럼 짧은 이야기들로 깊은 생각과 감동을 주며 늘 곱씹을 거리를 주는 책입니다.

사람 간, 자연과 사람, 사물과 사람, 사물과 사물 간 등 모든 관계는 원활하게 되는 데까지 시간이 필요합니다. TV 드라마에서 "무엇이든 시간이 걸리는 데는 그럴 만한 이유가 있다."라고 한 말이 떠오릅니다. 서먹서먹한 새 동료와 서로에게 길들여지기 위해 저는 새로 산 화분 중 하나를 가져가서 키우며 함께 이야기를 시작해 보려 합니다. 어떤 식물을 좋아하는지부터 물어보면서 말입니다.

생각하면 쓸모 있는 질문 한 스푼

- '아는 만큼 보이고 보이는 만큼 생각하게 된다'는 말이 있습니다. '버들치를 기르는 시인(p90)'에서 시인은 풀, 들꽃, 나무 등 가장 많이 아는 사람이 가장 많이 느낄 수 있다고 생각합니다. 내가 다른 사람보다 좀 더 많이 알고 있는 영역은 무엇인가요? 그로 인해 남보다 많이 느끼는 것은 무엇인가요?
- 아는 것이 많아야 많이 느낀다는 것에 대해 어떻게 생각하나요?
- '구두를 이해하는 법(p24)'에서 구두가 주인님을 이해하기 위해 자신의 몸을 스스로 깎아내었듯이 내가 상대를 위해 힘든 그 무엇을 견딘 적이 있다면 언제 어떤 일인가요?
- 나와 가장 편하거나 가장 불편한 관계에 있는 사람은 누구인가요? 왜 그렇다고 생각하나요?
- 원만하고 행복한 관계를 유지하기 위한 나만의 방법이 있다면 무엇인가요?

우리들의 안정제

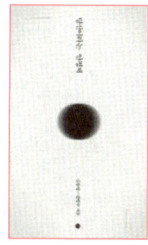

김동영·김병수, 『당신이라는 안정제』, 달, 2015.
이 책은 환자와 그의 주치의가 공동으로 집필했습니다. 의사와 환자가 진료와 상담의 내용을 바탕으로 서로 다른 시각으로 같은 상황을 바라보고 느낀 이야기입니다. 진료실 밖에서 서로의 속내를 들추며 함께 풀어가는 소통의 이야기이며 이러한 방법이 또한 새로운 치유법이 될 수 있다는 것도 제시해 보입니다.

코로나19로 세계가 '얼음땡' 놀이처럼, 혹은 영상의 잠시 멈춤처럼 일상이 정지되었던 시간은 마치 세월을 도둑맞은 느낌이었습니다. 누군가가 시간을 도려내 간 것 같았습니다. 우리는 백신으로 조심스럽게 한 걸음씩 내디뎠지만 소중한 일상은 쉽게 돌아오지 않았습니다.

지극히 당연하던 일상을 잃은 우리는 자주 우울하기도 하고, 내일에 대해 불안해하기도 합니다. 때로 그 불안은 두려움이 되어 눈덩이처럼 커지기도 합니다. 코로나19가 오기 전에도 급변하는 사회와 직장생활, 좁은 취업문 등 해결해야 하는 많은 일들로 스트레스는 일상이 되고 우울증과 공황도 이제는 흔한 병이 되었습니다. 그러나 그 병으로 겪는 상황은 흔한 것이 아니라는 것을 『당신이라는 안정제』라는 책을 읽어보면 이해하게 됩니다. 우울증을 겪지 않는 사람의 시선에서는 그들이 일부러 우울에 빠져 있으려고 하는 것처럼 보이기도 한다고 합니다. 하지만 자신이 통제할 수 없는 감정을 제어하는 것은 정말 어려운 일이며, 여기에는 가까운 지인이 함께할 수 있는 여지도 적습니다.

'생선'이라는 이름으로 더 많이 불린다는 저자 김동영은 신문 배달과 주방 보조에서부터 음반과 공연 기획, 카페 운영 등 다양한 직업을 가지기도 했고, 여러 나라를 자유로이 여행한 사람입니다. 그러다가 갑작스럽게 공황장애를 겪게 되고 불안과 우울을 겪게 됩니다. 이 책은 그 병에 대한 치료로 한 달에 한두 번씩 7년 동안 한 의사와 환자로 만나오면서 나눈 이야기를 공동으로 집필한 책입니다.

의사와 환자의 이야기라고 해서 의학적인 치료법이나 우울 혹은 불면증의 치유법을 쓴 것은 아닙니다. 책은 두 사람의 진료실 밖 이야기로 구성되어 있습니다. 이 이야기들은 어쩌면 환자가 아닌 우리들의 증상과 이야기일 수도 있어 공감이 갑니다. 내게 너무도 완벽한 날–항상 완벽할 수는 없는 날들, 내 질병의 역사–아픈 경험의 역사, 나의 어머니–우리 모두의 어머니 등으로 한 가지 주제나 일에 대해 각자 다르게 비켜서서 바라보는 시선의 글은 때론 동상이몽, 때로는 공감의 글로 울림을 줍니다. 각자의 아픔과 삶을 담담하게 들여다보는 성찰을 통해 서서히 치유가 일어나기도 하는 이야기입니다. 이 책은 글 한 편마다 시적인 표현의 제목이 있어 머물러 음미하게 합니다. 또한 글 사이사이 빈 여백에 작은 사진들을 배치해 독자들에게도 잠시 벤치에 앉아 쉬는 듯한 안정감을 줍니다.

태국 북부 빠이에서 작가가 아파서 일어나지 못하고 있을 때 예전에 사랑했던 여자의 "돌아오라, 돌봐주겠다."라는 전화 속의 온기가 더운 나라의 열기보다 더 가슴을 데워주었다고 고백합니다. 누군가의 애정 어린 말 한마디나 따뜻한 손길이 약보다 자신을 더 안정시켜 주고 평온하게 해주는 강력한 처방이 될 수 있을 것입니다.

얼마 전 TV에서 과학자를 꿈꾸었으나 사고로 실명하고 진로를 바꾸어 판사가 된 분이 자신의 삶을 이야기하는 것을 보았습니다. 좌절하고, 고통스럽고, 포기하고…. 그러다가 한 걸음씩 세상으로 나오게 된 과정이었습니다. 그는 울먹이며 이야기했습니다. 대학원 시절 필기해 준 친구, 그 필기를 한글 파일로 만들고 다시 음성 파일로 전환해 준 친구, 같이 밥 먹어준 친구, 강의실 이동을 도와준 친구들이 없었다면 지금의 자기는 있을 수 없다고 감사하다고 말했습니다. 친구들은 하찮은 작은 친절이라고 손사래를 치기도 하고, 아무것도 해준 게 없다고 하지만, 그 작은 친절이 자신에게는 얼마나 큰 위로가 되고 살아갈 힘이었는지 모른다고 말하며 울었습니다.

우리가 원하는 것은 아주 작은 것입니다. 우리가 해줄 수 있는 것도 아주 작은 것이지만 받아들이는 사람에게는 큰 힘이 되는 것이 작은 위로의 말, 따뜻한 손길일 것입니다. 코로나19로 모두가 힘든 하루하루를 버티게 하는 것도 작지만 따뜻한 응원의 눈빛, 수고한다는 말, "괜찮아?", "애썼어.", "같이 하자."라는 위로와 응원 아닐까요?

저는 『나에게 고맙다』를 추천하는 글에서 '내가 나에게 휴대폰 메시지로 고마움을 표현해 보자, 나에게 선물을 해주자.'라고 썼었습니다. 올해의 마지막 날과 새해에는 가족과 친구들에게 안정제를 보내보자고 제안해 봅니다. 모두들 잘하고 있겠지만 좀 더 마음을 담아 그에게 따뜻한 온기가 되는 말을 보내보세요. 기적을 부르는 작은 우리들의 안정제를.

생각하면 쓸모 있는 질문 한 스푼

⊙ 불안하거나 우울할 때, 마음의 안정을 찾기 위해서 나는 어떻게 하나요?

⊙ 저자는 '나를 불안하게 하는 것들'로 3쪽에 거쳐 목록을 작성합니다. 이에 대해 의사는 조그만 구름을 적의 비행기로 착각한 것은 아닌지 되묻습니다.(p73)
나를 둘러싼 환경과 상황 속에서 '나를 불안하게 하는 것'은 무엇인가요?

⊙ 저자는 모든 행복은 '그럼에도 불구하고' 찾아오는 것이라고 말합니다. 우울하고 죽을 것 같아도 행복할 수 있다고 이야기합니다.(p14)
나에게 '그럼에도 불구하고' 행복한 것들에는 어떤 것이 있나요?

⊙ 나에게 '당신이라는 안정제'는 누구인가요?

내가 네 친구가 되어 줄게

엘윈 브룩스 화이트·가스 윌리엄즈, 『샬롯의 거미줄』, 시공주니어, 2018.
이 책은 작은 시골농장에서 태어난 아기 돼지 윌버와 거미 샬롯을 비롯한 동물들을 주인공으로 한 이야기입니다. 한 소녀가 아기 돼지를 기르며 우정을 나누고 사랑하는 일상의 이야기입니다. 대가 없이 그냥 친구가 되어 주고, 친구라서 상대를 이해하려고 애쓰고 도와주는 샬롯의 우정이 우리에게 감동을 주면서 진정한 우정이 무엇인지 되돌아보게 합니다.

이 이야기는 2006년 영화로도 제작되었으며 누구나 꼭 읽어야 할 필독서로까지 추천되기도 하는 책입니다. 요즘은 개와 고양이 혹은 다른 동물들도 반려의 존재로서 가족으로 함께 살아가는 시대이기에 더욱 와 닿는 소재라고 생각합니다.

돼지 윌버는 태어날 때부터 연약하여 버려졌는데 펀의 아버지는 '약한 놈은 골칫덩이'라며 윌버를 죽이려고 합니다. 그러나 딸 펀은 약하게 태어난 것이 돼지의 잘못도 아닌데 딸도 약하게 태어났다면 죽였겠냐고 다그칩니다. 그렇게 아버지를 만류하여 윌버는 겨우 살아나게 됩니다.

저의 아들은 어릴 때부터 좀 야윈 편이었습니다. 팔다리가 너무 가늘어 7살인데도 3~4살 아이보다 약했습니다. 저의 아버지는 가끔씩 제 아이를 만나게 될 때마다 제가 제대로 잘 안 먹여서 그렇다, 운동을 강하게 시켜야 한다며 나무라셨습니다. 이 말을 듣는 제 아들은 어땠을까요? '나는 왜 이렇게 약하게 태어났을까?' 하고 자신에 대해 스트레스를 받기도 했을 것입니다. 아버지가 걱정하는 마음으로 한 조언인 것은 알지만 그래도 아이에 대한 질타처럼 들려 저도 속이 상했습니다. 저도 제가 약하게 낳은 것처럼 괜한 죄인이 됩니다. 적자생존처럼 강한 자만이 살아남고 인정받아야 할까요?

윌버는 헛간에서 살게 되고 거미 샬롯과 우정을 나누게 됩니다. 그들의 우정은 사람과 동물, 동물과 동물 간의 존중과 우정에 대해 되돌아보게 합니다. 다른 아이들과 놀지 않고 혼자 동물에 빠져 있는 펀에게 엄마는 여자 아이에게는 자연스러운 일이 아니라고 걱정합니다. 펀은 자신의 친구들은 헛간에 있다고 말합니다. 친구의 기준은 무엇일까요? 우리는 자녀들이 잘 사귀었으면 하고 기대하는 기준과 좋은 조건들을 생각하며 자녀 친구들을 바라보진 않는지요?

윌버만을 사랑하고 우정을 나누는 펀은, 왜 가까운 친구에게 윌버 이야기를 하면서 문제를 같이 해결해 나가는 기회를 갖지 않았을까요? 엄마도 펀을 윌버하고만 놀고, 다른 아이들과 놀지 않는다고 안타까워만 하지 말고 다른 가족과의 교류를 주선하기도 하고, 다른 아이들과 함께 지낼 수 있는 기회를 주는 일은 왜 하지 않았을까요?
아마 윌버와 펀, 거미줄의 관계에 집중하기 위한 스토리 전개를 위해 생략했을 수도 있겠죠. 그러나 이 이야기를 통해 좀 더 나은 해결책은 없었나? 다르게 전개하면 어떻게 될까? 하고 다른 관점으로 이야기를 들여다보는 질문과 비판의 시간을 가져보는 것도 좋을 것 같습니다. 인물 추가 등으로 새로운 이야기를 지어보는 것도 재미있고 창의적인 활동이 될 것입니다.

 펀의 정성에는 아랑곳하지 않고 윌버는 심심해하고 외로워하며 친구를 찾아다닙니다. 그러나 암거위도 쥐도 새끼 양도 그 누구도 친구가 되어 주지 않았습니다. 왜 서로 쉽게 친구가 되어 주지 못하는지에 대해서도 토론해 보면서 관계에 대해 생각하는 시간을 가져 보는 것도 의미 있을 것입니다. 그러던 어느 날 거미 샬롯을 만나 친구가 되었습니다.

 펀의 많은 관심과 정성에도 불구하고 윌버가 외롭다는 것과 다른 종의 동물과 친구가 된다는 것도 시사하는 바가 많은 상징적인 표현이라고 생각합니다. 다른 종과도 친구가 될 수 있다는 것, 친구란 무엇인가에 대해 되돌아보는 시간이 될 것입니다.

 윌버가 팔려 가서 햄이 될 운명에 처하자, 거미 샬롯이 거미줄로 '대단한 돼지', '근사해'라는 글자를 쓰게 되고, 윌버는 목숨을 구합니다. 사람들은 이 글자를 돼지인 윌버가 쓴 거라고 생각한 것입니다. 이 일로 윌버는 유명해집니다. 결국 좋은 음식으로 규칙적인 생활을 하게 되었고, 정말로 대단한 돼지로 근사하게 변화해 급기야 기적을 일으킵니다. 윌버는 점차 샬롯이 쓴 글자처럼 '대단한 돼지'로 보이기 위해 노력했고 마침내 이걸 이룬 것입니다. 피그말리온 효과처럼 우리가 누군가를 어떻게 보고 생각하느냐가 실제 그 사람에게 커다란 영향을 미칩니다. 그런 것을 알면 아이는 물론, 동물에게, 꽃에게 말 한마디 하는 것도 신중해집니다.

윌버는 샬롯에게 자신은 그런 호의를 받을 자격이 못 되고 해 준 것도 없는데 왜 잘해 주느냐고 묻습니다. 그 대답으로 샬롯은 그냥 좋아했기 때문에, 단지 친구이기 때문이라고 말합니다.

어쩌면 난 널 도와줌으로써 그런 내 삶을 조금이나마 승격시키려고 했던 건지도 모르겠어. 어느 누구의 삶이든 조금씩은 다 그럴 거야.
_엘윈 브룩스 화이트·가스 윌리엄즈, 『샬롯의 거미줄』, 시공주니어, 2018, p229~230

동물들을 통한 성장 이야기, 그리고 삶에 대해 성찰하게 하는 따뜻한 동화를 가족과 함께 읽으면 그 순간이 성장의 시간이 되어 줄 것입니다. 그리고 우정과 살아가는 일에 대해 이야기하다 보면 부모와 자녀도 친구가 되는 계기가 될 것입니다.

생각하면 쓸모 있는 질문 한 스푼

⊙ 내가 진실로 아끼는 친구에 대해 이야기해 봅시다.
⊙ '친구'가 되는 조건은 무엇이라고 생각하나요?
⊙ 내가 친구를 위해 어려운 일을 해 준 경험에 대해 이야기해 봅시다. 그때의 마음에 대해서도 나누어 봅시다. 만약 없다면 친구가 해 준 어려운 일에 대해 이야기해 봅시다. 어떤 마음으로 그 일을 해주었을까요?
⊙ 나이, 성격 등 전혀 다른 성향의 사람과 친구가 된 경험이 있나요? 쉽게 친해졌는지, 아니면 오랜 시간을 두고 친해졌는지, 어느 쪽인가요? 그리고 그 이유에 대해 이야기해 봅시다.
⊙ 내 인생에서 나를 이끌어 준 멘토가 있다면 어떤 사람인가요?
⊙ 내 삶을 승격시키는 일, 의미 있는 일은 무엇인지 생각해 봅시다.

쓸모없는 예술의 쓸모

오스카 와일드, 『도리언 그레이의 초상』, 위즈덤하우스, 2018.
이 책은 오스카 와일드의 유일한 장편 소설입니다. 완벽하게 아름다운 청년 도리언 그레이는 어느 날, 화가가 그려준 초상화를 보다가 자신 대신 추상화가 늙어갔으면 좋겠다고 기도하게 되고, 놀랍게도 그 기도가 이루어지게 됩니다. 늙어가는 주변 사람들 속에서 그는 유일하게 젊음을 유지하게 되며, 대신 그의 초상화가 추하게 늙어갑니다. 영원한 젊음과 아름다움을 유지한다면, 인간은 과연 행복할까요? 인간은 아름다운 외모와 아름다운 양심, 모두를 소유할 수 있을까요? 도리언을 통해 아름다움과 추함, 예술과 현실, 무한과 유한에 대해 우리에게 끝없는 질문으로 사유하게 합니다.

 예술, 아름다움이 우리의 생활과 삶에 미치는 영향은 무엇일까요? 예술은 생활이나 삶을 유익하게 하는 것이어야 할까요? 『도리언 그레이의 초상』을 쓴 오스카 와일드는 '예술을 위한 예술'을 지향하는 유미주의를 추구합니다. 그는 예술이 도덕적이거나 부도덕적인 것과는 상관없는 것이라고 말합니다. 예술과 도덕, 언어와 생각은 단지 예술의 재료일 뿐 그것이 예술로 표현되었을 때 유용한 수단이 되면 안 된다고 주장합니다. 단지 아름다울 뿐인 것이 예술이라는 것입니다. 주변을 둘러봅니다. 유용한 예술품이 얼마나 있나? 유용하지 않는, 쓸모라고는 없는 아름다운 예술 작품은 무엇이 있나? 하여 오스카 와일드는 '모든 예술은 전혀 쓸모없다.'라고 말합니다.

이 책은 저자의 삶을 바탕으로 한 자전적인 소설이라고 할 수 있습니다. 완벽하게 아름다운 청년 도리언 그레이는 자신이 얼마나 매력적인 외모와 순수함을 가지고 있는지 알지 못합니다. 그러다가 화가 바질이 도리언의 용모에 반하여 모델로 그린 초상화를 보고 자신의 매력에 눈을 뜨게 됩니다. 그리고 자신의 아름다움과 젊음이 영원하게 유지되기를, 대신 초상화가 늙어가기를 간절하게 소망합니다.

나는 언제까지나 젊은 모습 그대로 남아 있고, 그림이 나 대신 점점 나이를 먹는다면 얼마나 좋을까요! 그렇게만 된다면, 그렇게만 된다면, 난 무슨 짓이든 할 거예요!
_오스카 와일드, 『도리언 그레이의 초상』, 위즈덤하우스, 2018, p58

괴테가 쓴 소설, 『파우스트』의 장면이 떠오릅니다. 거기서 악마 메피스토펠레스는 파우스트 박사에게 말하길, 당신의 영혼을 내게 팔면 그 대신 젊음과 영원한 미모, 돈과 권력, 명예, 원하는 것 모두를 주겠다고 파우스트 박사를 유혹합니다. 결국 파우스트 박사는 악마와 거래하게 되지요. 인간은 언제나 이렇게 유혹에 갈등하는 존재인 것 같습니다. 만약 영원한 미와 젊음에 대한 유혹을 받는다면 어떤 선택을 할까요? 대가가 치명적이더라도 거절하기는 어려운 유혹일까요? 외모지상주의화 되어가는 현 사회에서 외모는 분명 매력적인 요소입니다. 취업할 때와 다른 여러 상황에서 외모로 인해 종종 차별이 일어나기도 합니다. 이런 현실에 대해 현대인들은 생존에 도움이 될 수 있는 선택을 하기 원할 테니, 메피스토펠레스의 유혹을 받아들일 수도 있다는 생각이 듭니다.

도리언의 소망은 이루어져 20여 년이 지나도록 오로지 자신만 젊음을 유지하게 됩니다. 그가 사랑한 여인은 자살을 하고, 도리언은 그녀의 오빠와 자신을 흠모한 화가도 살인을 하게 됩니다. 그는 영원히 젊음을 유지하나 그의 초상화는 추하게 늙어갔습니다.

도리언의 친구 헨리 워튼 경은 귀족이면서 쾌락주의자입니다. 그는 언변이 뛰어나고 박학다식하며 속뜻을 숨기면서도 논리적으로 상대방을 설득하는 언변가입니다. 그는 악마의 달콤한 유혹처럼 영혼이 순수하고 아름다운 도리언에게 쾌락적인 삶을 살도록 유도하고 그의 변화되는 모습에 실험적인 태도와 재미를 느낍니다.

영원한 젊음을 유지한 도리언은 만족하게 되었을까요? 작가는 도리언을 통하여 아름다움과 쾌락, 선과 악에 대한 자신의 철학을 펼치면서 아름다움의 가치와 예술의 존재는 무엇인지 우리에게 묻습니다. 만약 헨리 워튼이 도리언을 쾌락의 유혹으로 부추기지 않았다면 도리언의 삶은 어떻게 달라졌을까요? 바질과 헨리는 도리언의 서로 반대편에 선 선과 악의 관계에 있는 존재라고도 할 수 있습니다. 누구의 조언에 귀를 기울일 것인가? 고민하게 만드는 두 사람입니다. 우리는 양심의 소리보다는 감미롭고 내가 좋아하는 이야기를 하는 쪽으로 귀를 기울이고 그쪽으로 마음이 가는 경향이 있습니다. 슬금슬금 마음속으로 한 가닥씩 들어오는 유혹의 소리, 그 소리에서 도리언이 매력적인 미모와 순수한 그 영혼을 지킨다는 것이 도리언 혼자만이 짊어질 문제가 아니라 주변 인간관계의 영향도 크다는 메시지를 줍니다.

가질 수 없는 영원한 젊음과 미모, 현실에서는 있을 수 없는 이야기를 쓰는 것, 그것이 예술가가 할 일이라고 합니다. 상상 속의 도리언과 함께 추리소설처럼 흥미진진한 『도리언 그레이의 초상』에 빠져 보기를 추천합니다.

생각하면 쓸모 있는 질문 한 스푼

- 오스카 와일드는 '모든 예술은 전혀 쓸모없다.'라고 말합니다. 무슨 의미일까요?(p7)
- 작가나 화가는 자기 삶의 이야기를 작품에 은연중에 담게 됩니다. 그러나 이 책에서 예술가는 작품에 자기 삶을 담아내면 안 되고 추상적인 감각만을 표현해야 예술이라고 주장하는 인물이 있습니다. 이에 대해 어떻게 생각하나요?
- 헨리가 도리언의 정신에 영향을 끼친 것처럼 나에게 영향을 준 사람이 있다면 누구입니까? 또 어떤 영향을 받았다고 생각하나요?
  반대로 내가 누군가에게 영향을 준 대상이 있다면 누구이며 어떤 영향을 주었다고 생각하십니까? 그것을 어떻게 알 수 있었나요?
- 도리안의 친구인 헨리 경과 바질은 각각 어떤 역할을 한다고 생각하나요? 그리고 이들의 관계는 도리안의 선택에 어떤 영향을 주나요?
- 헨리는 인생의 목적은 자기 발전이라고 말합니다. 자신의 본성을 완벽하게 실현하는 것이라고 하였는데, 나에게 있어 나의 본성을 완벽하게 실현하는 일은 무엇이라고 생각하나요?(p42)

새털 같은 삶의 나날을 위해

밀란 쿤데라, 『참을 수 없는 존재의 가벼움』, 민음사, 2018.
이 책은 1984년에 발표한 밀란 쿤데라의 사랑에 관한 철학적 담론을 담은 작품입니다. 저자는 인간의 삶과 사랑, 죽음을 가벼움과 무거움이라는 이분법적 측면에서 조명하여 이야기합니다. 무거운 삶과 획일성으로부터 벗어나 자유로움을 추구하는 외과 의사 토마시, 진지한 사랑을 추구하는 여종업원 출신 테레자, 모든 것에서의 속박을 거부하는 사비나, 그녀의 연인 프란츠 등 대조적인 인물들을 통해 사랑의 진지함과 가벼움, 참을 수 없는 '인간의 가벼움'에 대해 이야기합니다.

한 번은 중요하지 않다. 한 번뿐인 것은 전혀 없었던 것과 같다. 한 번만 산다는 것은 전혀 살지 않는다는 것과 마찬가지다.
_밀란 쿤데라, 『참을 수 없는 존재의 가벼움』, 민음사, 2018, p17

　한 번뿐인 삶이기 때문에 가벼운 것일까요? 단 한 번뿐인 삶이기에 무엇이든 진지하고 신중하고 무거운 것은 아닐까요? 외과 의사 토마시는 이혼 이후 진지한 사랑을 부담스러워하며 많은 여자를 만나 가볍고 자유로운 연애를 하며 인생을 살아갑니다. 그는 삶의 가벼움을 선택합니다. 그에게는 애인인 화가 사비나가 있었고, 그 외에도 다른 많은 여자들을 가볍게 만나고 헤어집니다. 그러나 사랑이 운명이라고 생각하는 진지한 삶의 자세를 가진 여인 테레자를 만나면서 토마시는 갈등에 빠집니다. 가벼움을 고수

하려는 자신만의 원칙을 스스로 어기기도 합니다. 토마시는 가벼운 사랑을 추구하며 즐기며 살지만 반면 공산당의 독재를 비판하는 정치 칼럼을 신문에 기고하는 등 무거운 삶을 살아가기도 합니다. 토마시의 삶에서 나타나는 가벼움과 무거움, 그의 이중적인 삶의 모습, 그러한 모순적인 태도는 사랑의 무게와 책임을 중요하게 생각하는 테레자와 갈등을 일으키게 되고, 두 사람은 헤어짐과 만남을 반복합니다.

  토마시는 두 사람 중 누구도 상대방의 인생과 자유에 대한 독점권을 내세우지 않는, 감상이 배제된 관계만이 두 사람 모두에게 행복을 줄 수 있다고 믿습니다. 알랭 드 보통의 『왜 나는 너를 사랑하는가』를 보면 주인공이 구두를 새로 샀을 때, 주변의 친구들과 지인들이 주인공 여자의 구두에 대해 멋지다고 이야기하는 장면이 나옵니다. 하지만 주인공의 친구와는 달리, 그녀의 애인은 주인공의 구두가 예쁘지 않다고 말합니다. 주인공이 이에 불만을 표하자, 주인공의 애인이 말하길, 자신은 사랑하기 때문에 진실을 이야기한 것뿐이라고 말하면서, 주인공의 친구들은 나만큼 주인공을 사랑하지 않기 때문에 그저 좋은 말만 해주려 한 것뿐이라고 합니다. 이 때문에 두 사람은 큰 갈등을 겪습니다. '사랑하기 때문에'라는 이름으로 상대를 구속하고, 간섭하는 일은 없는지요? 상대에게 아무것도 요구하지 않으면서 사랑하는 관계란 있을 수 있는 것일까요? 토마시는 '에로틱한 우정'이라는 타협점으로 서로를 방해하지 않는 범위 내에서 여자들을 만납니다.

  이에 대해 토마시의 애인 사비나는 토마시가 '키치'와는 정반대라서 그를 사랑한다고 말합니다. 삶의 가벼움과 무거움 외에도 저자는 키치에 대해 우리에게 질문을 던집니다. 키치는 독일어로 문화의 저속함을 뜻한다고 합니다. 인간의 이중성, 속물근성을 뜻하는 의미라고 볼 수 있습니다. 외면적으로 고상한 척, 이성적인 척하지만, 실제로는 그렇지 못한 인간의 삶과 사회의 부조리를 말합니다. 본질을 숨기고 남에게 보이고 싶은 것들로만 이루어져 있는 키치적인 성향을 보이지 않는 토마시, 토마시는 사실 이중적으로 살지 않는 가벼운 삶에서 진실성을 느끼기에, 그대로 살아가고 있고, 사비나는 오히려 그 삶이 진실해 보여 사랑한다고 한 것은 아닐까 싶어집니다.

이야기 속 인물들은 키치를 벗어나지 못하고 인간의 이중성, 가벼움과 무거움 사이를 저울질하며 갈등을 겪습니다. 무거운 삶을 추구하였던 테레사와 프란츠는 가벼운 삶의 모습으로 변해가게 됩니다. 가벼운 삶을 추구하던 토마시와 사비나는 반대로 무거운 삶의 모습으로 변해갑니다. 네 남녀의 사랑은 오늘날 '참을 수 없는' 생의 무거움과 가벼움을 오가는 현대인의 모습을 상징하고 있습니다. 그들은 삶 속에서 방황하고 있는 우리 자신의 모습이기도 합니다. 속물근성, 이중성은 인간이 가진 본질적 속성은 아닐까요? 제게는 어떤 속물근성, 이중성이 있는지 들여다보게 됩니다. 저자는 인간의 어쩔 수 없는 본성 중 하나인 키치를 어떻게 받아들이고 살아갈 것인가를 묻습니다.

토마시의 애인이었던 가벼운 존재 사비나는 그림 그릴 때도, 거리를 걸어갈 때도, 자신에게 붙여진 '조국을 잃은 여자'라는 꼬리표가 붙어 있다고 느꼈고, 이를 견디기 어려워했습니다. 그녀는 가능한 한 체코에서부터 멀리 떠납니다. 학자이자 한 가정의 가장으로 안정된 삶을 살던 프란츠는 이런 사비나의 거침없는 자유의 모습, '가벼움'에 매료됩니다. 하지만 프란츠가 이혼하고 사비나와 결혼하려 하자 그녀는 거부합니다. 삶에 대해 진지함과 가치를 소중히 여기는 무거움으로 표현되는 프란츠는 그녀의 거절에서 삶의 가벼움을 선택하고는 제자와 사귀고 캄보디아로 의료 봉사를 떠납니다.

이 책은 역사, 전쟁이 한 인간에게 주는 영향, 속박에 대해 이야기합니다. 운명적이라면 얼마만큼의 사랑이어야 할까요? 어쩌다 일어난 한 번의 우연도 운명일까요? 테레자는 우연의 반복에서 필연적 운명을 정의합니다. 쿤데라는 이 책에서 베토벤의 곡을 빌어 "Es Muss Sein!(그래야만 한다!)"이라고 해답을 찾고자 합니다.

삶의 가치는 진실이고 그 진실은 무거움이라고 할 수 있습니다. 그러나 우리의 삶은 단 한 번이기에 연습도 준비도, 비교도 반복도 없습니다. 비교도 반복도 되지 않기에 우리는 깃털처럼 가벼운 존재일까요? 아니면 단 한 번이기에 신중하고 무거운 삶일까요? 그 삶과 존재의 부조리함, 그 속에서 살아가는 참을 수 없을 만큼 가벼운 존재 '인간'은 어떻게 살아가야 할까요?

쿤데라는 "무거운 것과 가벼운 것의 모순이 가장 신비롭고 미묘하다."라고 하며, 그 이유에 대해 무엇이 더 긍정적인지 알 수 없기 때문이라고 주장합니다. 인생은 무거운 것인 미래를 위한 삶과 가벼운 것인 현재의 행복을 위한 삶의 모순 관계에 있으며 이 두 가지 사이에서 이동합니다. 인생은 허무하지만 반면에 중요성도 갖고 있으며 작가는 소설을 통하여 우리에게 이 두 가지를 동시에 보여줍니다. 허무한 삶에서 우리의 방향을 묻습니다.

생각하면 쓸모 있는 질문 한 스푼

- 저자는 책에서 파르메니데스의 빛-어둠, 두꺼운 것-얇은 것, 존재-비존재라는 글을 인용합니다. 저자는 양분법을 이야기하며 어느 한쪽은 긍정적이고, 다른 한쪽은 부정적이라고 정의했습니다. 가벼운 것은 긍정적이고, 무거운 것은 부정적이라고 하는 견해에 대해 어떻게 생각하나요?
- 존재의 '가벼움'과 '무거움'의 의미는 무엇이라고 생각하나요?
- '키치'란 한 인간의 이중성을 말합니다. 사비나는 토마시가 이중성을 가지지 않아서 좋아한다고 말하기도 합니다. 본질과는 다른 속물근성을 갖고 있다는 의미이기도 합니다. 내가 가진 이중성은 무엇인가요?
- 토마스와 테레사의 사랑을 '동정'과 '영혼의 끌림'으로 표현하는 이유는 무엇이라고 생각하나요?

빨간 피터가 인간들에에 보내는 보고서

프란츠 카프카·마히 그랑, 『빨간 피터의 고백』, 늘봄, 1996.
이 책은 보헤미아(현 체코) 프라하에서 태어난 카프카의 작품입니다. 인간의 부조리성과 인간의 원초적인 불안에 대해 실존주의적 사상을 기저로 작품을 썼습니다. 빨간 피터라는 원숭이는 하겐베크 동물원 사냥꾼에게 잡혀 인간으로 길들여집니다. 판타지 소설인 이 작품에서 피터는 놀랍게도 인간으로 진화하게 되고, 자신이 진화한 이유를 프란츠 카프카 학술원 회원들에게 진술합니다. 그는 인간이 된 것일까요?

대학 시절에 한동안 '인간은 죽는다.'라는 명제에 갇혀서 산다는 것이 허무했습니다. 무언가를 한다는 것이 부질없고 허망하여 힘들었습니다. 친구들은 학원이나 동아리에 기타, 서예 등을 배우러 다녔는데, 그 모습을 보면 덧없어 보였습니다. 그래서인지 허무주의와 실존주의에서 인간과 저의 정체성을 찾는 책들에 손이 갔습니다. 그중에서 지금까지도 마음에 남아 가끔씩 인간의 자유에 대해 생각해 보게 하는 내용이 있습니다. 그것은 한 원숭이가 밀림에서 사냥꾼들에게 생포되어 철창에 갇혔다가 그 철창을 벗어나기 위해 '출구'를 찾아 '인간'으로 진화한 이야기를 인간들에게 보고하는 『빨간 피터의 고백』이었습니다. 이 책은 만화로 되어 있으나 대사의 행간을 읽는 것이 쉽지 않습니다. 카프카가 책의 내용을 빌어 인간의 부조리함을 고발하는 내용이라 깊은 생각에 잠기게 합니다.

원숭이 피터는 잡힐 때 생긴 뺨에 빨간 탄흔이 있어 '빨간 피터'라는 별명으로 불립니다. 피터는 인간으로 진화되었는데도 자신을 그 이름으로 부르는 것에 불만을 토로합니다. 이것은 우리가 한 번 어떤 이유로든 낙인을 찍은 후 그가 변했어도 결코 상대방에 대한 생각과 고정관념을 버리지 않는 것을 꼬집는 것 아닌가 싶어지기도 합니다.

피터가 철창 안에서 우리가 '자유'라고 부르는 행위들에 대해 '습관'에 불과하다는 말을 합니다. 대학 시절 읽었지만, 그때에도 제 뇌리를 때리는 충격적인 말이었습니다. 우리들의 일상 행위들을 스스로 관찰해 본 적이 있나요? 아무 생각 없이 무의식적인 습관의 반복입니다. 우리에게 허용된 자유는 얼마만큼일까요? 직장도, 친구와의 관계도, 여행도, 진정한 자유로운 행동은 얼마만큼인지, 단지 생존에 불과한 습관들을 자유라고 착각하고 사는 건 아닌지 돌아보게 됩니다.

피터는 인간들이 떠받드는 숭고한 자유를 찾기 위해서도 아니고, 인간의 어떤 것이 좋아서도 아니고, 단지 출구를 찾아 인간을 모방했을 뿐이라고 고백합니다. 진정한 자유란 선택이며, 그 선택지가 한 가지뿐이라면 그것은 단지 출구일 뿐이라고 말합니다. 우리는 다양한 선택의 자유 속에 있는가? 살아내기 위한 선택지 없는 단 하나의 출구 찾기에 급급해하고 있는 것은 아닌가? 진정 자유로운가? 반문해 봅니다. 대학, 직장, 미래에 대한 다양한 선택지를 우리 스스로 포기하고 가지는 않는지요?

피터는 그저 철창에서 벗어나기 위한 일념으로 원숭이로서의 본성을 벗어던지고 인간을 모방합니다. 인간의 언어까지 습득하여 서커스단에서 인기를 얻고 성공하고 그에 합당한 대우를 누리고 점차 인간으로 진화되어 갑니다. 그러나 인간화된 피터는 행복하지 않습니다. 인간으로 진화했어도 인간들은 그를 인간 흉내 내는 동물로 생각한다는 것을 알기 때문입니다. 말로는 인간이 되었다고 칭송하나 인간으로 여기지도 않았으니까요. 그렇다고 예전의 원숭이, 원시림으로 돌아간다는 것은 더 큰 변화를 겪어야 하는 일이기에 엄두를 내지 못합니다.

당신은 지금 자신이 처한 상황을 수용하는 방식으로 원숭이였던 본인의 삶에서 스스로 멀어지고 있다는 뜻이 되겠군요. 그 말인즉슨, 지금의 나는 내가 아니라는 뜻이나 마찬가지겠고요.
_프란츠 카프카·마히 그랑, 『빨간 피터의 고백』, 늘봄, 1996, p22

　사회 초년생이 직장의 불의를 보고 개선하려고 애쓰지만, 서서히 혼자 소외되고 더 이상 견딜 수 없어 자신을 버리고 다른 사람들처럼 살아가는 그런 모습을 비판하는 것 같기도 합니다. 우리가 장애를 가진 사람이나 다문화 친구, 혹은 세대 차이가 나는 구·신세대 사이를 '이해하는 척'하지만, 자신들과는 다르다고 보는 군상의 모습일 수도 있습니다. 피터는 인간으로 거듭났지만 원숭이 본성을 잃어버리고, 인간화되었지만 인간은 되지 못하는 정체성을 상실한 원숭이에 지나지 않습니다.

　학술원에서는 피터에게 묻길, 인간으로 진화하기 이전의 이야기를 들려 달라고 합니다. 하지만 피터는 원숭이임에도 원숭이였던 시절의 생태를 기억하지 못합니다. 그래서 오히려 인간으로 진화한 과정을 보고하기로 합니다. 이것은 원숭이 자신을 외면한 것 아닌가 하는 생각이 듭니다. 그의 자신에게 맞지 않는 옷에 자신을 맞추는 적응의 과정에서 '인간 흉내쟁이'가 되었을 뿐입니다. 작가 카프카가 우리에게 던지는 메시지가 이것 아닐까요? 우리도 억압적인 현실에 나를 맞추어 적응해 가면서 사실은 '나'를 잃어가고 있는 것은 아닌지, 책은 우리를 돌아보게 합니다.

생각하면 쓸모 있는 질문 한 스푼

- 주위 환경이나 상황, 직장 등의 생활에 맞춰가려고 노력하거나 순리대로 적응해 가는 모습이 있다면 어떤 것인가요?
- '모든 사람이 야생동물을 길들이는 것은 위험한 일이라고 주장한다. 하지만 어느쪽에게? 동물에게 아니면 인간에게?'(p69)라는 조셉 보이든의 말에 대해 어떻게 생각하나요?
- 이 책의 마지막 장면은 성공한 원숭이가 인간처럼 행동하다가 원숭이의 옷을 입고 무대로 나가는 것입니다. 무엇을 상징하는 것일까요?
- 피터는 인간이 되는 최종의 과정이 '풍경에 녹아든 것'이라고 했습니다. 피터 자신이 풍경에 녹아든 행동은 무엇인가요? 어떤 의미인가요?

3장
'다름'을 이해한다는 것에 대하여

'머리에서 가슴까지'가 이 세상에서 가장 먼 거리라는 말도 있습니다. 이성적으로 안다는 것과 가슴으로 이해하고 받아들이는 데에 시간이 필요하다는 의미이겠지요.

우리는 서로 '다르다'는 것을 알고 있으면서도 그 '차이'에 대해 이해하지 못할 때가 있습니다.

그 '다름'의 배경을 알면 어떨까요?

같은 나무에서 피어나는 꽃이라 해도, 시기에 따라, 또 가지에 따라, 꽃의 색깔과 모양이 달라집니다. 나무가 그 아름다움을 인정하고 함께 어우러지듯, 이 책들은 다양한 관점에서 다름을 이루는 배경을 이해하고 지혜를 주는 세계로 안내해 줄 것입니다.

1	예술의 시작 - 익숙함에서 벗어나기	알랭 드 보통·존 암스트롱, 『영혼의 미술관』, 문학동네, 2019.
2	여행하는 이유	문요한, 『여행하는 인간』, 해냄, 2016.
3	코끼리와 쥐 - 누가 오래 살까?	모토가와 다쓰오, 『코끼리의 시간, 쥐의 시간』, 김영사, 2018.
4	공간과 건축에 길들여지다	이상현, 『길들이는 건축 길들여진 인간』, 효형출판사, 2013.
5	고독한 예술가 빈센트	정여울, 『빈센트 나의 빈센트』, 21세기북스, 2019.
6	책상은 왜 책상이어야만 할까?	피터 빅셀, 『책상은 책상이다』, 이용숙 옮김, 예담, 2001.
7	발명과 통찰의 시작점 = 맹점, 그에 대한 궁금함	매들린 L. 반 헤케, 『블라인드 스팟』, 다산초당, 2007.
8	'시'를 맛보는 예의	김사인, 『시를 어루만지다』, 도서출판b, 2013.
9	이기적 유전자를 이기는 생존 기계, 인간	리처드 도킨스, 『이기적 유전자』, 을유문화사, 2018.
10	설득과 협상에서 내가 원하는 것을 얻는 방법	다니엘 샤피로·로저 피셔, 『원하는 것이 있다면 감정을 흔들어라』, 한국경제신문, 2013.

예술의 시작 – 익숙함에서 벗어나기

알랭 드 보통·존 암스트롱, 『영혼의 미술관』, 문학동네, 2019.
가끔씩 우리는 '내가 잘 살아가고 있는가?', '내가 사랑하는 사람들에게 잘하고 있는 것인가?' 하는 인생의 본질적인 질문을 하게 됩니다. 알랭 드 보통은 예술에 그 답이 있다는 메시지를 보냅니다. 예술 작품은 우리네 삶과 얼마나 관계가 있으며, 또 얼마나 도움이 될까요? 책은 예술에 대해 말하길, 예술이 우리의 고단한 삶을 치유하고 아름답게 만들어 준다고 말합니다. 예술 작품과 철학의 글쓰기로 우리의 삶과 본질의 질문에 대해 사색하게 합니다.

미술관에 가 본 적이 언제인가요? 저는 그림이나 조각, 특히 잘 이해하지 못하는 현대 예술품을 보고 있으면 머릿속이 하얗게 정지되곤 합니다. 무엇을 보아야 하나? 무엇을 느껴야 하나? 아는 것이 없으니 보이는 것도, 느껴지는 것도 궁색하다는 의미겠지요.

알랭 드 보통의 『영혼의 미술관』은 예술을 어떻게 감상하는지, 나아가 예술이 무엇인지, 우리의 삶과 어떤 관계가 있는지를 이야기합니다. 그는 예술이 기억, 희망, 슬픔, 균형 회복, 자기 이해, 성장, 감상의 7가지 기능을 한다고 말합니다.

우리가 기억을 위해 메모하고 일기를 쓰듯 예술가는 순간을 기억하기 위해 그림을 그리고, 희망을 꿈꾸고, 때로는 슬픔을 표현하거나 승화하기 위해서 창작한다고 합니다. 세상이 따뜻하지 않기 때문에 따뜻하고 아름다워지는 작품을 보며 위로받는 것, 그것이 예술의 역할이기도 합니다. 그러나 저자는 진정한 예술은 위로나 희망을 주는 어떤 목적이나 기능을 가지는 것에서 벗어나 예술을 위한 예술이 되어야 한다고 말합니다.

예술의 진정한 목적은 예술이 덜 필요하고 덜 예외적인 세계를 창조하는 데 있다.
_알랭 드 보통·존 암스트롱, 『영혼의 미술관』, 문학동네, 2019, p232

책에선 우리가 그림이나 건축 혹은 조각상을 감상할 때, 그 순간을 통해 우리 자신 안의 심상을 만나게 된다고 합니다. 예술은 수학이나 과학적인 문제의 답처럼 공인된 객관적인 것이 아닙니다. 그 자체로 좋거나 나쁜 작품은 없습니다. 예술 작품이 망각, 희망의 소실, 존엄 추구, 사랑에 대한 갈망 등 우리의 약점을 얼마나 보완해 주느냐에 따라 우리에게 좋거나 나쁘게 여겨지며 이는 감상자의 주체적 해석이 중요함을 알려줍니다. 우리는 자신이 감동한 작품은 가치가 있다고 생각합니다. 그리고 그 기준은 각자가 다른데, 이는 지극히 당연한 이야기입니다.

저자는 생활 속에서 아름다운 예술을 찾을 수 있어야 한다고 합니다. 우리가 사는 공간의 길, 다리, 휴식의 공간, 늘 그 자리에 피어오르는 안개도 예술임을 발견하면 좋겠지요. 저자는 "휘슬러가 안개를 그리기 전까지 런던엔 안개가 없었다."라고 한 와일드의 말을 인용하며 화가가 재능을 통해 감상자들의 시각을 새롭게 일깨우기도 한다고 말합니다. 이를 통해 저자는 예술의 기능을 이야기합니다. 그는 『여행의 기술』에서도 반 고흐가 사이프러스를 그리기 이전에 프로방스에는 사이프러스가 거의 눈에 띄지 않았다는 이야기를 합니다. 새로운 시각으로 평범한 나무를 예술로 만들었다는 의미입니다. 안개를 볼 때 경이로움을 느낄 수 있도록 했을 것입니다. 저자는 우리에게 평범한 모습이 '예술'일 수 있음을 발견할 수 있다며, 우리에게 '새로운' 눈을 가지라고 합니다.

알랭 드 보통은 재스퍼 존스의 맥주 캔을 소재로 한 〈채색된 청동〉과 에드워드 호퍼의 〈주유소〉 그림을 소개하며 우리에게 습관적인 사물과 장소에 대해 새롭게 바라볼 것을, 그리고 일상의 삶에 주목하라고 합니다. 익숙함에서 벗어나 새로움을 발견하는 시각을 갖는 것이 예술의 시작이라면서 말이죠.

얼마 전 옷을 사러 가서 고르던 중 디자인이 참 멋있다고 생각하고 어떤 옷을 자세히 살펴본 적이 있습니다. 그 옷은 지퍼들을 모아 다양하게 배치하여 새로움을 추구한 것이었습니다. 지퍼를 아름다운 옷의 장식으로 변신시킨 아이디어가 새로웠습니다. 그 외에도 음식을 쪄먹는 스테인리스 채반을 천장에 달아 펼쳐 아름다운 설치 예술로 전시한 것을 보고도 놀랐던 적이 있습니다. 예술에 대한 쓰임의 한계를 짓는 우리의 생각을 벗어던지게 하는 작품들이었습니다.

예술은 습관에 반대하고 우리가 경탄하거나 사랑하는 것에 갖다 대는 눈금을 재조정하도록 유도해 그 소중한 것을 더 정확히 평가할 수 있게 우리를 되돌려 놓는다.
_알랭 드 보통·존 암스트롱, 『영혼의 미술관』, 문학동네, 2019, p59

중요한 것은 삶이 곧 예술이라는 것입니다. 사소하고 평범한 일상들이 어쩌면 아름답고 가치 있는 작품이라는 것이지요. 자신이 살아가는 생활 속에서 아름다움을 느낄 수 있어야 한다는 말이기도 합니다. 예술은 '색다르고 화려한 것'일 거라는 편견에서 잠시 벗어나 내 생활 속에서의 예술이 되는 아름다운 순간과 공간에 눈을 돌려 보는 것도 의미 있을 것입니다. 봄꽃들의 향연, 가을의 단풍, 여름의 푸른 하늘과 바다 등 계절의 아름다움을 한껏 즐기는 가족 또는 친구와 함께하는 발걸음도 예술의 한 순간, 사진 한 장도 아름다운 예술 작품이겠지요.

생각하면 쓸모 있는 질문 한 스푼

- 내가 좋아하는 예술 작품이 있다면 무엇인가요? 좋아하는 이유가 무엇인가요?(이 책에서 찾아도 좋고, 책 밖이라도 좋아하는 작품이 있으면 말해봅시다.)
- 무엇을 훌륭한 예술로 간주하나요? 훌륭한 예술의 기준에 대해 이야기해 봅시다.
- 나에게 '위로'가 되는 예술 작품이 있다면 무엇인가요? 어떤 의미에서 위로가 되었나요?
- 알랭 드 보통이 말하는 예술의 일곱 가지 기능 중 내가 생각하는 예술의 가장 중요한 기능은 무엇이라고 생각하는지 이유와 함께 이야기해 봅시다.
  * 예술의 일곱 가지 기능: 기억, 희망, 슬픔, 균형 회복, 자기 이해, 성장, 감상
- 나의 생활 속에서 '예술'이라고 할 수 있는 공간 또는 사물이 있다면 무엇인가요? 왜 그렇게 생각하나요?

여행하는 이유

문요한, 『여행하는 인간』, 해냄, 2016.
이 책은 정신과 의사가 전하는 여행의 심리적 이유와 여행의 꿀팁 이야기입니다. 저자는 여행하면서 만난 많은 사람들에게서 나타난 인간 본연의 모습을 '애착'과 '스탕달 신드롬', '파리 증후군' 등 다양한 심리학적 기제를 통해 들여다봅니다. 여행하는 이유는 무엇인가요? 여행에서 무엇을 얻나요? 저자는 여행이 주는 새로움과 휴식 등 열두 개의 주제에 대해 이야기합니다.

몇 년 전 여름 저는 딸과 5일간의 짧은 여행을 다녀왔습니다. 여행을 가자고 결정하고 목적지를 정한 순간부터 거실 한 켠에 가방을 펼쳐 놓고 가져갈 옷과 준비물들을 하나씩 담기 시작했습니다. 아마 한 달 전쯤부터 준비하기 시작한 것 같습니다. 설레는 마음으로 미지의 여행지에 대한 기대와 기다림으로 하루하루 즐거움이 배가 되었습니다. 여행은 그 자체보다 준비하는 시간 동안 설렘을 가져다줍니다. 오츠 슈이치의 설문 조사에 의하면 죽을 때 하는 후회 중 한 가지가 '가고 싶은 곳을 여행해 볼걸.'이라고 할 만큼 인간은 여행에 대한 동경이 많습니다. 우리는 왜 여행을 하는 걸까요?

문요한의 『여행하는 인간』에서는 우리가 여행을 왜 그토록 가려고 하는지, 여행이 삶에 미치는 영향이 무엇인지, 이 시대를 살아가는 데 왜 '여행자의 정신'이 필요한지 말하고 있습니다. 여행은 익숙한 공간과 생각으로

부터의 탈피와 자유로움일 것입니다.

저자는 안나푸르나 라운딩에서 고산병 극복을 위해 천천히 걸어야 하는데 어느새 빠르게 걷고 있는 자신을 발견하게 되었다고 합니다. 그것은 몸에 밴 습관이었겠지요. 새로운 곳에서는 더 유연함이 필요하다는 뜻으로 해석됩니다. 새로운 곳에 가서도 자신의 습관을 버리지 못한다면 더 이상 새로운 곳이 아니겠지요. 그는 미지의 세계로 여행하는 것도 그렇지만, 지금의 불확실성 시대를 살아가는 태도에도 새로운 능력 '심리적 유연성'이 필요함을 이야기합니다.

새로움을 찾아 나서는 여행에 대한 동경은 모두 같지만 여행의 모습은 나라마다 좀 다른 듯합니다. 어머니까지 포함한 온 가족이 미국의 어느 해변에 간 적이 있습니다. 여름날 그 해변에서는 삼삼오오 또는 홀로 담요나 돗자리를 깔고 누워 자거나 책을 읽거나 아니면 가끔씩 물에 들어갔다 오는 것이 전부였습니다. 저에게는 좀 새로운 모습이었습니다. 우리나라 여름 해변은 끊임없이 해양스포츠와 물놀이로 역동적이었기 때문입니다. 여행 가면 언제 또 와보겠느냐는 마음으로 최대한 많은 곳을 보고 경험하고, 또 사전에도 다양한 준비와 검색을 합니다. 매점도 없고, 파라솔이나 여름 물놀이용품을 파는 곳도 없는 풍경이 좀 낯설었습니다. 좋은 곳에 가서는 보는 것보다 그 아름다운 곳을 사진으로 남기느라 제대로 보지도 못하는 때도 있습니다.

인생을 여행에 비유하는 것은 단지 습관적인 익숙함에서 벗어나는 새로움의 경험만을 갈구하기 때문은 아닐 것입니다. 여행에 대해 아무리 준비하고 가도 길을 나서면 예기치 않은 문제와 불편한 일들이 일어납니다. 당황하고, 짜증이나 화를 내고, 동반자와 갈등이 생기고, 때론 중간에 포기하고 돌아오기도 하고, 다른 길을 찾기도 합니다. 그래도 그 일을 해결해야만 합니다. 어설프게도 때론 기발한 창의적인 아이디어로 해결하기도 합니다. 그렇게 우리의 문제해결력이 비약적으로 발전하게 됩니다.

더 중요한 변화는 여행에서 문제와 불편을 바라보는 우리의 관점 자체가 달라진다는 것이다.
_문요한, 『여행하는 인간』, 해냄, 2016, p242

　저자는 여행을 통해 문제나 불편을 적극적으로 수용하게 된다고 합니다. 불편함이 없거나 해소된다고 해서 과연 행복한가? 에 대해 의문을 던집니다. 풍요롭고 편하다고 행복할까요? 불편한 것은 우리에게 불행하고 힘든 일이기만 하는 것일까요? 이번 여행을 다녀오면 저도 새로운 공간이 주는 새로운 시야를 갖게 되겠지만 그보다 불편함을 해결해 나가는 데에 여유를 갖게 될 것입니다.

생각하면 쓸모 있는 질문 한 스푼

- 가장 기억나는 행복한 여행이 있다면 언제 어디로 누구와 갔던 경험인가요? 또는 가장 가고 싶은 여행은 누구와 어디로 가고 싶은가요?
- 저자는 여행을 통해 우리가 얻는 다양한 기쁨들에 대해 이야기합니다. 나에게 여행은 어떤 의미인가요?
  * 새로움으로의 여행, 휴식으로의 여행, 자유로의 여행, 취향으로의 여행, 치유로의 여행, 도전으로의 여행, 연결(함께)로의 여행, 불확실성을 즐기는 유연함으로의 여행, 전환으로의 여행 등
- 살아가는 동안 생각이나 인생의 방향을 바꾸는 변화(메타노이아 metanoia)를 준 여행이 있다면 언제 어떤 여행이었나요?(p321~322)
- 라틴어 여행하는 인간(Homo Viator)은 '그 길 위에 서 있는 사람', '평생 자기 길을 찾아 길 위에 있는 사람'이라는 의미를 갖고 있다고 합니다. 삶의 여행길에서 새로운 도전, 나만의 길을 간다면 어떤 길을 만들어 가고 싶나요?

코끼리와 쥐 - 누가 오래 살까?

모토카와 다쓰오, 『코끼리의 시간, 쥐의 시간』, 김영사, 2018.

동물생리학자 모토카와 다쓰오는 생물들의 행동과 생존의 방식을 '크기'라는 시각으로 설명합니다. 이 책은 '동물의 생리적 현상과 물리적 현상 사이의 관계에 대한 독창적인 책'으로 고단샤 출판문화상 과학출판 부문 상을 수상했습니다. 코끼리는 쥐보다 체중이 10만 배 더 나가지만 일생 동안 뛰는 심장 박동수는 동일하다고 합니다. 동물의 크기에 따른 생물들의 관계를 과학적으로 분석하고 해석한 이 책을 통해 다양한 생물체와 자연에 대해 새롭게 이해하게 됩니다.

질문 속에 답이 있는 경우가 많습니다. 가령 '이 사람이 남자일까? 여자일까?'라고 묻는다면 그것은 남자처럼 생겼는데 여자거나, 여자처럼 생겼는데 남자임을 암시하는 질문이라고 할 수 있습니다. '코끼리와 쥐 중에서 누가 더 오래 살까?'라는 질문도 그런 맥락에서 본다면 질문에 답이 이미 있는 것 같습니다. 일반적으로 우리는 코끼리가 쥐보다 오래 산다고 알고 있지만 아닌가 보다 하고 생각하게 됩니다. 그러면 쥐가 오래 살까요? 저자는 과학적인 접근으로 각 생물이 몸의 크기에 따라 다른 시간 단위가 있다는 것을 발견하게 해 줍니다. 크기가 작은 생물의 1주일은 코끼리의 1개월과 시간이 비슷하다고 합니다. 크기가 작을수록 시간을 빠르게 느끼기에, 비록 짧게 산다고 해도 코끼리가 수십 년 사는 것과 비슷한 시간을 살아간다는 것입니다.

책에서는 ∝(∝는 '비례')이라는 계산식을 제공합니다. 시간은 체중의 4분의 1제곱에 비례한다는 뜻입니다. 체중이 늘어나면 그에 비례하여 시간도 길어지게 된다고 저자는 말합니다. 큰 동물일수록 어떤 행동을 하는 데 시간이 많이 걸리고 몸집이 작은 동물은 그만큼 숨을 쉬는 간격이나 심장 박동의 간격, 창자가 꿈틀거리는 주기나 혈액이 몸 안 한 바퀴를 도는 시간이 짧다고 합니다. 즉 동물의 크기에 따라 그 단위 간격의 시간이 다르며, 그렇기에 시간은 각 동물에 따라 상대적인 것이라는 새로운 발견을 하게 됩니다.

이 책에는 동물의 수명을 심장이 한 번 박동하는 데 걸리는 시간으로 나누어 계산합니다. 포유류 동물은 대부분 일생 동안 심장이 20억 번 박동하고 5억 번 숨을 쉰다고 합니다. 물리적인 시간으로만 보면 코끼리가 쥐보다 훨씬 오래 삽니다. 그러나 쥐처럼 작은 동물들이 5년 사는 것과 코끼리가 100년 사는 것은 큰 차이가 없습니다. 각 동물로서의 일생은 같습니다. 이는 물리적인 숫자가 아무런 의미가 없기 때문입니다. 심장 박동수로 보면 코끼리나 쥐나 같은 생명을 살다 가는 셈입니다. 저자는 이와 같은 생태는 환경에 적응하기 위해 최적화된 것이라고 말합니다.

환경에 적응하기 위해 만들어진 각 동물의 크기에 따른 특징은 강점이 되기도 하고 약점이 될 수도 있을 것입니다. 몸집이 작은 동물은 변이가 쉽고 개체 수 번식도 많은 것이 특징입니다. 우리들의 모습을 들여다보아도 몸집이 큰 사람들은 움직임이 느리고, 몸집이 작거나 야윈 사람이 대체로 행동이 빠른 편입니다.

우화 속에서 사자가 쥐를 잡아먹으려고 하는 장면이 있는데 정말로 사자는 쥐를 잡아먹을까에 대해 한 번도 의심해 보지 않았습니다. 당연히 큰 동물은 작은 동물을 잡아먹을 거라고 생각합니다. 작은 동물이 큰 동물을 잡아먹지 못하듯이 말입니다. 물론 특이한 예외는 있습니다. 동물의 세계는 몸의 크기와 시간, 구조, 생활 방식 등 생명이 지닌 모든 특성들이 살아가는 그들의 환경에 최적화되어 있다고 합니다. 동물들이 환경에 최적화하고 적응하듯이 우리의 다양한 삶의 모습도 각자의 환경에 적응하여 살아간다고 생각합니다.

어떤 동물의 디자인을 발견해야 비로소 그 동물을 이해할 수 있다.
_모토카와 다쓰오, 『코끼리의 시간, 쥐의 시간』, 김영사, 2018, p267

이 책은 다양하고 우리가 잘 안다고 생각하는 불가사리와 성게와 같은 다양한 극피동물을 소개합니다. 이들은 움직이지 않으면서 생존하는 불가사의한 생태를 갖고 있는데, 이에 대해서도 '디자인'을 말합니다. 동물의 디자인은 그 동물이 근거하는 논리라는 뜻입니다. 그들이 존재하는 근원, 디자인을 알면 그들이 움직이지 않으면서도 영양분을 어떻게 섭취하는지, 또 어떻게 외부의 침입으로부터 자신을 보호하는지, 이러한 이유를 알 수 있다는 것입니다.

책은 디자인이라는 말을 통해, 동물과의 관계도, 사람 간의 관계도, 상대의 디자인, 존재의 근거 논리를 발견하고 존중해야 올바르고 원만한 관계를 맺을 수 있다는 메시지를 줍니다. 아이가 자기 좋아하는 물건을 부모님께 선물하는 것과 같이 사람의 시각에서 개와 고양이 등 반려동물에 대할 때, 흔히 범하는 오류는 없는지 생각하게 합니다. 동물의 디자인을 정말 잘 이해하고 그에 맞게 해 주고 있을까요?

이 책 부록에는 3절로 된 〈동물의 한평생〉 노래가 있습니다. 노래로 동물의 세계를 재미있게 이해할 수 있고, 우리가 알고 있는 동물의 세계에 대한 편견을 한 겹 벗겨낼 수 있는 시간이 되어 줍니다.

생각하면 쓸모 있는 질문 한 스푼

- 몸집이 큰 동물이 생존에 어려운 문제를 겪는다면, 그건 무엇일까요?
- 반려동물에 대해 '~하면 좋아할 거야.' 하는 생각으로 해주었지만 사실은 인간의 입장이고, 동물의 입장에서 본다면 그렇지 않은 경우가 있다면 어떤 것일까요?
- 동물들에게는 생존 적응 능력이 있습니다. 그렇다면 나에게 있는 환경 사회 적응 능력은 무엇이라고 생각하나요?

공간과 건축에 길들여지다

이상현, 『길들이는 건축 길들여진 인간』, 효형출판, 2013.
인간과 건축은 누가 누구를 길들이는 것일까요? 당연히 인간이 주체가 되어 건축물을 편리하게 설계하고 짓는다고 생각하기 쉽습니다. 작가는 그러한 우리의 습관적인 사고를 깨뜨리고 건축에 의해 길들여지는 인간의 모습을 조명합니다. 그리고 반대로 길들여지지 않게 하는 건축 속에 숨어있는 비밀과 길들여지지 않으려는 인간의 노력들을 구체적인 사례와 함께 보여줍니다.

마트에서 물건을 사러 다니다가 아기용품 매장 바로 앞에 술안주들이 있는 점이 좀 의아스러웠습니다. 심지어 그 건너편에는 주류 코너까지 있었고, 아기용품과 술안주, 술 판매가 모두 연결되어 있었습니다. 얼마 후, 구매 심리를 일으키는 매장 배치와 관련된 내용의 책을 읽게 되었습니다. 젊은 부부는 대체로 같이 시장을 보러 오게 되는데, 아내가 아기용품을 고르는 사이, 남편들도 이를 같이 고르기도 하지만, 기다리는 경우가 많다고 합니다. 그러다가 자연스럽게 시선이 술안주로 가게 되어 안주와 함께 맞은편 술을 구매하게 된다는 것이었습니다. 물건 배치가 불러일으키는 소비심리입니다. 공간과 상품의 배치에 따라 소비 심리가 생깁니다. 이처럼 우리는 길들여짐을 눈치채지 못한 채 우리를 둘러싼 공간과 건축에 의해 길들여져 살고 있습니다.

사람들은 건축으로 만들어진 한 공간에 어떤 길들임의 장치가 숨어있는지 잘 모른다. 그래서 건축을 통한 길들이기는 겉으로 드러나는 길들이기보다 훨씬 더 교묘하다.
_이상현, 『길들이는 건축 길들여진 인간』, 효형출판, 2013, p127

이러한 건축 디자인은 치밀하게 드러나지 않게 설계되어 있기에, 우리는 전혀 저항도 없이 길들여지고 있습니다. 간혹 '이건 왜 이렇지?' 하는 작은 의구심 정도? 그리고 그것도 심각하지 않으니 금세 사라지고 맙니다. 처음에는 낯설고 새로움에 불편해하지만 익숙해지면 그 공간에 길들여집니다.

공간과 시설에 길들여짐을 안다고 해도 우리가 벗어날 방법은 없습니다. 우리는 공간에 의존하기도, 제약을 받기도 하며 살아가기 때문입니다. 도시 공간과 인간의 삶을 연구하는 건축전문가 이상현 교수는 건축이 우리를 어떻게 길들이고 있는지 역사를 조명하며 설명합니다.

공간과 건축에는 인간을 길들이는 장치들에 의해 구성되고 제작자는 건축물을 높이와 거리, 방향을 사용하여 경계 지어 구분하고 시각적 통제권을 부여합니다. 옛 시대의 궁궐과 각 방향에 배치된 문, 양반집과 하인 집의 배치와 길 등에는 신분 차별과 양반들의 지배 심리가 깔려있습니다. 서원과 향교의 위치와 지대 높이, 양반집에서 행랑채와 사랑채, 안채의 우열을 경사로 구별 짓게 배치합니다. 지나가는 통로를 좁게, 또는 넓게 하거나 감상할 거리가 벽에 있는 것과 없을 때, 우리의 걷는 심리와 속도가 달라집니다.

옛날의 건축물에서 허리를 굽혀 들어가기에 불편하고 작게 만든 출입문에는 방문하는 자의 겸허함과 복종을 요구하는 의도가 숨어있습니다. 이와 같이 건축물에는 사회적인 관념과 풍습과 문화가 영향을 끼치게 됩니다. 일반적으로 대형 공연장은 넓은 로비와 여러 개의 출입구로 되어있는 반면, 베를린 필하모닉 콘서트홀은 공연장 같지 않은 공연장을 만들겠다는 의도로 지었다고 합니다. 그렇게 해서 공연석 구간을 여러 개로 나누어 마치 소공연장에서 관람하는 듯한 느낌을 주어 부산스럽지 않고, 서로가 개방적으로 교류하지 않도록 하려는 의도로 만들어졌다고 합니다.

기둥이 천장에서 내려오다 중간에 잘려 허공에 달려있으면 어떤 느낌이 들까요? 웩스너 시각예술센터에는 입구 로비에 기둥이 위에서 내려오다 중간에 끊어져 매달려 있습니다. 중간에 절단된 채 매달린 이 기둥은 흥미를 줄 뿐 아니라 익숙해진 것으로부터 깨어나는 기회를 가지라는 메시지를 주려는 설계 의도가 있다고 합니다. 건축가 피터 아이젠먼은 어떤 대상이 있어야 할 곳이 아닌 전혀 다른 곳에 존재할 때, 오히려 그 대상의 본질과 필요성을 잘 알게 된다는 메시지를 전합니다.
이처럼 건축가는 '낯설게 하기'의 기법으로 '당연'했던 시각을 벗기를 요구합니다. 우리도 생활 주변의 많은 당연한 것들에 대해 '왜 저렇게 만들었지?', '왜 다른 방법으로 하지 않았을까?' 의문을 가져 볼까요?

우리나라의 한 건축가는 '빨리빨리'를 벗어나기 위해 집을 길게 지어 안방에서 차를 마시러 부엌으로 갈 때 30미터쯤 걷도록 설계하였다고 합니다. 또 다른 건축가는 거실이나 안방 등을 독립된 각 별실로 만들어 부엌이나 안방 등 어느 곳으로든 밖으로 나갔다가 들어가야 하는 구조로 설계하여 하루에 한 번은 자연을 접하게 되고 운동할 수밖에 없도록 집을 지었다고 합니다. 편리한 것만이 능사가 아니라는 것을 보여주는 새로운 시각의 집입니다. 또한 방과 방 사이는 거실이 있듯 실내를 통해야 한다는 고정관념과 '당연함'에 대한 이의를 제기하는 것입니다.

그러나 저자는 건축을 통하여 또 다른 불편함에 길들이는 삶의 강제 방식이 해답은 아니라고 말합니다. 집 안의 불편함에 익숙하여 불편한 줄 모르고 사는 것은 무엇인지 저도 제 집을 둘러 봅니다.

생각하면 쓸모 있는 질문 한 스푼

- 실제로나 TV 영상 등 간접적으로든 새롭고 낯선 시설과 공간을 경험한 적이 있나요?
- 내가 사는 곳의 가구 배치를 지금까지와는 다른 길들임의 환경으로 바꾼다면 어떤 것을 바꾸고 싶나요?
- 내 주변의 공간과 시설 등의 환경에 대해 '길들여지지 않는' 행동이나 습관이 있다면 무엇인가요? 왜 길들여지지 않는다(익숙해지지 않는다)고 생각하나요?
- 저자는 우리가 살아가는 건축물과 공간에 대해 길들여진 것에서 벗어나 익숙해진 습관이 주는 편안함에서 벗어나야 한다고 말합니다. 익숙함에서 벗어나야 하는 이유는 무엇일까요?

고독한 예술가 빈센트

정여울, 『빈센트 나의 빈센트』, 21세기북스, 2019.

이 책의 저자는 빈센트의 그림을 만나 삶의 구원과 위로를 받았다고 합니다. 살아생전에는 단 한 번도 인정을 받지 못한 빈센트 반 고흐의 삶을 10여 년간 따라 걸어봅니다. 그 길에서 만난 모든 것을 담은 책입니다. 고흐가 머물렀던 네덜란드와 벨기에 등의 곳곳을 찾아가며 그의 흔적을 찾습니다. 이 책은 우리를 세상의 외면 속에서도 '나다움'을 위해 고군분투한 고흐의 작품과 삶의 고뇌를 함께 따라가며 자기답게 사는 길을 꿈꾸어 가도록 이끌어 갑니다.

'아는 만큼 보인다.'라는 말이 있습니다. 고흐와 고갱이 서로의 화풍을 따라 하려고 애쓰기도 하고, 그러면서도 둘이 심한 갈등을 겪었다는 것을 알고 고흐의 그림을 보면 한층 그림이 생생하게 와 닿습니다. 작가와 작품에 대한 지식은 작품을 '보는' 대상에서 '이해'하는 대상으로 바꾸어 놓습니다. 우연히 빈센트 반 고흐의 전시회에 갈 기회가 있었습니다. 그 후로 자연스럽게 그에 관한 책을 읽었습니다. 가랑비에 옷 젖듯 예술에 저도 모르게 한 걸음씩 다가갑니다. 빈센트가 많은 화가 속에서도 마음을 흔드는 이유는 무엇일까 생각해 봅니다. 이해받지 못하는 그림을 그릴 수밖에 없는 그의 창조성, 그의 고통을 뚫고 나온 예술의 위대함 때문일까? 아니면 그럴 수밖에 없는 빈센트의 삶을 이해하기 때문일까?

사람들은 화가가 색다른 눈으로 세상을 보면 저 사람은 돌았다고 욕을 하지.
_정여울, 『빈센트 나의 빈센트』, 21세기북스, 2019, p36

고흐의 어머니는 자녀들의 출산일까지 맞추고 자신의 교육 방침에 따라 키우기 위해 아이를 집 안에서만 지내게 합니다. 그의 아버지는 자신이 생각하는 모습의 기준과 틀에서 벗어나는 빈센트의 행동을 이해하지 않고 정신병원에 보내버리겠다는 거침없는 말을 하고 원리 원칙에만 충실합니다. 부모조차 빈센트를 이해하지 않습니다. 주변의 화가나 일반 사람들도 자신이 모르는 취향의 그림과 기법은 완강하게 거부합니다. 그 속에서 빈센트는 외로움과 처절한 고통에 빠지게 되었을 것입니다.

빈센트가 공동생활을 꿈꾸며 아를의 노란 집에서 고갱과 살고 싶어 하거나 예술가들의 협동조합을 만들어 고통을 나누고자 한 것은 어쩌면 '정'에 대한 갈망이었는지도 모릅니다. 유일하게 그를 지탱한 것은 동생 테오의 절대적인 지지였습니다. 테오에게 보낸 편지로 우리는 빈센트의 절절한 외로움과 그로 인한 그림을 이해하게 됩니다. 테오는 자기의 생활도 있는데 어떻게 그렇게 지고지순하게 형을 정신적으로 경제적으로 끝까지 지원을 했는지 새삼 위대해 보입니다. 그나마 유일하게 동생 테오가 있었기에 좌절 속에서도 견딜 수 있었을 것입니다. 누군가에게 유일한 신뢰와 지지를 보내는 단 한 사람, 나에겐 누구인지, 나는 누구를 그렇게 끝까지 지지해 주고 있는지 되돌아봅니다. 빈센트는 닿을 수 없는 이상향을 찾아 끝없이 고민하며 자신만의 별에 다다르는 길로 해바라기를 그리는 일에 몰두합니다.

스페인 여행을 갔을 때, 드라마와 영화의 배경이 되었던 곳이라고 가이드가 설명하는 어느 골목, 노을이 멋지다는 성벽에 갔습니다. 직접 가서 보니 특별히 신비스럽지도 않았습니다. 그냥 일상의 어느 골목이었습니다. 그 장소가 특별해지는 '나'만의 스토리와 추억이 있어야 의미가 있습니다. 〈밤의 카페 테라스〉라는 그림의 배경이었던 아를 카페도 마찬가지입니다. 저자는 그곳이 별로 특별하다고 느낄만한 것은 없다고 말합니다. 그저 평범한 도시의 카페였을 뿐, 그곳을 정이 넘치고 천상의 아름다운 유토피아로 만든 것은 빈센트의 마음과 눈이었습니다. 빈센트의 눈을 통해 우리는 그제야 평범 속에 숨어있는 비범함을 발견합니다. 특히나 사이프러스 나무는 빈센트로 인해 새롭게 탄생합니다.

'평범한 삼나무' 이상의 그 무엇을 빈센트는 우리에게 알려줍니다. 그는 자연과 일상에서 새로운 생명과 아름다움을 찾는 일이 예술이라는 메시지를 던집니다. 저자는 빈센트의 위대함, 혹은 우리가 더 공감하는 이유를 〈감자 먹는 사람들〉이나 〈자화상〉을 통해 알려줍니다. 그에겐 고통을 애써 다른 무엇으로 포장하지 않고 직면하고 응시함으로써 인간의 일, 당신의 일 그리고 마침내 '나'의 일로 받아들이게 만드는 힘이 있었다고 저자는 말합니다. 빨간색과 초록색 양 끝에 있는 색으로 인간의 무서운 정념을 표현하고자 한 빈센트, 그 색만큼이나 극적인 삶을 살며 그 삶에 직면한 빈센트의 위대함이 조금씩 느껴집니다.

꿈과 삶과 사랑에 번민하는 우리 모두의 가슴속에는 빈센트가 있습니다. 삶을 이해하면 그림이 이해가 됩니다. 이제 빈센트가 테오에게 쓴 천여 통의 편지들로 엮은 책을 봐야겠다는 생각이 저절로 듭니다.

생각하면 쓸모 있는 질문 한 스푼

- 빈센트의 작품 중 특별히 좋아하는 작품과 좋아하는 이유나 관련된 경험이 있으면 이야기해 봅시다.
- 빈센트의 동생 테오는 부모가 하지 못하는 몫까지 형이 그림을 계속할 수 있도록 돕습니다. 테오는 어떤 마음이었을지 생각해 봅시다.
- 저자는 '빈센트는 아픔을 재료로 예술을 창조한 것이 아니라 아픔에 맞서기 위한 불굴의 용기'로 그림을 그렸다고 표현합니다. 내가 힘들고 좌절하거나 외로울 때 그것을 이기게 해 주는 것이 있다면 무엇인가요? 그것이 나에게 위로를 주고 용기를 주는 이유는 무엇인가요?
- 저자는 빈센트 반 고흐의 삶을 흠모하는 열정으로 빈센트의 삶의 궤적을 따라 여행하고 작품과 글을 썼습니다. 내가 이처럼 누군가의 삶의 흔적을 따라 글을 쓴다면 누구의 어떤 점에 대해 쓰고 싶나요?

책상은 왜 책상이어야만 할까?

페터 빅셀, 『책상은 책상이다』, 예담, 2001.
『책상은 책상이다』는 7편의 이야기로 구성되어 있습니다. 이야기의 주인공들은 고집스럽거나 자기만의 신념 속에 갇혀 있거나 자기만의 세계에서 나오지 않습니다. 그들은 보통의 사람들과 다른 생각을 하고 세상의 기준을 따르기보다는 차라리 소외와 고독 속에 살고자 합니다. 엉뚱한 일을 벌이는 것 같기도 하고 우리가 당연히 여기는 상식에 의문을 던지기도 합니다. 이 인물들 속에서 소통의 부재와 세상과 단절하는 소외된 우리들의 모습을 보게 됩니다.

'방을 꼭 방이라고 불러야 되나?'
'방이라고 누가 정했을까?'

이런 궁금증은 누구라도 어릴 때 한 번쯤은 품어 보지 않을까요? 그 외에도 저는 '내가 대화하는 내용 중 들은 것, 본 것 등을 뺀 순수한 나만의 생각이 얼마나 될까?' 하고 약간은 엉뚱한 생각들에 빠져 있을 때가 있었습니다. 이 책은 제가 대학 시절 수업에서 읽고 같이 토론한 적이 있습니다. 그때부터 이 책이 가진 매력에 빠져 책꽂이에 수십 년이 지나도록 자리를 차지하고 있습니다. 보편적인 생각과 행동을 하지 않으면 살아갈 수 없는(특히 우리나라에서는 더더욱 그렇습니다.) '같음'을 종용당하는 시대에 한 번쯤 읽어보면 좋을 것 같습니다.

1935년 스위스에서 출생한 작가 페터 빅셀은 13년 동안 초등학교 교사로 재직했고, 어렸을 때는 왼손잡이인 것 때문에 글자를 자주 틀리곤 하여 힘든 적이 많았다고 합니다. 그는 평범한 일상의 이야기를 모티브로 현대인의 보편적 상실감, 소외감 등을 환기시키는 작품을 주로 썼습니다. 절제된 언어와 압축된 문장으로 짧은 글 속에 긴 생각과 감동을 주는 표현이 매력적인 작가입니다.

『책상은 책상이다』는 몇 편의 단편으로 이루어져 있습니다. 지구가 둥글다는 지식을 알고 있는 한 남자가 그 사실을 직접 확인하기 위해 지구를 걸어서 한 바퀴 돌아보려는 계획을 세웁니다. 실행을 위해 집에서 출발하여 이웃 담을 넘기 위한 사다리, 사다리를 싣기 위한 배, 배를 운반할 수레 등 필요한 물품을 차곡차곡 준비해 나갔습니다. 드디어 준비가 끝나고 떠날 차례가 되었습니다. 그런데 짐이 너무 많아져 도저히 그것을 다 가지고 갈 수 없게 되었습니다. 결국 둥근 지구 확인 모험은 계획으로 끝나고 말았죠. 본질보다 그것을 위한 형식적인 도구들이 더 불어나게 되면 본질이 왜곡된다는 이야기 같습니다.

평범한 일상이 지루해서 책상을 노래, 신발을 사과 등으로 일상의 언어를 혼자 바꾸어 다른 사람들과 전혀 소통이 되지 않는 남자, 세상에 없는 것을 발명했는데 나와 보니 이미 발명되어 사용되고 있음을 뒤늦게 알게 된 남자 이야기 등 7편의 다소 엉뚱해 보이는 내용입니다.

이 책에 대한 정보를 찾다가 고등학교 교과서에 단편이 실려 있는 것을 알게 되어 이에 관한 국어 교과 문제를 보게 되었습니다. 여기서의 핵심은

이 이야기들의 주인공은 모두 소외되거나 고립된 사람이고 그들은 사회나 세계와 끊임없이 대화를 시도하지만 세상과 소통이 이루어지지 않는다는 메시지를 담고 있다는 정답을 제시합니다. 세상과의 소통이 이루어지지 않는 이유는 어디에 있을까요? 세상은 끝없이 변화하고 있는데 혼자만의 세계에서 변화를 수용하지 않는다는 관점도 있을 수 있습니다.

이 책을 펴낸 작가도 소외된 사람들에 대한 이야기를 한 것인지 궁금합니다. 좀 독특한 생각의 방식을 가진 사람이진 않은지? 이들에게 관심과 대화의 물꼬를 열어 주었으면 어떠했을까 하는 생각이 듭니다. 짧은 유머 속에 긴 씁쓸함이 남기도 합니다. 이들의 모습은 우리들 자신일 수도 있습니다. 평범하다고 여기는 것들에 대한 송곳 같은 되물음, 그런 질문 속에 지금 우리는 제대로 사는 것인지 돌아보게 합니다.

생각하면 쓸모 있는 질문 한 스푼

- ⊙ '지구는 둥글다, 책상은 책상이다' 등과 같이 너무 당연한 말과 일, 규칙에 대해 '왜?'라는 생각이 든 적이 있다면 무엇인가요?
- ⊙ 변하지 않는 나만의 삶이나 일의 방식, 또는 '아집'이나 '이유 있는 고집' 스러운 일이 있다면 무엇인가요? 이것을 소중하게 생각하거나 집착하는 이유는 무엇인가요?
- ⊙ 이 책의 주인공들은 엉뚱한 생각에 빠져 있거나 자기 세계에 빠져 있기도 하고 주변과 소통하지 않고 살아갑니다. 개인과 사회(주변) 중 어느 쪽의 책임이 더 클까요?
- ⊙ 이 책에는 사물의 이름을 자기만의 방식으로 바꾸어 불러 다른 사람들과 소통이 되지 않는 나이가 많은 남자의 이야기가 있습니다. 다른 사람과 소통이 잘 되지 않을 때 그 이유는 무엇이라고 생각하나요? 소통을 위해 노력하는 것이 있다면 무엇인가요?

발명과 통찰의 시작점 = 맹점, 그에 대한 궁금함

매들린 L. 반 헤케, 『블라인드 스팟』, 다산초당, 2007.
『블라인드 스팟』은 자동차 사이드미러에 보이지 않는 사각지대 영역을 말합니다. 맹점이란 분명히 물체가 있는데도 볼 수 없는 좁은 영역으로, 여기서는 인간이 심리적으로 보지 못하고 저지르게 되는 실수와 편견, 오류를 말합니다. 임상심리학자인 저자는 인간의 맹점을 10가지로 분류하고 극복하는 전략을 제시하며 열린 관점으로 사고하도록 안내하여 맹점에서 벗어날 수 있도록 이끌어 줍니다.

"상자가 여기 있습니다. 이 상자 안에 고양이가 있으면, 사과도 있을 수 있습니다. 아! 상자 안을 보니 고양이가 있네요! 이 상자에 오렌지가 있을까요?"

저자는 위와 같은 질문을 함으로써 성인과 아이에게 실험을 했다고 합니다. 성인들은 이와 유사한 문제를 좀 더 내어주어 '이해시킨' 다음에야 제대로 문제를 이해했다고 합니다. 하지만 어린아이들은 한 번만 듣고도 쉽게 그 답을 말했다고 합니다. 성인들이 더 답을 몰랐던 이유는 우리 모두에게 맹점이 있기 때문이라고 합니다. 맹점이란 마치 자동차 사이드미러에도 나타나지 않는 사각지대가 있듯이, 엄연하게 있고 뻔한 것인데도 인간이 미처 생각하지 못하는 모순되는 점이나 틈을 말합니다.

저자는 우리가 가진 보편적인 세 가지 맹점에 대해 설명합니다. 그 세 가지는 첫째, 뭘 모르는지 모른다, 둘째, '전체'를 놓치고 부분만 본다, 셋째, 자신의 결점은 보지 못한다는 것입니다. 이에 해당되는 것이 나에게 어떤 것이 있는지 되돌아보는 것도 좋을 것 같습니다. 이러한 맹점으로 우리는 있는 것을 보는 것이 아니라 보고 싶은 것만 보는 맹점을 갖게 됩니다.

저자는 우리가 "바보같이!", "왜 저렇게 멍청하지?" 하고 상대에게 말하는 대신, 그렇게 행동하게 되는 이유에 대해 잠시 생각해 보라고 제안합니다. '어떻게 하다가 저런 일을 했지?'라고 생각해 보면 의외로 놀라운 발견과 변혁에 이르기도 한다고 말합니다. 그리고 플레밍의 박테리아에 대한 의구심으로 페니실린을 발견한 예를 듭니다.

'먼저 생각하자!' 겨우 그 정도로 그 사람의 인생이 그처럼 변화되었다니 믿기지 않았다. 언뜻 보기에는 너무나도 간단하지만 이처럼 먼저 생각하는 습관이 얼마나 중요한지 깨닫기까지는 의외로 오랜 시간이 걸린다.
_매들린 L. 반 헤케, 『블라인드 스팟』, 다산초당, 2007, p53

저자는 우리의 맹점을 알 수 있는 방법으로 질문해 보기, '아는 것'과 '알아야 할 것'의 목록 작성하기와 '알고 있는 것'들에 대해 다시 물어보기와 같은 활동을 하기를 제안합니다. 맹점의 근본적인 원인은 '생각하지 않는' 데 있다고 경고합니다. 아주 사소한 말 한마디도 생각하고 안 하고의 차이가 큽니다. 생각 없이 말할 땐, 그 말이 상대에게 줄 상처나 영향에 대해 신경 쓰지 않습니다. 그러나 생각하고 말할 땐, 한마디 말이 상대에게 어떤 기분과 감정을 느끼게 할지, 그다음의 관계에 어떤 영향을 주게 될지를 떠올리게 됩니다.

　우리는 생각할 기회를 놓치고, 습관화된 생각에 갇혀 다른 것을 생각하지 못하고, 위기나 시간이 촉박할 때 잠깐 '멈춤'을 하지 않아서 자신의 맹점을 알아차리지 못합니다. 그리고 자신과 타인의 맹점에 대해 여유 있게 대처하지 못합니다. 인간은 누구나 맹점이 있습니다. 저자는 내가 가진 맹점은 다른 사람의 관점에서는 보일 수도 있으므로 다른 사람의 관점이 되어보라고 권합니다.

　성인 대상 연수를 하면서 성격 진단이나 리더십의 질문에 대한 활동을 연수생들에게 제시한 경우가 있었습니다. 성인이라서 다 알 것 같은데도 어떻게 하라고 설명해도 다시 되묻고 알려달라는 연수생이 많습니다. 타인의 말을 들을 때 '멈춤'을 하지 않고, 생각하지 않고 자신의 생각에 머물러 있기 때문이 아닐까요? 아니면 제가 '듣는' 사람의 입장에서 생각하지 않고 당연히 알 것이라는 추측으로 그 기준에 맞게 설명했을 수도 있습니다. 사실 진단지에 체크하는 일이 흔하게 자주 하는 일은 아니라 한두 번의 설명으로 이해되지 않을 수 있는데 말입니다.

　이 책은 생각의 렌즈를 잃어버린 사람들, 익숙함 속에 보지 못하는 것들, 주관적인 편견으로 인한 맹점, 큰 그림, 시스템을 만드는 사람들의 생각 등의 내용으로 우리에게 맹점에서 벗어나는 새로운 관점을 제시합니다.

　저자는 우리에게 산책하며 생각하기가 아니라 의도적인 생각의 여유를 갖는 '생각하며' 산책하기를 권합니다. 맹점이 한 개인의 어리석음이나 멍

청함이 아니라 인간이 안고 있는 필연적인 시스템의 문제라고 생각한다면, 우리들은 자신과 타인에 대해서도 좀 관대해질 것입니다. 시스템에도 맹점이 있고, 그 맹점을 인정하는 것이 맹점에서 벗어나게 되는 것이며, 맹점을 알아차리는 것은 새로운 궁금함, 발명 혹은 자신과 타인에 대한 성찰의 시작점일 수도 있습니다.

생각하면 쓸모 있는 질문 한 스푼

- 우리가 가진 보편적인 세 가지 맹점은 무엇을 모르는지를 모르는 것, '전체'를 놓치고 부분만 보는 것, 자신의 결점을 보지 못하는 것이라고 합니다. 그중에서 내가 가진 맹점은 어떤 경향성을 가졌다고 생각하나요? 그 맹점을 벗어나기 위해 할 수 있는 방법은 무엇이 있을까요?
- 가족이나 친구 등 주변의 사람 중 '멍청한' 행동을 한 경우가 있을 때, '왜 저런 행동(말)을 하지?' 대신 '저렇게 행동(말)할 만하네.', '저렇게 행동(말)을 할 수밖에 없네.'라는 상대방의 관점으로 생각해 봅시다.(p164)
- '산책을 하며 떠오르는 대로 생각하기'와 '의도적으로 생각하며 산책하기'의 차이를 경험하며 느껴봅시다.

'시'를 맛보는 예의

김사인, 『시를 어루만지다』, 도서출판b, 2013.
시인 김사인이 '공경하는 마음'으로 시를 읽고 그 감상을 덧붙인 글들을 모아 엮은 책입니다. 김소월, 서정주, 황병승 등 시인 56명의 시 한 편씩에 저자의 시독법, 해설이 곁들여져 있습니다. 이와 함께 사진작가 김정욱의 사진이 시의 공감도를 더 높여 줍니다.

결혼식, 제사, 시험 칠 때와 같은 특별하고 중요한 일에는 물론, 누군가를 만날 때나 출근할 때도 우리는 옷차림과 마음가짐을 그에 어울리게 준비합니다. 책을 읽을 때 우리는 어떤 준비를 하나요? 시를 읽을 때는?

『시를 어루만지다』를 쓴 저자는 우리에게 "시를 대할 줄 아는가, 시를 만날 준비가 되어 있는가."라고 묻습니다. 시를 읽으면서 마음의 준비를 한 적이 없는 것 같습니다. 시를 제대로 만날 준비란 어떤 것일까요?

저자는 시를 읽기 전에 겸허하고 공경하는 마음을 가지라고 합니다. 시에 대한 공경스러운 마음은 풀과 돌, 나무 등 자연에 대한 공경이며 그것이 자신에 대한 공경이라고 말합니다. 시를 읽는다는 것은 눈과 머리로 활자의 뜻을 읽고 그것을 이해하는 것만을 의미하는 것은 아닙니다. 섣부른 판단, 편견, 선입견을 떠나 대상에 대한 존중과 정성스러움으로 글로 쓴 그림과 글로 쓴 소리, 말뜻, 행과 연 등을 어루만지고, 냄새 맡고, 미세한 색상의 차이를 '맛보는' 것이라고 말합니다.

저자는 공간과 시간을 대비한 서정춘 시인의 「여행」이란 시를 소개합니다. '백 년'의 시간과 '대꽃이 피는 마을'의 공간을 대비시킵니다. 시간과 공간 속에서 삶의 완성이 죽음이듯, 생명의 완성이자 죽음인 만개한 꽃을 노래합니다. 깊고 푸른 밤의 기차 여행의 상상으로 삶의 여행을 돌아보게 합니다.

미술관은 제법 큰 도시에 가야 있습니다. 그만큼 우리의 생활과 가깝거나 밀접한 관계가 아닙니다. 저는 그림을 감상해도 무엇을 감상해야 할지조차 잘 모를 때가 있습니다. 그러다가 그림에 대한 설명을 들으면, 지금까지 발견하지 못한 의미들이 깨달아지며 그림이 새롭게 보입니다. 이런 것을 아는 만큼 보인다고 하는 것이겠지요.

「여행」이란 시와 그에 대한 해석도 마찬가지입니다. 마치 그림에 담긴 숨겨진 이야기를 발견하듯 시의 한 구절 한 구절에서 작가의 마음을 찾아내며 여행을 하는 것 같습니다. 시를 풀어 본다는 것은 한 편의 시를 구성하는 시어들과 문맥에 담긴 삶의 배경과 경험의 행간까지 헤아려 보려는 마음의 여유와 자세가 필요하다는 의미입니다.

누군가를 업어준다는 것은
희고 눈부신 그의 숨결을 듣는다는 것
그의 감춰진 울음이 몸에 스며든다는 것(중략)

서로의 눈동자 속에 낀 슬픔을 닦아주는 일
흩어진 영혼을 자루에 담아주는 일
_김사인, 『시를 어루만지다』, 도서출판b, 2013, p106

박서영 시인의 「업어준다는 것」이라는 시를 읽으며 아이들을 업었던 경험, 제가 엄마에게 업힌 기억을 떠올립니다. 그때의 뜨뜻하게 울컥하던 기운의 기억을 소환해 봅니다. 누군가를 업는 것은 등으로 숨결을 듣는 일, 그의 울음을 몸으로 느끼고 그의 영혼을 담는 일이라는 구절이 업어주는 일을 숭고하게 만들어 줍니다.

이종문 시인의 「효자가 될라 카머」를 읽으며 '마, 사랑은 그런 거지' 하고 내 어머니에게 쭈뼛쭈뼛거린 사랑의 표현에 "보고 싶어서 왔어."라고 달려가는 용기가 생기기도 합니다.

시집을 사거나 읽은 적이 언제인지요? 살아가는 일이 바빠 책을 읽는 것보다 읽는 예의와 여유를 갖고 시를 맛보고 음미하는 것은 쉬운 것은 아닙니다. 저자는 1부에서 시 읽는 법에 관해 이야기하고, 2부 '마음의 보석'에서는 김소월과 서정주 시인 이래의 서정 시편들을 소개합니다. 3부 '인생의 맛'은 서정시에서 삶의 애환을 노래한 시, 4부 '말의 결'에서는 우리말과 글의 독특한 맛을 느낄 수 있는 시들을, 5부는 '말의 저편'으로 전통 서정시의 문법을 넘어선 파격의 모험과 자극을 주는 시들을 소개합니다. 시인과 시 한 편에 간략한 시의 배경이나 저자의 주석이 있어 시의 맛을 더 즐길 수 있습니다.

예의를 갖추고 내 안에 품고 싶은 시는 무엇이 있는지요? 퇴근길, 주말, 장 보러 갔다가 서점도 들러 시집 한 권 사는 즐거운 일은 또 어떨까요? 모르는 이의 불꽃 같은 공감의 시 구절을 발견하는 유레카의 순간을 기대합니다!

생각하면 쓸모 있는 질문 한 스푼

- 책에 있는 시 중 특별히 감동을 주는 나만의 시를 찾아 시를 만나는 마음의 준비를 하고 소리 내어 낭송해 봅시다.
- 내가 애송하는 '가슴에 품은 시'가 있다면 어떤 시인지, 그 시와 나에 대해 이야기해 봅시다.
- 손님, 첫 목도리, 여행, 봄, 겨울밤, 별을 보며 등 책에 있는 시의 제목 중 한 가지 골라 마음이 가는 대로 나의 이야기를 써 봅시다.

이기적 유전자를 이기는 생존 기계, 인간

 **리처드 도킨스, 『이기적 유전자』, 을유문화사, 2018.**
도킨스는 인간을 유전자의 꼭두각시로 선언합니다. 주체가 유전자이고 인간은 이기적인 유전자에 의해 창조된 생존 기계라고 주장합니다. 이기적이고 개인적인 유전의 확장인 '밈(문화 유전)' 이론을 소개합니다. 게임 이론과 죄수의 딜레마, 박쥐 실험 등 다양한 실험을 통해 성의 진화와 이타주의의 본질이 무엇인지, 협동의 진화, 적응의 범위에 대한 이론을 펼칩니다. 생명체 복제 기술의 발달과 유전자 지도 연구로 유전자의 영향력이 차츰 커지는 시대에서 인간과 다른 생명체와의 차별성, 인간의 본질이 무엇인지 생각하게 합니다.

책을 읽고 추천하는 글을 쓰면서 '쓰는 자'와 '읽는 자'의 목적을 생각해 보았습니다. 저는 다양한 도서 선정에도 노력하면서 도서의 분량도 신경이 쓰였습니다. 오랫동안 월 1회 진행해 온 독서 토론 동아리에서도 토론 리더가 2~3권 세트로 된 책이나 두꺼운 책을 선택하면 회원들이 읽기 힘들다고 손사래를 치기도 했기 때문입니다.

바쁜 일상에서 추천한 책에 관심을 가져 읽고 싶어도 두꺼워 읽기 힘들어하면 어쩌나 걱정이 되기도 했습니다. 그러나 이것도 저 혼자만의 이기적인 생각, 독단적인 편견입니다. 왜냐하면, 저 또한 다른 사람이 책을 추천하거나 추천 글을 읽는다고 그 책들을 다 읽는 것은 아니기 때문입니다.

그러나 추천의 내용을 듣고 보는 것만 해도 도움이 될 때가 있습니다. 그래서 꼭 모두 읽으라고 추천하는 것만이 목적은 아니라는 데까지 생각이 흘러왔습니다.

추천하는 책을 읽지 않아도 '읽는 자'는 책의 내용이나 그에 대한 추천자의 생각을 공유하면서 새로운 생각, 생각의 전환, 다른 관점의 수용, 생활 속에서 또 다른 동기를 가질 수도 있다고 생각합니다. 그러자 책의 선택에 대한 부담이 조금 줄어들었습니다. 그래서 쉽지만은 않은 분량과 저의 관심 분야가 아닌 과학 이야기 『이기적 유전자』라는 책을 함께 이야기해 봅니다.

이 책의 제목에서 '이기적', '유전자' 둘 중 어느 부분이 마음을 사로잡았는지요? 저는 유전자보다는 '이기적'이라는 데 더 관심이 갔습니다. 이기적인 유전자는 따로 있나? 하는 생각도 듭니다. 저자는 '유전자'를 핵심어로 보았으며 진화를 인간의 존재론적 질문에 대한 대답이라고 말합니다. 인간의 '유전자'는 40억 년 전 스스로 복제 사본을 만드는 힘으로 생존해 온 기술의 명수이자 로봇 안에 안전하게 들어앉아 우리 몸과 마음을 창조하는 존재라고 정의합니다.

인간을 유전자와 운반체로 나누어 구분하고 인간을 이기적 유전자를 보존하기 위해 맹목적으로 프로그램을 짜 넣은 로봇 기계로 표현한 것이 충격적이었습니다. 생명의 매개체가 몸인지 유전자인지에 대해 혼란을 주고 유전자가 주체이며 인간이 그것의 도구, 생존 기계라는 표현을 적나라하게 하는데, 책을 처음 보면 당황하게 됩니다.

어떤 실체가 살아남는 것은 '이기적'이기 때문이고 그 유전자는 종으로 살아남든지, 집단 또는 개체만 살아남을 수도 있다고 합니다. 저자는 다양한 생물의 생태와 습성의 관찰과 연구를 토대로 모성애, 공격성, 협력과 배반, 이성 간의 경쟁, 세대 간의 경쟁, 협력의 이타적인 행동들이 생존하려는 개체들의 이기적인 전략이라고 봅니다. 생존 전략으로 모든 것을 설명한다면 인간의 마음과 심리 모든 것이 자유 의지와 주도적인 것이 아니라 생존을 위한 본능적이라는 주장은 과하다는 생각도 듭니다. 저자는 '인간이 이기적'인 것과 인간의 살아남으려는 생존 본능의 '이기적 유전자'를 구별하라고 합니다. '유전자' 자체가 이기주의의 기본단위라는 것입니다.

성공한 유전자에 대해 우리가 기대할 수 있는 성질 중 가장 중요한 것은 '비정한 이기주의'라는 것이다.
_리처드 도킨스, 『이기적 유전자』, 을유문화사, 2018, p47

자신과 닮은 유전자, 자손을 번식하려는 본능, 경쟁 생태에서 살아남으려는 본능이 이미 프로그래밍된 생물체 속의 유전자라는 관점은 부정할 수 없는 자연의 원리입니다. 저는 이타심도 또 하나의 이기심에 의한 것이라고 생각합니다. 타인을 돕고, 희생하는 것도 자기의 이기적인 만족감에서 오는 것이고 결과가 타인에게 좋기 때문에 이타적이라고 생각하는 것 아닐까요?

여기에 또 다른 자기 복제자 밈이 등장합니다. 밈은 집단 복제, 문화 복제라고 할 수 있습니다. 인간의 사고와 문화가 유전자처럼 복제되고 전파되는 것을 말합니다. 우리가 갖고 있는 '이기적'이란 말에 대한 관점을 새로이해야 할 것도 같습니다. '이기적'이란 말은 '생존'과 같은 의미일 수도 있습니다. 그 생존이 개체에 준하는 것인가, 집단적 생존을 위한 것인가, 생태적인 생존을 위한 것인가를 살펴볼 필요가 있다는 것입니다. 이기적인 유전자의 운반체 인간에게 "그래서?", "앞으로 어떻게 된다고?"라고 물으면 우리의 미래에 대해 어떻게 말해야 할까요? 뼛속 깊이 생존 본능을 위한 이기적 유전자로 인해 협력도, 공생도 모든 것이 이기적 DNA가 전부라면? 인간은 로봇처럼 프로그래밍된 유전자에 구속된 수동적인 존재일까요?

저자는 인간이 이기적인 유전자이지만 의식적인 선견지명과 상상력이 맹목적인 자기복제 유전성을 극복할 것이라고 희망적인 메시지를 전합니다. 이것이 인간을 넘어선 인간의 위대함과 가능성이라고 말합니다. 유일하게 자신이 가진 유전자에 반항할 수도 있고, 이기적 밈에게도 반항할 수 있는 존재라는 것이 말입니다.

이 지구에서는 우리 인간만이 유일하게 이기적인 자기 복제자의 폭정에 반역할 수 있다.
_리처드 도킨스, 『이기적 유전자』, 을유문화사, 2018, p378

생각하면 쓸모 있는 질문 한 스푼

- '인간은 이기적 유전자의 복제 욕구를 수행하는 생존 기계'라고 인간을 명령을 행하는 로봇으로 보는 이론에 대해 어떻게 생각하나요?
- 유전자가 '이기적'이라는 관점이 우리 사회에 긍정적인 영향을 줄 수 있는 방법은 무엇일까요?
- '이타적 행동'이 실제로는 이기적 유전자의 결과라는 주장에 대해 어떻게 생각하나요?
- 유전자 조작은 윤리적인 문제와 자연 생태의 파괴와도 관련이 있어 인간과 동물, 식물의 적용에 어려움이 있습니다. 유전자 조작의 이점과 위험은 무엇일까요? 안전하게 유전자 조작을 할 수 있는 방법은 무엇인가요?

설득과 협상에서 내가 원하는 것을 얻는 방법

다니엘 사피로·로저 피셔, 『원하는 것이 있다면 감정을 흔들어라』, 한국경제신문, 2013.

이 책은 하버드 협상 연구소에서 감정이 협상에 미치는 영향에 대해 연구한 것을 두 저자가 집필하였습니다. 두 저자는 협상에 나서는 사람들에게 감정을 잘 다루는 강력한 틀을 제시합니다. 5가지 핵심 관심을 활용하여 자신의 감정을 다스리고 상대의 감정을 움직일 수 있는 비법을 안내합니다. 누군가와 협상하고 설득할 때 어떻게 하는지 자신의 전략을 돌아보게 합니다.

어떤 일로 누군가를 설득하거나 협상할 때, 갈등을 해결하기 위한 대화 중에서 이런 말을 하지 않는지요? "진정하고 말해라.", "감정은 빼고 객관적으로 말해라." 등의 조언을 말입니다. 특히 중요한 협상의 자리는 더 그렇습니다. 협상가들은 대부분 감정을 명확하고 합리적인 생각을 가로막는 방해물로 간주하며 우리들에게 두 가지 조언을 합니다.

첫째, 의견이 다른 누군가를 상대할 때 주도하는 감정이 생긴 후, 적극적으로 나서서 감정이 아닌 관심을 해결하면서 긍정적 감정을 유도하라고 합니다. 둘째, 긍정적 감정을 유도하기 위해 인정, 친밀감, 자율성, 지위, 역할의 핵심 관심에 집중하기의 5가지에 대해 조언합니다. 이 요소들에 집중할 때 긍정적인 유대감과 안정적인 합의가 쉬워진다고 합니다.

이 책을 추천하는 사람들은 공공, 전문 또는 개인 등 어떤 분야에서든 사람들과 교류하고 그들을 설득하는 경우는 물론, 일상의 친구와의 식사 자리까지 공손함과 효율성을 높이는 데에 활용할 수 있다고 찬사를 보냅니다.

우리는 위에서 말한 핵심 관심에 대해 이미 알고 실천하고 있다고 생각합니다. 상대할 사람의 취미나 관심사를 미리 알고 그것에 대한 대화를 시작하는 것은 친밀함을 끌어내기 위한 것입니다. 혹은 우리가 알면서도 잘 실천하고 있지 않는 것일 수도 있습니다. 상대방을 인정하는 것, 어떤 옳은 일에 대해 자신 또는 상대방의 지위를 의식하여 인정하지 않는 행동, 상대방에게 성취감을 줄 만한 역할을 주지 않는 것, 스스로 결정하게 하는 자율성을 주는 것 등은 우리가 이미 알고 있습니다.

우리가 상대와 친밀감을 느끼면 협력이 쉬워진다. (중략) 친밀감은 '정직한' 관계를 의미한다.
_다니엘 샤피로·로저 피셔, 『원하는 것이 있다면 감정을 흔들어라』, 한국경제신문, 2013, p111

저도 그렇습니다. 상대방이 친밀감을 가지려고 저에게 다가오지만, 진실한 것이 아니고, 뭔가 얻으려고 하는 의도가 보이면 관계를 지속하지 않게 됩니다. 오래전 친한 지인이 자주 연수를 같이 받자고 연락해 왔습니다. 서로 친하니 자주 함께 연수 다니고 싶나보다고 여기고 같이 다녔습니다. 그런데 어느 날, 대화 도중 제가 차를 갖고 다니니 함께 다니려고 한다는 것을 알게 되었습니다. 그 사람은 솔직하게 말하지 않고, 늘 그 연수에 대한 장점, 필요성을 명분으로 대며 이야기했습니다. 차라리 솔직하게 둘이 같이 공감할 수 있는 연수 주제를 찾아보자고 말했으면 좋았을 것을 말입니다.

더 중요한 핵심 관심은 인정입니다. 상대의 장점을 찾아 인정하고, 그 성취를 인정하는 것으로 관계를 돈독하게 한다면, 자신이 원하는 설득이나 협상을 이끌어낼 수 있습니다. 둘째로 그에 못지않게 중요한 것은 자신의 장점을 찾아 함께 인정하는 것입니다. 상대를 칭찬하고 인정하기 위해 자신을 낮추는 것보다 각자의 장점이 있음을 인정하는 것이 더 좋다고 저자는 말합니다. 이러한 5가지 핵심 관심을 풀어 설명하면서, 저자는 상대방의 긍정적 감정을 끌어내는 것이 자신이 원하는 것을 얻는 최상의 방법이라 말하고 있습니다.

저자는 응급실에서 간호사가 오래된 경력과 경험에서 오는 결과와 조언을 했을 때, 많은 의사가 소위 '간호사인 네가 뭘 알아?' 하는 식으로 자신의 지위만 믿고 조언을 무시했다고 합니다. 그 결과, 나쁜 결과가 생길 뻔하기도 했지요. 저자는 그러한 사례를 들어 우리가 어떻게 해야 하는가에 대해 제시해 줍니다. 이 책은 읽고 이해하는 책이 아니라 알게 된 내용을 실천하는 책이라고 생각합니다. '친밀감'을 뜻하는 'affiliation'이 '입양하다', '가정에 받아들이다'라는 라틴어 동사에서 온 의미라는 것을 알게 되자, 상대와 친밀감을 만드는 저의 마음과 태도가 조금 달라집니다. 가족으로 받아들이는 만큼이나 상대나 집단과의 연결을 중요시해야 한다고 생각하면 그럴 수밖에 없습니다. 또 누군가를 설득할 때 그 친밀감과 핵심 관심을 실천하는 노력에 더 확신을 가질 수도 있을 것입니다.

얼마 전 『필』이라는 책을 함께 읽었습니다. 그 책은 인공지능과 인간과의 관계에 대해 미래 사회를 가상하여 지은 이야기입니다. 인공지능이 인간의 영역을 많이 가져가 위협적으로 다가오는 경향이 느껴지는 책입니다. 나아가 스스로 학습하여 진화하는 인공지능이 감정도 학습하여 나중에 인간을 역습할 수도 있다는 가상의 이야기입니다. 추천하는 이 책과 함께 읽으면서, 우리가 인간인 이유, 인공지능이 감히 넘어올 수 없는 영역은 이런 부분 아닌가 하는 생각이 강하게 들었습니다. 사람에 대해 설득하고 협상할 때, 상대를 칭찬하고 인정하고, 역할을 주는 이런 부분을 위해서 인공지능은 또 다른 방대한 데이터가 필요합니다. 설득과 협상의 강점이 인간만의 고유 영역일 것이라 여겨져 이 책의 내용에 더 공감하게 됩니다.

생각하면 쓸모 있는 질문 한 스푼

- 이 책에서 말하는 '감정을 움직이는 법'을 실제로 적용해 본 경험이 있나요? 그 결과는 어떠했나요?
- 설득과 협상을 위한 '5가지 핵심 관심'(인정, 친밀감, 자율성, 지위, 역할)에서 어떤 것이 가장 중요하다고 생각하나요? 그 이유는 무엇인가요?
- 저자는 '5가지 핵심 관심'들을 어떻게 충족되도록 하느냐가 갈등과 설득의 성패를 좌우한다고 합니다. 다음의 '5가지 핵심 관심' 중 내가 잘 실천하는 강점은 어떤 것인가요? 그것이 강점이 된 이유는 무엇이라고 생각하나요?

  * 예: 설득과 협상을 성공적으로 이끄는 5가지 핵심 관심

  1. 인정: 인정해 줌.
  2. 친밀감: 집단에 친밀감을 느끼게 함.
  3. 자율성: 어느 정도는 결정할 수 있게 해 줌.

4장
배운다는 것에 대하여

'아는 만큼 보인다.'
'배워서 남 주자.'는 말이 있습니다.
배움은 함께 성장하는 일입니다.
배움의 완성은 실천입니다.
'배운다는 건 꿈을 꾸는 것'이라는 말이 있습니다.
삶이 계속되는 한 내 삶에 의미가 있는 배움을 해야 합니다.
그러기 위해서는 열린 마음을 갖고,
나에게 맞는 습득의 방법도 배워야 합니다.

1	지성의 숲, 열두 발자국	정재승, 『열두 발자국』, 어크로스, 2018.
2	퇴계 선생에게 배우는 삶의 기술 '공부'	설흔, 『퇴계에게 공부법을 배우다』, 예담, 2009.
3	어리석은 이야기 속의 현명함을 찾아	이한, 『몽구』, 홍익출판사, 2012.
4	고전의 위력	율곡 이이, 『격몽요결』, 민음사, 2015.
5	거꾸로 읽는 동화	김민웅·노윤구, 『동화독법』, 이봄, 2017.
6	생각을 지배하는 것은 의식? 무의식?	엘든 테일러, 『무엇이 우리의 생각을 지배하는가』, 알에 이치코리아, 2012.
7	자장면에서 배우는 생활 속의 경제학	오형규, 『자장면 경제학』, 좋은책만들기, 2010.
8	'철학'이 우리에게 주는 것	에릭 와이너, 『소크라테스익스프레스』, 어크로스, 2021.
9	생각에도 산소가 필요하다	정철, 『내 머리 사용법』, 리더스북, 2009.
10	지극히 개인적인 독서가 필요한 시대	문유석, 『쾌락독서』, 문학동네, 2018.

지성의 숲, 열두 발자국

정재승, 『열두 발자국』, 어크로스, 2018.
이 책은 저자의 강연 중 호응이 많았던 12개의 강연을 선별하여 집필한 뇌과학에 관한 책입니다. 관계없다고 여기던 사실과 지식을 연결하여 놀라운 발상의 전환을 보여줍니다. '선택할 때 우리의 뇌에서는 어떤 일이 일어나는가? 결정 장애의 극복, 결핍이 없어도 욕망이 일어나는가?'와 같이 뇌와 과학적 지식이 삶의 지혜로 바뀌는 사유의 숲으로 안내합니다.

    수업 시간에 질문을 하면 학생들은 잘 발표하지 않습니다. 이유를 물어보면 "틀릴까 봐서.", "남들이 어떻게 생각할지 걱정되어서."라고 합니다. 그러다가 정답이 아니어도 창피한 일이나 두려운 일이 일어나지 않는다는 분위기를 느끼면 차츰 태도가 바뀝니다. 경직된 자세가 풀리고 정답과 오답에 상관하지 않고 자유롭게 생각을 표현하는 예를 많이 보았습니다.

    발표에서부터 대학 시험의 재수, 휴학 등과 같은 과정에 대해 우리는 관대하지 않습니다. 처음부터 뭐든 한 번 만에 정답을 말하거나 목표한 대로 할 수 없는 것이 당연한데도 우리 사회는 그것을 요구해 왔습니다. 발표에 두려움과 불안을 안고 있는 아이들을 보면서 저는 교실뿐 아니라 우리가 사는 곳에 '사회적 안전망'이 확보되어야 한다는 생각을 합니다. 시행착오와 실패와 실수에 대해 심리적이고 신체적인 두려움이 없는 안전한 사회를 염원해 봅니다.

저자는 드웩 교수의 말을 인용하면서 성장 마인드 셋(growth mindset)을 가진 사람은 과정을 중시하므로 실패의 과정에 대한 두려움을 갖지 않고, 고정 마인드 셋(fixed mindset)을 가진 사람은 결과와 타인의 평가에 민감하여 잘하는 일만 하려는 경향이 있다고 합니다. 이런 성향은 타고나는 것도 있지만 주변에서 어떻게 격려하느냐에 따라 변화될 수 있습니다. 나는 실패에 대해 얼마나 두려워하는지, 관대한지에 대해 살펴보는 것도 좋을 것입니다.

두 번째 발자국에서는 결정 장애를 어떻게 하면 극복할 수 있을까에 대한 이야기가 펼쳐집니다. 요즘은 아이들뿐 아니라 성인들도 결정과 선택에 장애를 느끼는 사람이 많습니다. 저자는 그 이유가 선택에 대한 정보가 너무 많고, 인간은 결과에 대한 스트레스 등으로 결정을 지연하려고 하기 때문으로 보고 있습니다. 저자는 결정에 있어 '신중함'의 미덕이라는 명목으로 적절한 타이밍을 놓치지 말라고 충고합니다. 새로운 환경을 잘 받아들이고 다양한 상황에서 결정하는 경험들이 쌓이면 자신감을 갖게 된다고 안내합니다.

새로움은 설렘도 있지만, 낯선 환경에 적응하는 데에 긴장과 스트레스를 받는 것은 당연합니다. '신중함'의 미덕으로 누군가는 결정을 미루고 심사숙고하여 좋은 결과를 얻었을 수도 있습니다. 다만 자신이 결정 상황에서 장애를 느끼고 있음을 안다는 것, 결정을 잘 하지 못하는 원인과 방법을 찾아본다면, 조금씩 나아질 수 있지 않을까요?

우리가 일주일, 한 달 뒤에 삶이 끝난다면 어떤 선택을 하고 시간을 어떻게 보낼까요? 메멘토 모리, 죽음을 기억하라! 그러면 자신의 소중한 일들에 집중하게 되고 실패에도 마음이 담대해진다고 저자는 인생의 전략을 이야기합니다.

저자는 물리학자이며 인간의 의사결정을 탐구합니다. 의사결정, 창의성, 인간과 놀이, 결핍과 욕망과의 관계, 창의적인 사람들의 뇌 활동 등 인간이 겪게 되는 다양한 행동에 대해 폭넓은 관점과 각도로 인간을 이해하고자 연구하고 책을 썼습니다. 인간을 미지의 숲으로 비유하여 과학자들이 걸어온 업적들을 열두 발자국으로 비유하여 인간의 행동과 심리를 분석했습니다.

과학자, 변호사, MBA 학생, 유치원생, 건축가, CEO, 비서 등을 그룹화하여 제한된 시간에 마시멜로로 가장 높이 탑을 쌓는 실험을 했습니다. 누가 가장 높이 쌓았을까요? 건축가와 유치원생이 가장 높이 쌓았다고 합니다. 원인이 무엇일까요? 엄청난 상금을 준다는 조건을 주면 결과는 어떻게 될까요? 과제를 수행할 때 사람들의 뇌 활동은 어떻게 나타날까요? 저자는 선택할 때의 뇌 활동과 선택을 위해 우리는 어떻게 해야 하는지를 이야기합니다.

혼자 있는 시간에 여러분은 어떻게 지내시나요? 잘 노시나요? 아이들이 놀고 있으면 어떤 생각이 드나요? '열심히 잘 놀고 있네.'보다는 '할 일은 다 하고 노는 건가?' 혹은 '좀 창의적으로 뭔가 하지 않고….' 하는 생각을 하지는 않는지요? 요즘은 인간에 대해 놀이하는 동물, '호모 루덴스'라고 하는 표현이 자주 등장하며 놀이의 중요성을 이야기합니다.

'나는 무엇에서 즐거움을 얻는 사람인가?'라는 질문은 내가 무엇을 지향하는 사람인지를 알려줍니다. '나는 무슨 일을 하며 살아야 할까'라는 질문에 대답하려면 내 즐거움의 원천인 놀이시간을 들여다보아야 합니다.

_정재승, 『열두 발자국』, 어크로스, 2018, p124

자신이 하는 일과 놀이를 성찰할 때, 그 안에서 자신이 갈망하고 추구하는 것이 무엇인지 발견할 수 있습니다. 하루, 일주일, 한 달의 일정들을 살펴보고 내가 즐거워하는 일에 얼마나 집중하고 있는지 알아보는 것도 나의 즐거움을 찾는 방법이 됩니다.

놀이 못지않게 음식을 먹는 것도 즐거움 중의 하나입니다. 다섯 번째 발자국에서는 음식에 대한 취향과 선택에도 우리 뇌는 습관화되어 있다는 것을 쥐들의 실험을 통해 보여줍니다. 우리의 뇌는 습관적 선택의 행동 양식을 가졌으면서도 창의적입니다. 인간 누구나 '창의적'이라는 말에 공감하나요? 우리는 창의성을 순간의 반짝이는 아이디어로 한정하는 경향이 있습니다. 하지만 위인들의 창의성은 집착과 끈기, 학습, 습관에서 탄생했다는 것을 찾아낼 수 있습니다. 우리는 천재적인 음악가 모차르트도 하루 10시간 이상의 피나는 노력 속에서 탄생했다는 것을 잠시 잊습니다. 저는 '생각하고 살지 않으면, 사는 대로 생각한다.'라는 말에 많이 공감하고 자주 인용합니다. 뇌를 자극하고 생각하지 않으면, 생활과 습관에 뇌는 지배당한다는 의미라고 여깁니다. 이 말을 새기며 사는 것이 또한 작가가 말하는 뇌의 새로 고침, 끝없이 뇌를 자극하는 일 아닐까 싶습니다.

산다는 것은 세상에서 가장 드문 현상이다. 대다수 사람들은 그저 존재할 따름이

다.(오스카 와일드)

_정재승,『열두 발자국』, 어크로스, 2018, p126

앎이 지혜로 바뀌고 실천하는 삶으로 변화하는 지성의 숲, 우리의 뇌가 미지의 무한대의 우주라는 열두 발자국의 숲길을 탐험하는 지식 여행에 초대합니다.

생각하면 쓸모 있는 질문 한 스푼

- 저자는 적절한 시기에 의사 결정을 한 후, 빠르게 실행에 옮기는 것이 중요하다고 말합니다. 나는 결정하고 실행에 옮기는 것이 잘 되고 있나요? 잘 이루어지고 있다면 그 이유가 무엇인가요? 어렵다면 왜 그렇다고 생각하나요?
- 창의적인 생각을 하기 위해서는 문제를 다른 관점에서 볼 필요가 있습니다. 저자는 해결해야 할 주제와 전혀 다른 영역에서 정보와 자료들을 수집한다고 합니다. 나를 둘러싼 환경과 사람들 중 전혀 색다른 공간이나 사람이 있나요? 어떤 점에서 새로운가요?
- '결핍'은 성장의 원동력이 되기도 합니다. 나의 결핍으로 인해 오히려 더 큰 성장과 발전이 있었다면 어떤 것이 있는지, 과정에서 어떻게 이루었는지 이야기해 봅시다.

퇴계 선생에게 배우는 삶의 기술 '공부'

설흔, 『퇴계에게 공부법을 배우다』, 예담, 2009.
이 책은 학문을 통한 수양을 강조한 퇴계의 가르침을 소설로 풀어낸 인문서입니다. 청량산 오가산당에 머물며 배움에 목말라하는 이들을 불러 퇴계 선생이 그들에게 맞는 공부법을 일러주는 이야기를 통해 공부의 목적과 의미, 방법에 대해 배우고 자신의 공부 목적과 방법에 대해 되돌아보는 기회가 될 것입니다.

얼마 전 필요한 책이 있어 서점에 갔습니다. 여러 코너를 보다가 공부, 학습에 관한 영역을 보고는 책 제목들을 보며 적잖이 놀라기도 하고 쓴웃음이 지어졌습니다. 공부하기 싫어하는 아이를 위한 학습법, 최고의 아이를 만드는 엄마표 학습법 등 뭔가 비법이 있을 만한 책 제목들이 많았습니다.

공부에 관한 도서 코너도 영역별로 나누어져 있고 책도 많아 놀랐습니다. 이처럼 사람들의 최대 화두이자 관심 중의 하나는 '공부를 어떻게 해야 잘 할까?'인 것 같습니다. 미래를 향한 끝없는 경쟁과 부담으로 공부의 비법을 찾는 사람들에게 퇴계 이황의 이야기를 알려 주고 싶습니다. 가끔 제가 만나는 아이들에게도 이 이야기를 해 주면 고개를 끄덕이며 공감을 하기도 하고 새로운 의지를 다지기도 했습니다.

이 책은 조선 시대의 퇴계 이황이 양반이 아닌 처지로 무언가를 배울 수 있는 기회조차 잡기 어려운 대장장이 배순, 의원의 딸 최난희, 애제자인 이함형과 하인 돌석에게 사흘 동안 가르침을 주는 내용입니다. 퇴계는 제자들에게 공부하고 '배운다'는 의미에 대해 이야기합니다. 우리는 왜 공부를 하나요? 퇴계는 공부한다는 것은 삶의 이치를 깨닫고 그 깨달음을 실천하며 평생을 살아가는 것이며 평생을 끊임없이 공부해야 한다고 말합니다. 그리고 다양한 일화를 통해 공부의 참 목적과 공부하는 사람의 마음가짐에 대해 일침을 가합니다. 공부의 단계에 따라 처음 공부를 시작하는 사람들에게는

'학문(學問)은 문학(問學)이다. 잘 묻는 사람, 모르는 게 많아 질문이 많은 사람이 공부를 잘 할 수 있는 것이다.
_설흔, 『퇴계에게 공부법을 배우다』, 예담, 2009, p69

 스스로 할 수 있다 없다의 한계를 짓지 말고 스승 탓, 책 탓을 하지 말고 계속 물어보라고 합니다. 공부의 어려움에 부딪히는 자들에게는 공부를 닭이 알을 품고 있는 것과 같이, 거울을 닦듯이 하라는 가르침을 주었습니다. 저는 이 말이 와 닿았습니다. 닭이 힘들다고 잠시 쉬거나 서두른답시고 뜨거운 물에 담가버리면 알은 부화하지 않습니다. 거울은 처음 닦을 때가 가장 힘들며, 자주 닦으면 힘들지도 않고 더 쉽게, 더 밝게 만들 수 있습니다. 그러나 오래 방치한 거울은 잘 닦여지지 않으며, 다양한 방법들을 동원해야 합니다. 공부하다가 닥친 위기를 극복하기 위해서는 쉬지 않고 꾸준히 계속하는 수밖에는 없다고 쉼 없는 꾸준한 정진의 메시지를 전합니다.

 우리가 공부를 해야 하는 진정한 이유는 단순히 남보다 잘 하거나 더 풍

족하고 편한 삶, 일신의 행복을 위해 하는 것이 아닙니다. 삶의 이치를 깨닫고 실천하며 평생을 살아나가기 위해서입니다. 또한 살아가면서 무언가 잘 사용하기 위해 기술이 필요하듯, 공부는 삶을 살아가는 가장 중요한 기술이라고 책은 이야기합니다.

마음을 다잡기 위해 일상에서 끊임없이 노력해야 하는 공부법! 재미있는 소설을 통해 쉽게 알아갈 수 있을 것이고, 또 공부하는 방법의 변화에도 참고가 될 것입니다.

생각하면 쓸모 있는 질문 한 스푼

- 공부가 잘 되지 않을 때, 자신을 추스르고 집중하는 방법이 있다면 어떤 것이 있나요?
- 퇴계 선생은 '주일무적(主一無敵)' 단 하나만 붙들 뿐, 딴 데로 가지 말라는 의미로 공부하거나 책을 읽을 때, 잡념에 빠지지 않도록 주의하라고 말합니다. 나의 공부나 독서 습관 중에서 주일무적하기 위해 개선할 점이 있는지 찾아봅시다.
- 퇴계는 세상을 살아가는 공부보다 '자신을 위한 공부', 내면의 성장을 위해 공부해야 한다고 이야기합니다. 그래야 세상에 나가도 중심을 잃거나 이리저리 휘둘리지 않는다고 합니다. '나 자신을 위한 공부'를 하고 있다면 어떤 것인가요? 이제 시작한다면 내면의 성장을 위해 어떤 공부를 하고 싶나요?

어리석은 이야기 속의 현명함을 찾아

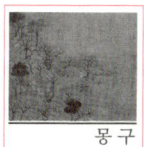

이한, 『몽구』, 홍익출판사, 2012.
이 책은 중국 역사 속에서 가장 오래 읽혀온 훈육서로 알려져 있습니다. '몽구'란 "어리석은 어린 사람이 스승에게 가르침을 구한다."라는 뜻으로, 이 책은 어리석고 무지한 백성들을 위한 교육서입니다. 인간들의 다양한 모습, 성군과 폭군, 선인과 악인, 효자와 불효자 등 선과 악을 대비시켜 배움을 얻게 하도록 한 책입니다.

나라의 크기를 작게 하고 인구의 수를 적게 하라. 온갖 생활의 도구가 있어도 쓸 일이 없게 하라. 백성들에게 죽는 것으로 소중하게 여겨 멀리 이사 다니지 않게 하라.
_이한, 『몽구』, 홍익출판사, 2012, p259

위의 글은 은둔자 노자가 꿈꾸던 나라의 모습입니다. 『몽구』의 '여덟째 문'에서는 세상 밖의 지혜를 깨달아 명예와 권력의 부질없음을 알고 흔들림 없는 마음으로 살다 간 역사 속 인물들의 이야기가 펼쳐집니다. 난세에 초나라 왕이 오릉을 재상을 삼으려고 하자 고민하던 오릉은 아내에게 조언을 구합니다. 이후, 오릉은 아내의 말을 수긍하고 벼슬을 거절하고 사라집니다. 이 일화는 한나라 유향이 지었다고 전해지는 일화집『고열녀전』의 일부분으로「난세에 벼슬하는 것을 부끄러워 한 오릉」입니다.

초나라 왕이 오릉자종이 현인이라는 말을 듣고 사신을 보내어 황금을 예물로 주고 재상으로 모셔 오라고 합니다. 오릉자종은 아내에게 의논합니다. 현재 특별히 부족한 것도 불만도 없는데 다른 회사나 국가가 이런 부귀영화를 주는 지위를 제안한다면 어떤 결정을 하겠습니까? 아내는 "화려한 호위호식을 누려도 몸이 편히 쉴 곳은 작은 공간만 필요하고 열 자 이상의 식탁이라도 먹는 것은 고기 한 조각에 불과한데 한 나라의 온 걱정을 안고 살겠느냐?"라고 묻습니다. 난세에 해를 당하거나 목숨을 잃을까 걱정하는 아내 말을 듣고는 왕의 제안을 거절하고 둘은 다른 곳으로 도망갑니다. 그리고 남의 집에 고용되어 정원에 물을 뿌리는 일을 하며 살아갑니다.

저는 이 일화에서 난세에 국가의 부름을 받고 자기가 재상 능력이 있나 없나를 고민하는 것이 아니라 재상으로 누릴 영화에 관심을 둔 것이 문제가 아닌가 하는 생각을 했습니다. 부귀영화가 삶의 목적이라면 거절하고 안전하게 평생 살아가는 것이 옳은 일일 것입니다. 그런데 제목이 난세에 벼슬을 하는 것을 부끄러워하였다고 하니, 내용과 제목이 맞지 않아 보입니다. 인간이 가질 수 있는 행복은 사실 작은 것에 불과한데도 욕심을 부리다 화를 당할 수 있다는 말은 지금의 우리 삶에도 경종을 울리는 이야기입니다.

이 예화로 우리는 다양한 논제로 토론을 할 수 있을 것 같습니다. 이처럼 이 책의 특징은 예화를 통해 우리에게 고민과 생각의 시간을 준다는 것입니다. 다른 훈육서처럼 위대한 성인의 예화로 어떻게 살아야 한다는 교훈을 주는 것이 아니라 다양한 생각과 갈등을 하게 하는 점이 가치가 있습니다.

처음 클래식 음악을 들었을 때는 그렇게 지루할 수가 없었습니다. 그런데 자주 듣게 되니 선율에 몰입하게 됩니다. 이 책의 이야기가 재미있고 맥락의 숨은 뜻을 찾아보는 것을 보면 관심도 중요하지만 새롭고 낯선 것에 대한 반복도 귀와 눈과 마음이 열리고 재미를 느끼게 되는 데 필요한 일입니다.

『몽구』란 '어리석다, 어둡다, 어리다, 뒤집어쓰다'라는 뜻의 몽(夢)과 '구걸하다, 빌리다, 구하다'라는 뜻의 구(求)로 이루어진 책 제목입니다. 어리석음의 처음, 백지와 같은 상태에서 교육이 시작됨을 의미하기도 합니다. '어리석은 아이(夢)가 스승에게 가르침을 구한다(求)'라는 뜻입니다.

이것은 일방적으로 어리석은 아이에게 어른, 스승이 가르침을 주는 것이 아니라 아이가 스승에게 가르침을 구한다는 적극적인 배움의 자세를 뜻한다고도 할 수 있습니다. 이 책은 규범을 아는 것이 아니라 유대인의 탈무드 못지않게 아이가 이야기의 맥락과 숨은 뜻을 스스로 깨닫게 하는 책이라고 할 수 있습니다. 또한 전통적으로 제자의 도리와 자세를 갖추지 않으면 스승도 절대 가르치지 않았으니 책의 제목 하나에도 배움의 자세에 대해 심오한 뜻이 새겨져 있습니다.

『몽구』는 여덟 개의 문으로 사람을 부리는 지혜, 아랫사람이 갖추어야 할 지혜, 경쟁에서 이기는 지혜, 거꾸로 바라보는 지혜, 어버이와 벗을 섬기는 지혜, 여자가 사람답게 살아가는 지혜 등과 관련된 이야기로 이루어져 있습니다. 특이한 점은 다른 책과는 달리 등장인물이 성군과 군자의 이상형만 있는 것이 아니라 성인과 역사적인 악인, 충신과 효자와 함께 간신과 은둔자와 요괴 등을 대립하여 등장시켰다는 것입니다. 무조건 바른 이상향을 제시하고 따르라고 하는 것이 아니라, 악의 이야기 속에서 선을 찾고, 추한 것에서 아름다움을 배우게 합니다. 그리고 학습하는 아이들이 입으로 말하고 외우기 좋도록 이야기를 네 글자의 운율이 있는 시로 구성하였다는 점이 특이하고 읽기가 재미있습니다.

"돌을 베개로 삼고 흐르는 맑은 물에 입을 헹구며"를 잘못 알아듣고 "돌로 입을 헹구고 흐르는 물을 베개로 삼고"로 말한 후, 그것이 무슨 뜻이냐는 추궁에 "흐르는 물을 베개로 삼는 것은 귀를 씻는다."라는 뜻이고, "돌로 입을 헹구는 것은 이를 닦으려 한 것."이라고 재치인지 약삭빠름인지 모를 해학의 말을 합니다. 이런 에피소드를 비롯해 양지에 배를 위쪽으로 하고 누워서는 세간에서 칠석날이면 옷과 책을 말리는 풍속이 있어 지금 뱃속의 책을 햇볕에 쪼이고 바람에 말리고 있다고 말하는 학륭의 이야기에 빠져 웃다 보면 고전도 어렵지만은 않은 힐링의 독서가 될 수 있다는 것을 느끼게 될 것입니다.

생각하면 쓸모 있는 질문 한 스푼

⊙ 이 책은 일반 백성을 깨우치는 훈육서입니다. 이 책이 가르치고자 하는 도덕적 가치 중 가장 중요하다고 생각하는 것은 무엇입니까? 왜 그렇게 생각하나요?

  * 사람을 부리는 지혜, 아랫사람이 갖춰야 할 지혜, 거꾸로 바라보는 지혜, 어버이와 벗을 섬기는 지혜, 여자가 사람답게 살아가는 지혜, 아름다운 삶을 위한 지혜, 세상 밖의 지혜

⊙ 이 책은 선과 악, 미와 추, 업적과 죄, 진실과 거짓 등 인간 군상들의 모습을 그려냅니다. 가장 인상 깊었던 인물이나 이야기는 무엇인가요? 그 이유는 무엇인가요?

⊙ 이 책은 다양한 인생의 문제를 통해 삶의 교훈을 깨우치도록 도와줍니다. 삶에서 마주한 어려운 결정이 있었다면 어떤 것인지, 이 책에서 도움이 될만한 교훈은 무엇이었는지 이야기해 봅시다.

고전의 위력

율곡 이이, 『격몽요결』, 민음사, 2015.
이 책은 조선 중기의 율곡 이이가 학문을 시작하는 사람들을 위해 쓴 책입니다. '요결'이라는 제목처럼 짧은 분량 안에 학문하는 자세와 동양학의 기초를 담고 있습니다. '학문'이 무엇인지 그 뜻부터 10개의 장으로 나누어 뜻을 세우고, 습관을 고치는 등 사람으로서 알고 실천하여야 하는 학문에 대해 이야기하고 있습니다.

'학문'이 무엇일까요? '학문' 하면 보통 우리는 지식을 떠올리고, 수준 높은 학식을 의미한다고 생각하지 않는지요? 저도 처음엔 그렇게 생각했고, 학생들에게도 질문해 보면 그들도 다 일상생활과는 거리가 있는, 기술적이고 고차원적인 배움의 지식이라고 이야기합니다. 학문(學問)은 사전적으로 '어떤 분야를 체계적으로 배워서 익힘, 또는 그런 지식'이라고 설명합니다.

이런 우리의 상식적인 이해를 깨는 사람이 있습니다. 율곡 이이는 『격몽요결』에서 별다른 사건이나 일상생활에서 벗어난 것이 아니고 단지 '사람의 도리를 알고 행하는 것'이 학문(學問)이라고 말합니다. 사람이 살아가면서 지켜야 하는 도리, 아비, 어미, 자식, 형제, 친구, 나이의 많고 적음, 지위에 따라 올곧게 행해야 하는 것을 제대로 하기 위하여 배우는 것을 학문이라고 정의한 것입니다.

학문이 곧 일상생활, 내 삶이라는 인식은 학문하는 자세도 달라지게 할 것이라고 생각합니다. 저는 화상 수업으로 학생들과 이 책으로 토론을 한 적이 있습니다.

사람의 용모는 못생긴 것을 바꾸어 예쁘게 할 수 없고(중략) 이것은 이미 정해진 분수이니 고칠 수 없는 것이기 때문이다. 그러나 오직 마음과 뜻은 어리석은 것을 바꾸어 지혜롭게 할 수도 있고, 모자란 것으로 바꾸어 어질게 할 수 있으니 이는 마음이란 그 비어있음과 차 있음이 선천적으로 타고남에 얽매여 있지 않기 때문이다.
_율곡 이이, 『격몽요결』, 민음사, 2015, p40

학생들과 '몸가짐' 장의 위의 인용문으로 '외모 성형에 대한 토론'을 한 적이 있습니다. 학생들은 찬성과 반대의 입장으로 다양한 자료를 찾아 성형의 목적과 범위와 필요성에 대해 열띤 토론을 했습니다. 엄한 교육의 필요성과 폐단에 대해서도 사전에 찾아온 자료들을 근거로 학생들과 화상으로 열띤 토론을 했습니다. 어느 것이 옳고 그른 것이 아닙니다. 어떤 의견이든 좋고 나쁨은 없습니다. 학생들이 일상의 문제에 대해 어떻게 생각하는지를 나누고, 받아들이고, 공박하면서 자신의 세계관, 가치관을 조금씩 정립해 가는 시간을 만드는 것이 중요합니다. 이것을 끌어내는 게 고전 도서가 가진 위력입니다. 한 구절로도 몇 시간 토론하고 그 속에서 자기의 생각을 정립해 가는 힘을 키울 수 있습니다. 한 학생은 위의 문장으로 친구들과 다양한 관점을 나누고 열띤 토론을 하게 된 것이 좋았다고 소감을 말했습니다. 그리고 자신의 생각에도 변화가 생겼다고 했습니다.

한 학생은 이 책에 좋은 구절이 너무 많다고 하기도 했습니다. 참여 학생 중의 한 학부모는 너무 좋은 토론이었다며, 우리의 교육도 이렇게 다양한 의견을 나누고 토론하는 장이 일상화되어야 한다는 의견을 주셨습니다. 이런 점을 볼 때, 책 100권을 읽고 서평을 하거나, 포트폴리오를 제출하거나, 혹은 독서 토론하는 것을 학점의 요소에 포함시키는 것도 좋은 생각이라 여겨집니다. 이런 것을 우리의 교육에 빨리 받아들여 정착시키면 좋을 것 같습니다.

이 책은 율곡 이이가 자기 스스로를 경계하고 반성한 글로 뜻을 세우는 입지장부터 혁구습장, 몸가짐, 독서장 등 10개의 장으로 나누어 사람이 살아가면서 지켜야 할 행동들에 대해 이야기하고 있습니다. 이 중에서 한두 개의 장만 읽고 다루면서 토론을 해도 좋고, 마음에 드는 문장을 이유와 함께 나누기만 하여도 뜻깊은 시간이 됩니다.

생각하면 쓸모 있는 질문 한 스푼

- 내가 알고 있던 '학문'과 율곡이 말하는 '학문'의 뜻을 살펴보면 어떤가요? (공감하는 점, 다르게 알고 있던 점 등)
- 「혁구습장」에 율곡이 말한 버려야 할 8가지 낡은 습관 중 내가 갖고 있는 것이 있다면 무엇인가요? 낡은 습관을 끊기 위한 방법에는 어떤 것이 있나요?
- 율곡은 '몸가짐' 장에서 입는 옷의 화려함을 경계하라고 하였습니다. 우리 주변에는 취향이 화려하여 집이나, 옷을 화려하게 장식하고 입기도 합니다. 화려한 것은 나쁜 것인가요? 왜 화려하지 않아야 한다고 했을까요?
- 9장 '사람을 대하는 법'에서 만일 허물이 있다는 말을 들었을 때, 스스로 떠들썩하게 변명하면 그 허물은 더욱 깊어지고 더 심한 비방을 듣게 된다고 했습니다. 억울한 오해나 소문에 대한 처세에 대해 어떻게 해야 현명하게 대처하는 것일까요?

거꾸로 읽는 동화

김민웅·노윤구, 『동화독법』, 이봄, 2017.
이 책은 우리가 잘 알고 있는 동화를 새로운 관점으로 다르게 생각하게 하는 책입니다. 저자는 동화에 대해서 고정되지 않은 관점으로 우리에게 진취적인 시각을 제시합니다. 「미운 오리 새끼」, 「신데렐라」, 「심청전」 등에서 자존감 회복과 인간 내면의 어리석음에 대한 자각을 새로운 시각으로 보여주는 등, 책은 새로운 관점에서 동화를 거꾸로 생각해 보기를 권합니다.

「개미와 베짱이」 이야기에서 배울 점은 개미처럼 성실하게 미래를 대비하자, 일 것입니다. 「흥부전」은 흥부처럼 착하게 살자 또는 형제끼리 잘 지내자, 일 것이고요. 우리 교육은 문학도 수학의 공식처럼 정답이 있었습니다. 그러다가 요즘은 '정말 그럴까?' 의문에서 시작하여 베짱이는 베짱이의 길이 있음을, 창조적인 일을 하는 것을 논다고 보는 관점을 버려야 하는 자성으로 돌아섭니다. 흥부처럼 정말 착하기만 하면 잘 사는 것일까? 『동화독법』은 우리가 알고 있는 동화에 대한 생각을 뒤집습니다. 「양치기 소년과 늑대」 이야기에 대해 생각해 볼까요?

양치기 소년은 일종의 경보 장치입니다. (중략) 마을 사람들에게는 경보 장치가 작동하지 않을 때 어떻게 해야 하는가에 대한 고민이 없었던 것입니다.
_김민웅·노윤구, 『동화독법』, 이봄, 2017, p208

'양치기 소년' 이야기를 우리는 소년에게만 책임을 묻는 일방적 관점에서 다루어 왔습니다. 마을 사람들의 책임에 대해서는 전혀 생각지도 않았습니다. 양들은 누구의 것일까요? 소년의 거짓말이 한 번 있었을 때, 혹시나 모를 두 번째를 대비하여야 했습니다. 두 번째 확인됐을 때라도 마을 사람들이 공동 대책을 세웠어야 합니다. 소년이 늑대가 나타났다는 신호를 보내오면, 마을 전체가 대응하고 양들을 지켜내는 시스템을 만들었어야 하는 것입니다. 모두의 양들을 지키기 위한 공동 책임을 다들 지려 하지 않았습니다. 우리는 그런 대책을 세우지 않은 마을 사람들에게도 책임이 있다는 행간을 알지 못합니다. 그 대신 소년에게서 거짓말하면 안 된다, 자기 일에 책임감을 가져야 한다는 교훈만 배웠습니다.

'우화'는 듣는 사람이 그 뜻을 바로 다 알게 하지 않는다고 합니다. 말하고 싶은 것을 슬쩍 돌려 표현합니다. 그래서 이야기의 의미를 생각하게 합니다. 교묘한 풍자와 비판으로 때로는 궁금증을 낳는 추리로 구성된 우화는 그만큼 행간에 숨은 뜻이 무궁무진하다고 할 수 있습니다. 모든 이야기의 문장을 "정말 ~할까?" 또는 "왜 ~할까?"라는 질문으로 바꾸어 보기만 해도 수십 가지의 답이 쏟아집니다.

오래전 2학년 아이들과 '믿는 도끼에 발등 찍힌다.'라는 속담으로 질문을 만들고 그 질문들로 토론을 했습니다. '왜 믿는 도끼에 발등이 찍혔을까?', '왜 찍힌 곳이 손등도 아니고 몸도 아니고 발등일까?', '믿는 도끼에 발등이 안 찍히려면 어떻게 해야 할까?' 등의 질문을 아이들이 만들었습니다. 참으로 놀라웠습니다. 그리고 그 질문들에 대한 각자의 생각을 나누는 과정에서 '왜 믿을까?'라는 질문에 대해 '친해서', '오래 알던 사람이라서'라는 이야기부터 성폭행이나 유괴도 실제로 잘 알고 믿는 사람에게서 일어나는 경우가 많다는 데까지 이어졌습니다.

또 도끼에 찍힌 부분이 발등인 이유에 대해 아이들은 몸에서 멀리 있고, 잘 안 보이는 부분이고 이것은 이야기 배경이 옛날이니 약한 사람, 힘없는 사람이라서 발등을 찍혔다고까지 했습니다. 그 논리성에 놀라지 않을 수 없었습니다. 단지 물음표의 질문만 만들었는데도 말입니다. 고정관념은 우리의 생각을 가로막는 장애가 되기도 합니다. 동화와 우화, 속담 등을 읽을 때 지금까지 가진 고정관념을 잊고 새롭게, 다르게 생각하는 단서를 찾는 것이야말로 이미 알고 있는 동화를 우리에게 새롭게 건네는 독자의 메시지입니다.

「미운 오리 새끼」, 「인어공주」 등 이미 익숙한 이야기에 대해 지금까지 알고 있던 것을 벗어던지고 모든 글에 '정말 그럴까?', '왜?'라는 의문문으로 바꾸어 생각을 새롭게 열어보는 것도 '나'에서 벗어나 내 생각의 영역을 넓히는 시간이 될 것입니다.

생각하면 쓸모 있는 질문 한 스푼

- 「미운 오리 새끼」 이야기에서 미운 오리 새끼의 어미는 자신의 알인데도 생김새가 달라 칠면조 알이라거나 못생겼다고 말합니다. 그러다가 다른 동물이 못생겼다고 말하면 나중에 달라질 수도 있다고 일관성 없는 태도를 보입니다. 왜 그렇다고 생각하나요?
- 「토끼전」의 토끼는 용궁에서 지혜로 살아 돌아옵니다. 그러나 하늘의 독수리로부터 낚아채인 후, 또 지혜를 발휘하여 위기에 살아남아 이야기의 가치를 더한다고 합니다. 험난한 세상을 살아가면서 위기에 맞서는 나의 비법이나 마음이 있다면 어떤 것인가요?
- 이 책에서 다루지 않은 이솝우화나 우리나라 동화에서 지금까지 알고 있는 내용과 다르게 생각한 내용이 있다면 무엇인가요?

생각을 지배하는 것은 의식? 무의식?

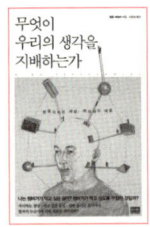

엘든 테일러, 『무엇이 우리의 생각을 지배하는가』, 알에이치코리아, 2012.

이 책은 우리의 생각과 행동이 자유 의지에서 비롯된 것인지, 주변 환경과 타인에게서 의도적으로 주입된 것들이 잠재의식에 각인되어 거기서부터 나타나는 것인지 우리에게 묻습니다. 즉, 우리는 자유로운 것인지, 지배당하는 것인지에 대해 이야기합니다. 마음속 믿음과 욕구조차 조종되고 주입된 것에서 나타날 수 있다는 것을 책은 다양한 심리학 실험과 사례를 통해 증명합니다. 또한 통제력을 찾고 내적 평안함을 찾아 주체적이고 행복한 삶을 살아가는 방법에 대해 알려줍니다.

나는 햄버거가 먹고 싶은 걸까? 햄버거가 먹고 싶도록 주입된 것일까? 사고 싶은 물건과 하고 싶은 것들에 대한 생각은 순수한 내 자유 의지에 의한 것이라고 말할 수 있을까? 아니면 철저하게 누군가에 의해 계획된 것일까? 인간이 가진 자유 의지에 관한 전통적인 견해는 사람은 하고 싶은 일이 있으면 자신의 뇌에 명령을 내려서 움직인다고 보는 입장입니다. 그러나 실제 연구에서는 반대의 결과가 나왔다고 합니다.

욕구에 대해서는 무의식이 결정을 하고 의식은 그 결정을 설명하는 근거를 만들 뿐이라고 합니다. 사실은 먹고 싶은 잠재의식을 갖도록 현혹하는 세상의 숨은 원리에 지배당하여 우리는 그것을 자유로 착각하는 대중이라고 저자는 지배의 논리를 파헤칩니다.

  영화를 보러 가면 거의 필수 코스로 우리는 팝콘과 콜라를 사게 됩니다. 이러한 현상은 심리학자이자 유능한 광고업자가 의도적으로 영화 상영 중 "팝콘을 먹어요.", "콜라를 마셔요."라는 메시지가 담긴 화면을 관객이 전혀 의식하지 못하는 짧은 3,000분의 1초 동안 은밀히 내보내는 실험을 했기 때문이라 합니다. 이를 통해 그런 메시지가 관객들의 잠재의식 속에 기억되었기 때문에 우리가 그런 행동을 한다는 것입니다.

  잠재의식의 효과란 인간이 의식할 수 없는 수준의 자극들이 감정이나 행동에 큰 영향을 미친다는 이론입니다. 커피와 토스트 일색이던 미국인들의 아침 식사가 모조리 베이컨과 달걀로 바뀐 것도 베이컨의 수요보다 공급이 많아 고전을 면치 못하던 한 베이컨 회사가 광고 전문가 에드워드 버네이스를 기용하면서 대중들에게 홍보한 결과로 바뀐 것이라고 합니다. 이처럼 광고는 우리의 잠재의식을 파고들어 뇌의 조종에 앞서 우리를 지배합니다.

  엘든 테일러 박사는 마음의 힘에 대해 연구한 전문가로 잠재 정보가 우리의 소비 습관이나 태도, 기분과 신념까지도 조종할 수 있음을 다양한 연구 결과로 설명합니다. 잠재 정보를 활용하여 대중의 마음을 조종하고 장악하려는 무수한 연구와 실험들이 있었다고 하는데, 박사는 그런 사례를 폭로합니다. 또한, 이에 대응하여 마음의 통제력을 찾아 내적 평안함을 되찾는 방법을 제시합니다. 1부에서는 마음의 작용, 잠재의식을 이용하여 자신의 목적을 달성하는 방식에 대해 이야기합니다. 또한 잠재 소통에 관한 정보와 긍정적인 면을 제안합니다. 책을 읽다 보면, 우리가 자유 의지로 사고하고 행동하는 것이 얼마나 된다는 것인지 회의가 일어나기도 합니다. 인간의 무의식과 대중 심리와 세뇌되는 심리적 특성들로 자신도 모르게 조종되는 행동들이 많기 때문입니다. 그러나 2부에서는 일상생활을 풍요롭고 행복하게 살기 위해 무의식적 조종과 광고의 저변에 깔린 의도에 맞서 진정한 자신을 찾아갈 수 있는 도구와 기법과 운동을 소개합니다.

인간이 합리적인 사고와 행동을 가능하게 해 주는 것은 '의식'이 아니라 통제 불가능하고 예측 불가능한 원초적인 충동과 소망들로 가득한 '무의식'의 지배를 받는 하인이라는 것이다.
_엘든 테일러, 『무엇이 우리의 생각을 지배하는가』, 알에이치코리아, 2012, p37

이 원리에 대해 저자는 일관성, 상호성, 사회적 증거, 연상, 조건화, 호감, 권위, 희귀성, 충동, 정당화, 자동 반응에 의한 것이라고 설명하며 이러한 원리에 주목하라고 합니다.

문득 TV 홈쇼핑에 대해 지인들과 이야기 나누던 것이 생각납니다. 너나 할 것 없이 "네, 수량이 정말 얼마 안 남았어요.", "아, 아쉽게도 완판이 되려 하네요." 등의 말을 들으면, 나만 안 사면 손해인 것 같은 생각이 들어 사게 된다는 이야기에 공감했습니다. 실험에서도 "하나밖에 안 남았어요.", "한정 수량입니다." 등의 희귀성을 내세울 때 그 희귀성은 가치로 다가오기 때문에 구입하게 된다고 합니다. 또 어떤 제품과 목표에 기분 좋은 감정을 연결하면 더 긍정적인 반응을 이끌어낸다고 합니다. 예를 들어 신용카드 로고가 보이는 방에 있을 때, 그렇지 않은 방에 있는 사람보다 우편 주문을 더 많이 했고 기부금을 더 많이 냈다는 결과가 있습니다. 저자는 이러한 잠재의식에 지배당하지 않기 위해 마음의 긍정적 작용과 실천적 행동을 할 것을 제시합니다.

저자는 "깨어 있는 삶을 위한 첫걸음으로 뇌의 우반구를 활용하라.", 즉 자기 성찰을 하라고 일깨웁니다. 그리고 가장 먼저 TV를 끄고 생각의 문을 열라고 합니다. 광고를 경계하거나 보지 말고 머릿속에 들어가는 내용을 감시하고 내적인 평화와 고요함을 위협하는 생각을 없애라고 충고합니다.

TV가 나쁜 영향을 끼친다는 것은 누구나 알고 있습니다. 그 이유에 대해 저자는 알파 의식 때문이라고 합니다. 최면할 때 기본적으로 이용되는 알파 의식 상태에서는 기술적으로 구사하는 암시를 받아들이기 쉽다고 합니다. TV를 시청하는 1분 안에 사람은 뇌가 알파파 상태로 들어가게 됩니다. 그래서 누군가가 몇 번을 부르거나 큰 소리로 불러야 알아듣게 된다고 합니다.

개구리 이야기를 아시나요? 날씨가 더운 날, 연못의 나뭇잎 위에 앉아 3마리의 개구리가 앉아 있었습니다. "아, 너무 더워, 뛰어내려야겠다."라고 물을 바라보며 말합니다. 몇 번이나 계속해서 말합니다. 몇 마리나 물에 뛰어들었을까요? 한 마리도 뛰어내리지 않았습니다. 이 이야기는 생각과 말은 행동과 다르다는 것을 말해줍니다. 결심을 행동에 옮기지 못하는 우리들을 꼬집는 이야기이기도 합니다. 그래서 생각이 바뀌도록 기다리지 말고 먼저 행동을 바꾸라는 것입니다.

행동을 바꾸면 생각이 바뀐다.
사실이 될 때까지 그런 척하라.
_엘든 테일러, 『무엇이 우리의 생각을 지배하는가』, 알에이치코리아, 2012, p221

'나는 할 수 있다.', '나는 멋진 사람이다.'라는 말을 자신에게 한다면, 얼마나 믿으시나요? 저자는 말합니다. "안 된다고 믿으면 안 되고, 된다고 믿으면 된다." 이 말은 또 얼마나 믿으시는지요? 저도 그렇게 믿습니다. 안 되는 이유는 안 된다고 믿기 때문입니다. '믿는 대로 되리라.', '믿음만큼 되리라.'라는 말이 무엇인지 저도 어렴풋이 깨쳐지는 것 같습니다.

생각하면 쓸모 있는 질문 한 스푼

- '생각을 지배하는 요소'는 무엇이라고 생각하나요? 책에서 언급된 다양한 요소(순종의 원리, 세뇌 등)를 고려하여 생각을 지배하는 주요 소가 무엇인지 이야기해 봅시다.
- 우리의 뇌가 조종당하지 않는 주체적인 행동을 하는 방법으로 저자는 행동을 바꾸고 사실이 될 때까지 '그런 척하라'라고 합니다. 나의 생활에서 아니지만 '그런 척'한 것이 있나요? 만약 '그런 척'하고 싶은 행동이 있다면 어떤 것인가요?
- 저자는 변화에 대한 열망은 타인의 조종에서 벗어나는 방법이라고 말하며 다음과 같은 질문을 생각해보라고 합니다.
'남은 날이 50일이라면 나는 무엇을 할 것인가?'

자장면에서 배우는 생활 속의 경제학

오형규, 『자장면 경제학』, 좋은책만들기, 2010.
우리의 일상생활에 숨어 있는 경제 원리에 대해 알려주는 경제 입문서입니다. 경제 전문가인 저자는 경제학이 속담이나 중국집 메뉴처럼 사람들에게 쉽게 이해되어야 한다는 논리로 다양한 예로 쉽게 경제 원리를 설명해 줍니다. 또한 경제 원리를 알고 나아가 효과적인 경제 계획을 세워보도록 안내합니다.

저는 아직도 자장과 짬뽕 사이에서 선택의 갈등을 가집니다. 누구나 중국음식점에 가면 이런 고민을 한다고 책에 쓰여 있는 것을 보면 보편적인 고민인 것 같아 마음이 편안해집니다. 두 음식에 대한 고민, 즉 딜레마를 해소하기 위해 짬짜면이 나왔다고 합니다. 이렇게 새로운 상품은 필요, 수요에 의해 공급이 생긴다고 합니다. 이런 방식으로 쉽게 예를 들어 경제 원리를 풀어낸 책이라 경제에 문외한인 저도 쉽게 손이 갑니다.

다른 사람과 나눠 먹기 어려운 음식에만 곱빼기가 있다.
_오형규,『자장면 경제학』, 좋은책만들기, 2010, p277

여럿이 있어야만 먹는 탕수육이나 깐풍기 등에 대한 편견을 깨고 요즘은 작은 사이즈로 저렴하게 내 놓아 1~2인도 부담 없이 주문하도록 유도하는 경제 원리도 알게 됩니다. 속담으로 경제 원리를 재미있게 이해할 수 있고,

싱글이나 듀엣 가수에 비해 8명, 12명의 그룹 가수는 수익의 분배로 얻는 것이 적을 텐데 왜 대그룹 가수들이 많은지, 지금은 좀 달라졌지만, 버스터미널의 식당은 왜 음식 맛이 없는 편인지, 회식할 때 왜 항상 음식이 남는지에 대해 경제적인 원리를 통해 말해줍니다. 저자는 노벨 경제학자 제임스 토빈의 말을 인용하여 경제학을 '인센티브'라고 표현합니다. 이 단어에는 경제학의 두 원리 '인간은 이기적이며 합리적으로 행동한다'가 반영되어 있다고 합니다.

저는 '확증 편향'에 대한 이야기가 인상 깊었습니다. 저자가 미국 연수를 간 기회에 헤밍웨이가 살았던 키웨스트에 갈까 말까 망설이면서 미국 여행을 다녀온 지인 2명에게 어떻게 하는 것이 좋을지 의견을 묻습니다. 키웨스트에 가면 가족과의 플로리다 일정을 포기해야 했기 때문에 둘 중 하나를 선택해야 했으니까요. 다녀온 A는 가기를 추천했고, 플로리다만 다녀온 지인 B는 특별히 기억에 남을 것이 없는 바다만 있을 뿐이라고 추천하지 않았습니다. 저자는 어떤 의견을 선택했을까요? 우리는 자신의 생각과 믿음과 유사한 정보를 더 빨리 받아들이는 경향이 있습니다. 정보를 다 보거나 듣지 않고 원하는 것만 보고, 듣고 싶은 것을 듣는 오류를 범하며 합리화하기도 합니다.

한편, 저는 백화점이나 마트에서 얼마 이상 구매하면 사은품을 준다는 광고에 잘 영향을 받지 않습니다. 1~2만 원, 몇천 원만 더 사면 상품권이나 사은품을 받을 수 있어서 안 사도 될 물건을 사게 되고, 그 사은품은 보통 필요성이 절박하지도 않고, 없어도 되는 상품인 경우가 많습니다. 상품권을 사용하기 위해 다시 와야 하고 별 이득이 없다는 생각으로 유혹되지 않습니다. 이런 저는 소비자를 유혹하려는 광고에 현혹되지 않은 현명한 소비자일까요? 어차피 사야 될 물건들이나 생필품의 사은품 등 경제적인 면을 외면하는 어리석은 소비자일까요?

생활의 사례와 함께 재미있게 풀어내는 경제 원리를 풀어 어느 페이지라도 가볍게 읽을 수 있습니다. 또한, 소비와 구매욕과 관련된 우리 안의 심리, 경제학의 원리를 알 수 있어 흥미롭습니다. 후반부에는 '마른 수건도 다시 짠다.', '말 타면 경마 잡히고 싶다.' 등 속담과 동화에도 경제학의 렌즈를 통해 경제 원리를 풀어 놓았습니다. 이 책을 읽으면, 일상의 구매와 소비에도 '멈춤' 경제 원리와 저의 구매의 필요성을 좀 더 생각하게 되지 않을까 싶습니다.

생각하면 쓸모 있는 질문 한 스푼

- 가장 재미있거나 경험하여 공감하는 경제 원리 이야기는 무엇인가요?
- 이 책에서 다루는 다양한 경제 원리 중 수긍하지 않는, 예외가 있다고 생각하는 원리가 있으면 사례와 함께 이야기해 봅시다.
- 다양한 경제 원리 중 내가 별로 영향을 받지 않고 그 원리대로 하지 않는 행동이 있다면 무엇인가요?
    * 예: 생활 속에서 쿠폰이나 포인트를 쌓아 혜택을 본 경험
- '확증 편향'은 자신의 신념과 일치하는 정보는 받아들이고 신념과 일치하지 않는 정보는 무시하는 경향을 말합니다. 내가 결정하거나 선택할 때, 이런 경험이 있으면 이야기해 봅시다.

'철학'이 우리에게 주는 것

에릭 와이너, 『소크라테스 익스프레스』, 어크로스, 2021.
이 책에서는 마르쿠스 아우렐리우스, 소크라테스 등 14명의 위대한 철학자들을 만날 수 있습니다. 저자는 철학자들이 살았던 지역을 실제로 탐방합니다. 그는 철학자들의 삶의 궤적을 따라 여행하며 철학이 삶에 어떻게 도움을 주는지 우리에게 함께 생각의 여행을 권합니다.

아주 오래전 학창 시절에 제가 진로에 대해 고민할 때, '먹고 사는 일에 신경 안 써도 된다면' 철학과에 가고 싶었습니다. 그 시절에도 철학을 전공하는 것은 사회적 환경상 취업하기엔 어렵다고 생각했던 시절이었습니다. 그래도 마음 한켠 철학 공부에 미련이 있어서 교육대학교에 가서도 윤리교육과를 부전공으로 선택했습니다. 교수님, 학우들과 함께 고대 윤리학, 철학자들 생각의 꼬리를 잡고 논하는 일이 정말 즐거웠습니다. 그로부터 30여 년이 지난 지금도 철학을 전공한다는 데 대해 사회적 분위기는 긍정적이지는 않은 것 같습니다. 철학은 그만큼 우리의 실생활과는 거리가 있는 것일까요?

'너 자신을 알라'라고 말하며, 자신의 무지를 깨우치고 끊임없이 의심하고 질문하라고 했던 소크라테스, 인간은 '던져진 존재'이고 이 세상은 부조리하다고 말한 쇼펜하우어나 사르트르의 사고관, 친절은 인(仁)의 실천이라는 공자의 철학을 이해하고 실천하는 것은 내가 살아가는 일과 어떤 상관이 있는 것일까요?

이 책의 표지에는 기차가 그려져 있습니다. 기차에는 각기 다른 이유를 가진 다양한 생각과 모습의 사람들이 타고 있습니다. 그러나 그들이 가는 궁극적인 목적지는 같습니다. 저자 에릭 와이너는 철학을 기차에 비유하여 칸칸이 탄 다양한 승객처럼 14명의 다양한 철학자들을 소개합니다. 철학자들이 살았던 지역을 기차를 타고 찾아가며 그들의 궤적을 좇아갑니다. 그가 소개하는 14명의 삶의 철학은 다르지만 궁극적으로는 같은 메세지를 줍니다.

저자는 이 책에 담은 철학자들에 대한 선정 기준은 '삶의 의미를 찾는' 사람들이 아니라 '의미 있는 삶을 산' 사람들이라고 말합니다. 치열하게 열정적으로 '삶을 살아가는' 자들, 지혜를 얼마나 사랑하는지, 그 사랑이 얼마나 전염성이 있는지 등을 기준으로 삼았다고 합니다. 아침에 일어나기 힘들어하고, 트레킹을 하고, 전쟁에서 싸우고, 사랑하고 헤어지며, 각자 결점이 있고, 때로는 엉뚱한 행동을 하는 지극히 '인간적'인 철학자들입니다. 그래서 가깝게 다가갈 수 있을 것 같습니다.

이 책은 우리의 인생을 하루에 비유하여 철학자들을 새벽, 정오, 황혼으로 분류하여 그 시기에 겪고 해결해야 하는 문제들과 관련하여 보여줍니다. 이를 통해 우리의 생활 속에 어떻게 철학적 사고와 삶이 관련 있는지 연결해 줍니다. 새벽의 이부자리를 박차고 일어나기 어려운 순간, 마루쿠스 아우렐리우스는 어떻게 일어났는지, 걷기와 생각이 어떻게 관련이 깊은

지에 대해 소개합니다. 또한 생각은 머리로 정신으로 하는 것이 아니라 육체적인 걷기와 깊은 관계가 있다며 루소의 걷는 법을 추천합니다.

내가 세상에서 나온 목적, 내가 태어난 이유를 실행하려는데 왜 불평을 해야 한단 말인가? 아니면 이게 내가 세상에 태어난 이유인가? 이불 안에서 따뜻하게 몸을 웅크리는 게?
_에릭 와이너, 『소크라테스 익스프레스』, 어크로스, 2021, p33

'좋은 기분'을 느끼려고 태어났는지, 여러 가지 일을 실행하고 경험하려고 태어났는지, 근본에 대해 생각을 이끌고 갑니다. 소로의 자연 속으로 들어가 새로운 눈으로 '보는' 법을, 쇼펜하우어처럼 '듣는' 법은 어떤 것인지 우리가 사용하는 무의식적인 감각기관과 사고를 돌아보게 합니다.

인생의 청년기, 중년기에 필요한 삶의 태도, 관점은 무엇일까요? 참삶을 즐기고 제대로 치열하게 싸우는 법, 주변에 관심을 가지고 베풀며 감사하는 법, 이런 삶에 대해 에피쿠로스와 시몬 베유, 간디, 공자와 세이 쇼나곤의 철학을 풀며 이야기합니다. 하루의 끝이 시작되는 즈음에 발을 내딛는 황혼의 나이에는 어떻게 살아야 할까요? 역경에 대처하고 후회하지 않는 법, 어떻게 늙어가야 하며 어떻게 죽을 것인가에 대해 니체와 보부아르, 몽테뉴 등의 철학자들의 삶의 흔적을 찾아가며 우리에게 들려줍니다.

세계는 내가 만들어낸 생각이다.
_에릭 와이너, 『소크라테스 익스프레스』, 어크로스, 2021, p153

소로는 내가 보는 것이 곧 나 자신이라고 말합니다. 내가 무엇을 볼 것인가는 우리 자신이 선택합니다. 저자는 기차에서 도착할 때까지 부딪히는 현실적인 문제의 해결에 끊임없이 철학자들을 불러옵니다. 삶은 살아가는 나의 사고와 태도에서 행복과 불행이 오는 것이라고 생각합니다. 14명의 철학자들 속에서 생각의 여행을 통해 다양한 관점으로 나를 이동시키다 보면, 출발할 때의 나와, 철학 여행을 끝내고 종점에 도착한 나는 많이 달라져 있을 것입니다. 저자도 여행의 시작을 앞두고 도착하자마자 스마트폰 액정이 깨지고 말았습니다. 하지만 이에 대한 문제 해결과 그 상황을 받아들이는 마음의 변화가 일어났고, 책이 그것을 가능케 했습니다. 철학은 우리의 생활 속에 늘 있습니다.

볼테르는 "우리는 반드시 자신만의 정원을 가꾸어야 한다."라고 말했습니다. 그리고 이 말을 인용한 저자는 정원이 관리가 필요하듯 우리의 생각도 절제와 헌신으로 관리가 필요하다고 동의합니다. 식물을 심고 가꾸고, 잡초를 뽑고 관리하지만 또 정원의 운명은 정원사에게 달린 것도 아닙니다. 14명의 철학자를 만나는 여행을 통해 여러분도 자신만의 정원을 가꾸는 데 도움이 되길 바랍니다.

생각하면 쓸모 있는 질문 한 스푼

- 이 책에는 철학자들이 '아침'을 맞는 다양한 방식에 대해 이야기합니다. (p25~31) 나를 머물고 싶은 편안하고 아늑한 침대에서 일어나게 하는 것은 무엇인가요?
- 이 책에서 다루는 다양한 철학자들 중 공감하고 좋아하는 사람은 누구인가요? 어떤 점에서 공감을 하고 좋아하나요?
- 보부아르가 말하는 잘 늙어갈 수 있는 10가지 방법(p460~475) 중 가장 공감하는 것, 가장 필요한 것은 무엇이라고 생각하나요?
(과거를 받아들일 것, 친구를 사귈 것, 타인의 생각을 신경 쓰지 말 것, 호기심을 잃지 말 것, 프로젝트를 구성할 것, 습관의 시인이 될 것, 아무것도 하지 말 것, 부조리를 받아들일 것, 건설적으로 물러날 것, 다음 세대에게 자리를 넘겨줄 것)
- 철학이 있는 삶이란 어떤 것을 말할까요?

생각에도 산소가 필요하다

정철, 『내 머리 사용법』, 리더스북, 2009.
짧은 글과 그림, 사진으로 구성하여 인생에 대해 새로운 시각을 전하는 지침서입니다. 카피라이터인 저자 정철은 오늘의 할 일을 내일로 미루라는 등 틀을 깨는 창의적 사고와 유쾌한 삶의 방식을 전해 줍니다. 일상생활에서 쉽게 접하는 101가지 단어를 저자의 방식으로 재해석한 '생각을 뒤집는 인생 사전 101'을 실어 반전의 생각을 전해 줍니다.

오늘과 내일 사이에는 무엇이 있을까요? 밤은 오늘의 것인가요? 내일의 것인가요?

오늘과 내일은 밤으로 이어져 있고, 또 그 밤으로 나뉘어 있습니다. 그것이 밤의 역할이기도 합니다. 그 밤에 우리가 해야 하는 것은 무엇일까요? 저자는 늘 맞이하는 우리들의 밤을 깨웁니다. 어제처럼 오늘을, 오늘처럼 내일도 같은 방식으로 살아가냐고 묻습니다.

연극의 1막과 2막 사이에 깜깜한 밤이 있는 이유는 옷을 갈아입으라는 뜻입니다. 1막의 의상을 2막에도 그대로 입고 나온다면 연극이 너무 지루할 테니까요.
_정철, 『내 머리 사용법』 리더스북, 2009, p25

요즘 바쁘십니까?
우리는 늘 바쁘고 바쁜 이유를 대며 늘상 같은 생각으로 새로 뜬 하루를 어제처럼 살고 있지는 않을까요? 잠시 바쁨을 접고, 휴식 같은 책을 함께 공유하고자 합니다. 저자에 의하면 '신나게 노는 책', 인생을 조금 다르게 만지고 뜯어보고, 가슴 깊이 가져왔다 멀리 던져보다가, 알고 있는 반듯한 생각들을 좀 뒤집고 비틀어보자고 제안하는 책입니다.

저자 소개 글부터 창의적이고 틀을 깹니다. 우리가 저자에 대해 알아야 할 정보는 없습니다. 사실 그가 어떤 일을 했고 어디서 근무하냐는 것은, 우리가 저자를 이해하는 데 큰 도움은 되지 않습니다. 하지만 그럼에도 우리는 그런 형식의 글에 익숙해져 있습니다.

옷장 속에 넥타이가 하나도 없는 사람, 그림이나 사진 대신 자기 글이 거실 벽에 붙어 있는 사람, 시험 보는 딸에게 만점은 출제자에 대한 예의가 아니라고 말하는 사람, 엄청난 열정으로 글 쓰는 사람 등 편 줄만 읽어도 우리는 저자가 어떤 사람인지 더 잘 알 수 있고 이해가 됩니다.

산이 아름다워 보이는 것은 멀리 떨어져 있기 때문입니다.
산에 올라 산을 다시 보면 아름답지 않은 많은 것들이 보입니다.
_정철, 『내 머리 사용법』 리더스북, 2009, p57

저는 함께 사는 가족의 보기 싫은 습관, 몰랐던 행동이 눈에 보이기 시작했을 때, '멀리서는 누구나 사랑할 수 있다'라는 것을 알게 되었습니다. 보지 못한 많은 허물을 서로가 보고도 사랑하는 것은 어려운 일입니다. 그렇기 때문에 그것까지 사랑의 마음으로 보듬는 것이 사랑임을 이 책을 읽으며 공감합니다.

직장의 한 동료가 늘 티와 편한 바지로 출근하더니 어느 날 양복을 입고 와 모든 직원들이 새로운 모습에 놀란 적이 있습니다. 그러나 늘 양복을 입고 오는 한 동료는 어떤 새로운 스타일의 양복을 입고 와도 우리는 감탄하지 않았습니다. 늘 같은 모습이라서 비슷한 변화는 알아보지 못하기 때문입니다.

"+" 이것은 무엇일까요? 이 부호에 대해 수학자는 덧셈, 목사는 십자가, 교통 경찰은 사거리, 김밥 아줌마는 나무젓가락, 농부는 허수아비 등으로 달리 봅니다. 이는 자기 세계에서 허용되는 사고 안에서, 그 범위 내에서 바라보기 때문입니다. 각자가 가진 직업과 환경에서 오는 편견을 벗어나지 못하기 때문입니다. 우리는 편견이 없을 수 없습니다. 편견을 가진 인간이라는 것을 아는 사실이 중요한 것 아닐까요?

책을 읽다가 잠시 읽기를 멈춰야 할 때, 어디까지 읽었는지 어떻게 표시하나요? 일반적으로 책갈피를 끼워 두거나 책장을 접어두거나 어떤 방법으로든 표시합니다. 그러나 저자는 가장 좋은 방법으로 아무런 표시도 하지 않고 그냥 책을 덮는 것이라고 합니다. 책을 끝까지 다 읽었을 때처럼 말입니다. 다시 같은 책을 꺼내 들고 읽을 때, 읽다가 그만둔 부분을 뒤적이다 새로운 글귀를 발견하게 되겠지요. 그 글귀 중 하나가 생활이나 삶에 큰 전환을 부르게 될 수도 있을 것입니다.

재미있는 책이지만 재미에 빠지지 말고 의미에 빠지기를 소망하는 책, 쉽게 쉽게 읽어지면서도 하루에 딱 10편씩만 읽기를 바라는 책, 재미와 의미와 감동의 3박자가 있는 하루의 시작 또는 끄트머리에서 창문을 열고 신선한 공기를 마시듯, 생각에 새로움을 주는 책으로 작은 행복 하나 가득 안으시길 소망합니다.

생각하면 쓸모 있는 질문 한 스푼

- 저자 소개를 읽고 나를 이와 같이 5가지 정도로 표현해 봅시다.
- 이 책에서 가장 공감하고 마음에 와 닿는 문장은 무엇인가요? 그 문장에 공감하게 된 이유가 있다면 무엇인가요?
- 뒤쪽에서부터 읽으면 '생각을 뒤집는 인생 사전 101'이 있습니다. 다음의 낱말 뜻처럼 나만의 해석을 만들어 봅시다.
    * 눈물: 마음 다이어트, 살을 빼면 몸이 가벼워지지만 눈물을 흘리고 나면 마음이 가벼워진다.
    * 단점: 장점의 동의어, 가볍다는 단점은 물에 뜰 수 있다는 장점을 동시에 갖고 있다. 무겁다는 단점은 쉽게 흔들리지 않는다는 장점을 동시에 갖고 있다.

지극히 개인적인 독서가 필요한 시대

문유석, 『쾌락독서』, 문학동네, 2018.
소문난 다독가, 글 쓰는 판사 저자 문유석의 독서 에세이입니다. 초등학생 시절부터 책 읽기에 빠져 신문 광고와 부고까지 읽어온 중독자, 재미 찾아 읽는 독서, 편식 독서 등 필독서를 꼭 읽어야 하는지, 편독이 나쁜지 우리의 독서 관념의 부담을 걷어주는 책 이야기입니다

　인터넷으로 혹은 서점에서 책을 고를 때, 최근 베스트셀러나 상을 받은 책들에 손이 가지는 않는지요? 그것이 나쁘다는 것이 아니라 우리는 약간의 필수 의무 같은 마음으로 꼭 읽어야 할 것처럼 사서 읽기도 합니다. 하지만 읽어보면 딱히 상 받은 가치가 느껴지지 않는 것도 간혹 있을 것입니다. 객관적인 심사를 거쳤다고 해도 말입니다. 저자는 굳이 그런 책을 찾을 필요도 없고 재미로 책을 읽어도 된다며, 내 취향의 독서 노하우가 필요하다고 이야기합니다.

　각 사람들에게 '좋아하는 노래 10곡'을 적어 보라고 한 다음, 노래 목록을 보면 취향이나 성격을 조금은 알 수 있습니다. 한 사람의 책장을 보면 또 그 사람의 관심사나 독서 취향을 가늠해 볼 수 있다고 하는데 여러분의 취향은 어떤지요?

저는 담임으로 아이들에게 독서 지도를 하거나, 지금 화상으로 독서 토론 논술 수업을 할 때, 만화도 좋은데 고학년이 되면 많은 글을 읽어야 해서 글 밥이 많은 책으로 옮겨가야 한다고 가끔 이야기합니다. 사실 그림, 이미지로 기분과 마음을 표현하는 것도 강력하고 좋은 표현이며 읽을 수 있지만, 그 표정 하나에 5줄 이상의 어휘와 문장이 숨어버리니 글로 표현하는 역량에서 문제가 되기도 합니다.

예로 화살을 맞는 장면 하나에도 "~씽, 윽!" 하는 말과 한 페이지의 그림으로 끝나니, 이미지만 보게 됨으로써 글의 표현이 어려워집니다. 그렇다 하더라도 저자는 '원하면' 웹툰을 보고 즐거움을 느끼는 것이 더 중요하다고 할 것 같습니다. 우리나라 독서 교육을 보면 저자의 생각이 맞을수도 있습니다. 나아가 우리나라의 독서 교육도 바뀌어야 할 부분이 많다는 생각도 듭니다.

이 책의 저자는 물론, 교사와 부모들은 아이들이 책에 관심과 흥미를 느껴볼 기회도 없이 어릴 때부터 필독 도서와 권장 도서들을 펼쳐 보인다고 합니다. 또 어른들은 베스트셀러 목록에 관심을 두는 사람이 많습니다. 마치 건강하기 위해 좋은 영양소를 먹어야 하는 것처럼 우리 자신도 모르게 필독 도서에 집착하게 됩니다. 이런 시점에 『쾌락독서』는 통쾌하게 '내 맘대로 독서'를 권합니다. 작가의 취향은 어깨에 힘 빼고 느긋하게, 애쓰지 않았어도 잘 쓴 글들에 관심을 가집니다. 특히 하루키를 소개합니다. 저는 어떤 취향인지 한 번 제 책장을 살펴봅니다. 소설과 다양한 영역들의 책이 있지만 철학 서적, 심리와 설득과 소통에 관한 책도 많았습니다. 그러면서 제가 관심 있는 영역과 해결해야 할 문제가 무엇인지 생각하게 됩니다. 여러분의 책장은 어떤가요?

　아이의 독립적이고 개인적인 독서를 존중하기 위해서 이제는 부모님들이 책을 골라주기만 해서는 안 됩니다. 때로 몇몇 부모들은 자기들이 생각한 목적에 맞는 책을 골랐을 때만 아이에게 독서를 허락해주는데, 그것을 두고 '자녀를 위해서'라는 명분을 대기도 합니다. 하지만 그런 이기적 독서도 이제 시키지 말아야 합니다.

　책을 읽으면서 간혹 주제나 제가 생각한 것들에 대해 다른 사람들은 어떻게 느꼈는지 궁금해서 검색합니다. 보편적으로 생각이 비슷하다고 느낄 때도 있습니다. 때로는 대중적이고 보편적인 감상과 제 생각이 다를 때, 제 생각이 흔들릴 때도 있습니다. 이럴 때 저자의 거침없이 자신만의 독서 취향을 가지라는 말과 모든 것들에서 벗어나 자유로운 생각과 선택을 가지라는 말은 큰 위안과 힘이 됩니다.

　저자는 카프카가 '책은 도끼다.'라고 표현한 것을 예로 드는데, 카프카는 우리의 잠과 의식을 깨우지 못하면 책이 아니거나 책을 잘못 읽었다고 합니다. 하지만 저자는 그 논리에 반기를 듭니다. 이럴 때 '카프카는 카프카이고, 문유석은 문유석' 아닐까요? 책의 용도가 다르고 굳이 어떤 책으로 누가 교훈을 얻었다고 해서 다른 사람도 그런 교훈을 얻어야 하는 것은 아니니까요. 그럼에도 불구하고 우리는 입시와 교과서의 정답을 위한 독서교육으로 책을 읽고 같은 생각을 갖기를 강요받기도 합니다.

　TV와 인터넷에 밀려난 듯 보이는 독서. 그러나 책은 영원히 존재할 수밖에 없는 이유들에 대해 작가는 말합니다. 스스로 읽거나 멈춤의 속도를 조절할 수 있는 책 읽기, 음미하고 싶은 구절에 줄을 긋거나 옮겨 적고, 책을 덮고 생각에 잠기는 독서의 즐거움에 대해 '내밀하고 주체적인 심리 작용, 아무도 침범할 수 없는 나만의 사유를 만드는 화학 작용'이라고 말합니다.

저자에게 있어 책이란, 현실을 잊고 상상의 세계로 떠나는 타임머신이 되기도 하고 억지로 머리에 집어넣어야 하는 지식 덩이가 될 수도 있다고 하며 책의 용도와 다양성을 이야기합니다. 언제나 언제까지나 함께 할 친구라고 말합니다.

책을 읽는 일에 대해 저자는 커피 두 잔의 값으로 타인의 삶 중 가장 빛나는 조각들을 엿보는 일이라고 표현합니다. 두 잔 정도의 찻값 혹은 한 끼의 식삿값으로 재미와 감동 때로는 삶의 작은 변화를 가져올 수도 있는 책을 사고 읽는 것은 참으로 비싼 것을 저렴하게 사는 경제적인 일입니다.

생각하면 쓸모 있는 질문 한 스푼

- 저자는 낄낄대며 쉽게 읽어 내려가는 재미있는 책을 좋아한다고 합니다. 나의 독서 성향은 어떤가요?
- 꼭 읽어야 하는 필독서, 한 장르나 한두 영역만 주로 읽는 독서 편식에 대한 나의 생각은 어떤가요?
- 나에게 책을 읽는 행위는 어떤 의미가 있나요?
  (스트레스 해소, 재미, 자기 계발, 동기 부여, 즐거움, 깨달음, 성장, 정보 습득 등)

5장
가르친다는 것에 대하여

'가르친다'라는 것은 '배우다'의 반대의 뜻이 아닙니다.
가르치는 일이 배우는 일보다 우위에 있는 것도 아닙니다.
가르치는 일은 배우는 일입니다.
잘 배우기 위해 가르치기도 하며,
때로는 누군가를 가르치는 행위에서 또다시 배움을 얻기도 합니다.
'배운다는 것은 꿈을 꾸는 것,
가르친다는 것은 희망을 노래하는 것'이라는 노랫말이 있습니다.
누군가에게 희망을 심어주는 가르침을 위해
지금까지 우리가 아는 '가르치는 자'에 대한 편견을 내려놓고
책을 펴 보는 것은 어떨까요?

1	내 아이의 성장을 예측하는 지표, 마음을 나누는 기술	존 가트맨·최성애·조벽, 『내 아이를 위한 감정 코칭』, 한국경제신문, 2011.
2	"어른들도 함께 있니?"	윌리엄 골딩, 『파리대왕』, 민음사, 2000.
3	낭독의 힘	정여울, 『소리 내어 읽는 즐거움』, 홍익출판사, 2016.
4	이미 실천하고 있는 호모 리더스 독서법	권영식, 『다산의 독서전략』, 글라이더, 2016.
5	세상을 살아가는 처세술	N.마키아벨리, 『군주론』, 홍신문화사, 2007.
6	교사와 학생 사이	하임 G. 기너트, 『교사와 학생 사이』, 양철북, 2003.
7	계획대로 일이 되지 않을 때	스티브 도나휴, 『사막을 건너는 여섯 가지 방법』, 김영사, 2011.
8	지금은 건강한 비교가 필요한 때	리처드 니스벳, 『생각의 지도』, 김영사, 2004.
9	시대를 이기는 장사의 기술	박찬일, 『노포(老鋪)의 장사법』, 인플루엔셜, 2018.
10	'같기'를 기다리는 교육 말고	조던 스콧·시드니 스미스, 『나는 강물처럼 말해요』, 책읽는곰, 2021.

내 아이의 성장을 예측하는 지표, 마음을 나누는 기술

존 가트맨·최성애·조벽, 『내 아이를 위한 감정 코칭』, 한국경제신문, 2011.
자녀 교육 베스트셀러로 불리며 교육과 관련된 부모, 교사들에게 많은 사랑을 받았던 저자 최성애와 존 가트맨 박사가 공동 집필한 책입니다. 감정 코칭 이론을 반영하여 자녀 교육에서 부모들이 꼭 알아야 할 코칭의 노하우를 제시하고 있습니다.

딸아이가 초등학교 저학년이었을 때, 어떤 잘못을 해서 야단쳤습니다. 그런데 너무나 억울한 듯이 울어서 저는 그렇게나 억울하냐고 물었습니다. 그러자 딸아이는 서럽게 울면서

"그게 아니라 엄마가 고함을 치니까…. 너무 놀라서…. 엉엉."

하는 것이었습니다. 그 말에 벼락을 맞은 것 같았습니다. 제가 맡은 반 아이들에게 큰소리로 야단을 친 모습이 떠오르면서 많은 생각을 하게 되었습니다. 꾸중을 듣거나 혼날 때 아이들은 속상하거나 억울해서 운다고 생각했습니다. 그것이 '어른' 관점에서의 착각 아닐까요? 깜짝 놀라거나, 무섭거나 겁이 나서 우는 것이라고는 왜 생각하지 못했을까요?

그 일 이후로 저는 큰소리를 내지 않고 말하려고 애썼습니다. 그리고 아이들이 무언가 뜻대로 되지 않는다고 해서 부모나 교사가 화를 낼 이유는 없는데 화를 내고 있다는 사실을 깨닫게 되었습니다. 저자는 우리가 아이들에게 사랑으로 최선을 다하면서도 중요한 것을 놓치고 있다고 경고합니다.

그것은 아이가 왜 저런 행동을 할까 하는 궁금함을 가지기 전에 먼저 아이의 감정을 받아주고 그대로 인정해 주었는지 스스로 반문해보는 것이라고 합니다. 그러면 아이가 한 행동과 말, 감정의 원인에 대한 답을 찾을 수 있다는 것입니다.

아이들은 이제 배우기 시작하는 것이고, 몇 번 말해도 잘 모르는 것이 당연하고, 아이들이 성장하는 속도에 따라 이해하는 정도도 차이가 있는 것이 당연합니다. 가르쳐 주어도 잘 모른다면 그 아이에 맞는 수준과 방법에 맞게 새로운 전략이 필요한데 왜 답답해했는지 저 자신에게 어이가 없었습니다. '모르면 다시 가르쳐주고 함께 해보면 될 것을 왜 화를 내지?' 하는 생각이 들었습니다. 화를 내는 저 자신을 돌아보았어야 했습니다.

우는 아이를 보면 대체로 안쓰럽거나, 안타깝거나 측은한 마음이 듭니다. 그런데 간혹, 우는 아이를 보면 화가 나거나 짜증이 난다는 사람이 있습니다. 그 사람은 우는 아이에 대한 그만의 특별한 경험이 있어 연결되어 그런 감정을 가지게 된다고 합니다. 그래서 아이 혹은 상대에게 어떤 감정이 들었을 때 먼저 그 감정을 느끼는 자기 자신을 잘 들여다보아야 합니다. 초감정을 인정하고 '나 전달법'으로 자신의 마음을 표현하고 기대하는 행동을 말하는 것이 감정 코칭입니다.

아이가 부모와 대화하다가 "아~ 싫어요!" 혹은 "내가 안 그랬다니까요!"라고 큰 소리로 말하거나 짜증 나는 목소리로 말하는 것에 대해 "어디서 큰 소리로 대드느냐!"라고 호통치는 경우는 없나요? 그 이전에 우리는 아이의 태도에 왜 자신이 화가 나는지 초감정을 먼저 인식하는 것이 중요합니다.

그러고는 다음의 단계에 맞게 이야기하는 습관을 가지면 자녀와의 소통과 관계에 변화가 있을 것이라고 저자는 감정 코칭의 대화법을 안내합니다.

아빠는 어릴 때 할아버지가 큰소리로 화내실 때(상황) 참 무섭고 싫었거든(감정). 그래서 네가 큰소리로 대들면 나도 모르게 화가 나고 감정이 격해진단다(감정). 그러니 아빠한테 말할 때 부드럽고 조용하게 말해주면 좋겠다(요청).
_존 가트맨·최성애·조벽, 『내 아이를 위한 감정 코칭』, 한국경제신문, 2011, p84

존 가트맨은 아이가 다른 친구들과 어울리는 방식이 그 아이의 성장을 예측할 수 있는 지표가 된다고 합니다. 아이가 다른 친구들과의 원만한 소통과 관계를 맺을 수 있도록 하려면 부모가 자녀를 독립적인 '개인'으로 인정하고 존중해 주어야 합니다. 저자는 머리말에서 아이들과의 갈등과 문제 해결에서 감정 코칭을 잘하려면 다음과 같은 내용을 잘 실천해야 한다고 안내합니다.

먼저, 아이의 소소한 감정을 인식하고 읽어주고 인정해 주는 것입니다. 그리고 아이의 감정 표현을 서로 소통하고 친밀해지는 감정 코칭의 기회로 보고 대화를 하는 것입니다. 세 번째, 아이의 감정을 부모가 이해하고 있다는 것을 잘 전달하고, 아이가 감정을 자신의 말로 표현하도록 도와주는 것입니다. 그 감정이 속상함인지, 슬픔인지 감정에 이름을 붙여 자신의 감정 상태를 이해할 수 있도록 도와주는 일도 필요하겠지요. 마지막으로 속상하거나 화가 나는 상황에서 아이 스스로 그 문제를 해결하는 방법을 찾아가도록 도와주는 것이 부모의 역할이라고 말합니다.

감정 코칭의 첫걸음은 '인정', '수용', '존중'입니다. 저학년 아이들은 하루에도 한 아이가 수십 번씩 친구의 부당함, 자신의 억울함을 선생님에게 호소합니다. 저도 교육 경력이 얼마 되지 않았을 때는 일일이 해결해 주려고 애를 썼습니다. 그러나 아이의 호소가 자신의 상황을 알아달라는 메시지였다는 것을 알고 나서는 아이의 상황에 대해 이해하고 인정하고 수용하며 해결법을 스스로 찾을 수 있도록 대화를 풀어갔습니다. 아이는 "속상했겠네."라는 말만 들어도 위로가 됩니다. 그러면 마음을 툴툴 털고 다시 놀러 가고 스스로 찾은 해결법으로 금세 그 아이와 잘 놀고 있는 것을 보게 됩니다.

감정 코칭은 목소리 톤을 낮추고 방어에 급급해하지 말고 인정하기, 호감과 존중을 표현하기 등 정말 인간을 인간으로 대등하게 대우하는 기본의 원칙에 대한 이야기입니다. 아이도 어른과 같은 '인격체'라는 것만 잊지 않는다면, 아이들이 친구와 선생님과 부모와 서로 마음을 나누는 기술을 배울 수 있게 될 것입니다. 나아가 자신을 대하는 어른들이 보여주는 기술을 따라 배우고, 어른이 자신을 공감해 주는 그만큼, 아이들은 친구에게도, 부모에게도 그렇게 공감하고 대할 것입니다.

생각하면 쓸모 있는 질문 한 스푼

- 참을 수 없을 만큼 화가 나면 어떻게 하나요? 그 화를 해결하는 나만의 방법은 무엇인가요?
- 자녀나 혹은 주변의 아이가 학원이나 학교를 "가기 싫어."라고 말하면 어떤 이야기를 나누며 함께 해결하나요?
- 저자는 청소년기의 감정은 기복이 아주 심하지만, 그 시기엔 어떤 감정이든 다 받아주어야 한다고 말합니다. '변덕이 죽 끓듯 해도 다 받아줘야 한다.'라고 말합니다. 청소년기의 변덕스러운 감정을 다 잘 받아주는 것은 어떻게 한다는 것일까요?

"어른들도 함께 있니?"

윌리엄 골딩,『파리대왕』, 민음사, 2000.
어른이 있는 곳과 없는 곳은 무엇이 다를까요? 어른의 역할은 무엇일까요? 이 책은 핵전쟁이 벌어진 상황 속에서 영국 소년들이 후송되다가 무인도에 불시착하게 되는 모험담을 그린 책입니다. 그러나 모험과 무용담이기보다는 무인도에서 일어나는 소년들의 삶과 죽음, 선과 악, 투쟁을 그린 이야기입니다. 인간은 선한가? 악한가? 인간과 사회가 가진 결함은 무엇인가에 대해 우리에게 질문을 던집니다.

이 책의 내용은 비행기를 타고 가다 대여섯 살부터 열두 살까지 여러 명의 아이가 무인도에 불시착해 살아가는 이야기입니다. 그들이 구조될 때 구출하러 온 장교가 그중 한 아이 랠프에게 첫마디에 어른과 함께 있느냐고 묻습니다. 어른들이 있는 사회는 어떤 곳일까요? 어른의 위치, 어른의 역할, 그것은 야만성을 이기고 이성적인 판단하에 행동할 것이라는 기대일 것입니다.

이와 비슷한 내용이 박완서 작가의 『자전거 도둑』에 나옵니다. 수남이가 자전거를 훔친 행동에 대해 영감은 야단치기보다는 잘했다고 칭찬합니다. 수남은 그 말에 오히려 배신감을 느끼고 자신을 지켜줄 어른이 필요하다고 생각하며 그 가게를 떠납니다. 무인도에서 장교가 묻는 말도 어른의 역할에 대한 메시지 아닐까요? 소년 피기도 힘든 상황이 오면 몇 번이나 "어른들이 있으면 이렇지 않을 거야.", "어른들이 있으면 어떻게 했을까?"라는 말을 합니다.

『파리대왕』에서 잭은 언제 섬에서 구출될지도 모르는 상황에서 하루하루 먹거리를 위해 사냥을 하는 것이 중요하다며 친구들을 설득하여 얼굴에 오랑캐처럼 칠하고 뛰어다닙니다. 랠프는 구조를 위해 봉화 올리기에 시간을 보내야 한다고 주장을 하지만 따르는 친구가 없습니다. 미래에 대한 준비로 구조를 위해 봉화 올리기를 계속해야 하는가, 아니면 당장 생존을 위해 사냥에 집중하며 현실에 안주해야 할 것인가! 어떤 것이 중요하며, 어떻게 해야 하는가에 고민하게 합니다.

불이 제일 중요해, 봉화를 올리지 않으면, 우린 구조 받을 수가 없어. 나도 오랑캐들이 싸움할 때 칠하는 색칠을 하고 오랑캐 행세를 하고 싶어. 그러나 우린 불을 계속 피워야 해, 불은 이 섬에서 가장 중요한 것이야.
_윌리엄 골딩, 『파리대왕』, 민음사, 2000 p212

  이런 상황에서 사냥과 봉화 올리기를 두고 서로 갈등을 겪고 다투면서 잭의 부류 소년들은 야만적으로 변해가고 결정적으로 사이몬이라는 소년을 짐승으로 착각하여 죽이게 되며 야만성은 극으로 치닫습니다. 랠프의 봉화 올리기와 잭의 생존 사냥으로 대립하는 구도는 우리에게 이상과 현실 사이에서 고민하는 모습을 보여줍니다.
  랠프는 자신도 사냥꾼 놀이와 오랑캐처럼 얼굴에 칠을 하고 함성을 지르며 돌아다니고 싶지만, 참고 불을 지피는 것이 더 중요하다고 말합니다. 여기서 랠프가 갈등하면서도 자신의 야성을 누르고 이성적으로 판단하며 목표지향적으로 행동하려는 모습을 볼 수 있습니다. 잭은 이미 구조는 포기했고, 그보다 자신이 또 다른 집단을 구성하여 리더로서 군림하고 싶어 합니다. 지금 필요한 것은 식량이라는 것을 강조하며 사냥하고 얼굴과 온몸에 야만인처럼 색칠하는 것에서 인간이 가진 야만성이 나타나고, 야만성은 사회 규범이 제어하지 못하는 한계를 오히려 추구하며 나아갑니다. 삶의 방식에서 랠프와 잭의 간극은 갈수록 벌어집니다.

극한 상황에서 인간의 이성이 얼마나 유지될 수 있을까요? 이 책은 인간의 이성과 그 이성을 길러준 사회 체제라는 것이 얼마나 허약하게 파괴되고 야성에 의해 지배되는가를 적나라하게 알려 줍니다. 그리고 어른의 역할에 대한 책무성을 묻습니다.

윌리엄 골딩은 2차 세계대전 이후 이 책을 썼습니다. 전쟁을 통해 인간이 얼마나 잔혹해질 수 있는지, 전쟁으로 모든 것이 파괴된 상황에서, 타인에 대한 생명 존중의 이념조차 자신의 생명을 지키기 위해서는 무시해도 된다는 회의적인 사고에서 이야기가 전개된 것이라 추측할 수 있습니다. 우리가 지켜온 사회 질서와 체제가 그렇게 오래 유지되었어도 한 순간 허망하게 무너진다는 것을 고립된 섬에 있는 아이들의 모습을 통해 보여줍니다.

어릴 때 집에서 전화를 받으면 상대 쪽에서 "집에 어른 있니?"라고 묻곤 하던 생각이 납니다. 대화가 통하는 어른이 있는 사회, 이성적인 사회, 지금 우리는 그 '어른'이 있는 사회인지 반문해 봅니다. 그 어른은 사회적 체제에서 만들어진 것 아닐까요? 작가는 이야기를 통해 외적 한계 상황에서 우리가 굳건하게 믿는 인간의 이성과 사회적 체제가 쉽고 나약하게 무너질 수 있다는 것을 경고합니다.

생각하면 쓸모 있는 질문 한 스푼

- 책 속의 인물들처럼 원치 않는 환경에 처하여 원래의 자신과 다른 행동이나 성격을 보인 경험에 대하여 이야기해 봅시다.
- 잭과 랠프는 현재와 미래의 준비 사이에서 대립하여 갈등합니다. 잭은 섬에서 언제 구출될지도 모르니 먹이를 사냥하고 하루하루에 충실해야 한다고 주장합니다. 랠프는 언제 배나 비행기가 지나갈지 모르니 봉화를 피우고 지키는 일에 집중하며 미래를 대비하자고 주장합니다. 누구의 입장을 지지하나요? 이유가 무엇인가요?
- 랠프와 잭의 리더십에 대하여 토의해 봅시다.
- '파리대왕'이 의미하는 것은 무엇인가요?
- 자신 내부에서 인간의 악성을 제재하기 위해 실천하고 있는 것이 있다면 어떤 노력인지 말해봅시다.

낭독의 힘

정여울, 『소리내어 읽는 즐거움』, 홍익출판사, 2016.

이 책은 '소리 내어 읽는' 즐거움과 유익함, 치유에 대해 체험하게 해 줍니다. 저자는 좋은 작품을 소리 내어 읽는 것은 자기 자신을 위한 친절이라고 말합니다. 감동을 주는 문장을 소리 내어 읽으면 편안해지고, 낭독으로 인해 얻게 되는 감성의 일깨움이 있다고 합니다. 이를 통해 저자는 '내 안의 나'를 만나게 하는 멋진 기회를 찾도록 안내합니다.

소리 내어 책을 읽어본 적이 언제인가요? 오래전 독서 세미나에 참여하여 토론 과정 중의 하나인 '돌아가며 소리 내어 읽기'를 한 적이 있습니다. 소리 내어 읽는 활동을 하기 전에는 '꼭 이런 활동이 필요하나?' 하며 쑥스럽고 어색해하였습니다. 막상 해 보니 성인들이었는데도 더듬거리며 읽기가 일쑤였습니다. 자신 없는 목소리로 읽으며 다들 그러한 자신들의 모습에 놀랐습니다. 활동 후, 한 분은 "눈으로 읽을 때와는 전혀 달라. 소리 내어 읽으니 내가 그 인물인 것 같고, 정말로 이 부분에 화가 나네." 하시며 몰입된 느낌을 표현해 주셨습니다. 다들 읽은 후에는 이구동성으로 책 속 인물의 감정을 오롯이 느끼게 되는 경험들에 대해 만족해했고, 낭독의 필요성도 느꼈습니다.

학생이나 교사, 학부모 대상으로 연수를 통해 이 과정을 경험하게 했을 때도 참여자 모두가 소리 내어 읽는 색다른 경험과 효과에 대해 놀라워했습니다. 멤 폭스도 『아이랑 소리 내어 책 읽는 15분의 기적』에서 소리 내어 읽는 동안 향상되는 집중력과 자신감의 효과에 대해 말했습니다.

저자는 좋은 작품을 소리 내어 낭독할 때마다 누구보다도 우선 자기 자신에게 친절하게 그 작품을 읽어주고 있는 것이라고 하며, 이는 자기 마음의 잠을 깨우는 작업이라고 말합니다. 좋은 문장을 소리 내어 읽으면 '귀 기울이는 자아'가 탄생하여 '소리 내어 읽는 자아'와 대화를 나누고 낭독을 통해 혼자 힘으로도 자신을 다독이며 아픔을 치유할 수 있는 심리 테라피 방법이 되기도 한다고 말합니다.

책을 읽어도 처음 읽을 때와 서너 번째 읽을 때가 다릅니다. 반복해서 읽었는데 낯선 내용, 새로운 문장이 눈에 들어옵니다. 이해하지 못한 내용들이 그제야 들어온 것이라고 생각합니다. 그것처럼 소리 내어 읽는 일도 처음과 세 번째가 그 느낌이 다르다는 것을 느껴보기를 소망합니다.

식사 시간이 매일 정해져 있듯 매일 시 한 편, 한 줄의 글 소리 내어 나에게 혹은 가족들에게 읽어주는 것도 함께 행복을 나누는 작지만 위대한 아름다운 모습일 것 같습니다.

생각하면 쓸모 있는 질문 한 스푼

- 책에서 공감하거나 좋아하는 시가 있었다면, 어떤 것인가요? 공감의 이유는 무엇인지 이야기해 봅시다.
- 눈으로 읽고 소리 내어 읽고 그 차이를 느껴봅시다.
- 시를 한 편 골라서 친구나 가족에게 소리 내어 읽어주는 시간을 가져 봅시다.
- '나'에게 친절하게 대하는 일은 무엇이 있나요?

이미 실천하고 있는 호모 리더스 독서법

권영식, 『다산의 독서전략』, 글라이더, 2016.
평소에 독서법에 관심이 많았던 저자가 다산 정약용의 독서법을 주목하여 우리에게 다산의 독서 전략을 소개합니다. 평생 500권이 넘는 저작을 남긴 다산 정약용의 학문적 저력은 독서 능력에서 뒷받침되었다고 저자는 확신합니다. 또 그 독서법에 대해 독자들에게 세세하게 안내합니다

저의 집 화장실 문 앞에는 '비관적이기만 했던 것을 긍정적인 것으로 바꾸는 것, 그 사이에 바로 끈기가 있단다.'라는 글이 붙어 있습니다. 『핑』이라는 책을 읽고 와 닿은 글귀를 붙여놓은 것입니다. 이것을 수시로 봅니다. 아무 생각 없다가도 나오면서 그 글귀를 보면 생각이 잠시 머물며 마음이 달라집니다.

많은 사람들이 한 번쯤은 책상 앞에, 휴대폰 바탕화면이나 자기가 사용하는 사물과 장소에 좋은 글귀들을 써 놓았을 것입니다. 자신도 모르게 하는 이 베껴쓰기는 역사 속의 위인들이 활용한 독서법입니다. 다산 정약용은 평생 책을 읽고 썼으며 그 방법들은 오늘날 우리에게 시사하는 바가 큽니다. 다산의 삼박자 독서법은 정독(精讀, 꼼꼼하게 읽기), 질서(疾書, 읽으면서 메모하기), 초서(鈔書, 중요한 구절을 베껴쓰기)입니다.

미래 사회에서 독서는 지식의 축적이 아니라 지식과 자기 경험을 연결하여 새로운 창작을 하는 바탕이 되어야 합니다. 그러려면, 수동적인 읽기가 아니라 주도적인 독서 활동을 해야 자신의 것이 됩니다. 21세기를 살아가는 데 필요한 정보와 지식 습득을 위한 독서법은 놀랍게도 이미 다산이 실천하고 있었습니다. 그 사실에 자부심이 느껴지기도 합니다. 그러나 이런 방법은 이미 알고 있기도 하고 특별한 비법이 아니라고 생각하기 쉽습니다. 독서법에 대해서 때로 우리는 바른길보다는 지름길에 관해 관심을 가지기도 합니다. 어떻게 하면 잘 기억할까? 방법과 요령을 찾기도 합니다.

이에 대해 다산은 독서를, 자신을 지키고 간직하는 일이라고 말합니다. 과거 합격의 명예를 목표로 달려왔던 자신에 대해 후회합니다. 가족 친척들의 유배, 자식들의 앞길까지 막은 자신을 한탄하며 독서만이 자신을 지키는 유일한 길이라고 깨닫게 됩니다. 습관이나 대인관계 또는 자신의 계발을 위해 책을 읽고 습관을 고친 적이 있나요? 그렇다면 우리는 자신을 지키려고 노력하고 있는 것이라고 보아도 좋습니다. 다산은 아들이 양계한다고 하자, 닭을 키우는 데도 독서가 필요하다고 강조합니다. 좋은 닭과 알을 키우기 위해서 그들의 생태를 알아야 하고, 다양한 방법을 시도해야 하므로 실용적으로도 책을 읽어야 한다고 강조하는 데 아들도 아무 할 말이 없을 것 같습니다. 또한 다산은 백성의 어려움과 문제를 해결하지 못하면 진정한 독서가 아니라고 할 만큼 독서의 실천성을 강조합니다.

저자는 다산의 3박자 독서법에 대해 상세하게 안내합니다. 다산은 책 읽는 소리를 예찬하는 시를 짓기도 할 만큼 낭독도 중요하게 생각하였습니다. 로마에서는 낭독을 운동의 하나로 보기도 했다고 합니다. 그 외도 우리가 이미 활용하고 있는 다양한 독서 전략들이 설명되어 있습니다. 책에 메모를 하고, 중요한 글을 베껴쓰기 하다 보면 자신이 중요하게 생각하는 것이 무엇인지 알게 되고, 독서의 목적과 방향도 알게 됩니다. 독서의 본질을 안내하는 독서법, '읽기'가 곧 '삶'인 호모 리더스, 우리가 이미 하는 다산의 삼박자 독서법을 실천하면 한 권의 책이라도 이해가 깊어집니다.

생각하면 쓸모 있는 질문 한 스푼

- 책에서 소개되는 다양한 독서 전략들 중 어떤 것을 활용하고 있나요?
- 책을 읽을 때 한 권을 정독하고 다른 책을 읽는 편인가요? 여러 권의 책을 때와 장소마다 두어 동시에 읽는 편인가요? 그 방법이 좋은 점에 대해 이야기해 봅시다.
- 다산은 온몸으로 읽는 낭독을 강조하였습니다. 로마 시대에는 낭독을 건강에 도움이 되는 운동의 하나로 보기도 했다고 합니다. 책의 2~3페이지를 정하여 눈으로 읽어보고, 큰소리로 낭독해 봅시다.
  소리 내어 읽은 느낌과 알게 된 것에 대해 이야기해 봅시다.
- 책 속의 좋은 문장, 한 문단을 베껴쓰기 해 봅시다.(p190 참고)
- 독서의 끝은 책쓰기라고 말하기도 합니다. 내가 가진 전문성으로 나만의 책을 쓴다면 어떤 내용의 책을 쓰고 싶나요?

세상을 살아가는 처세술

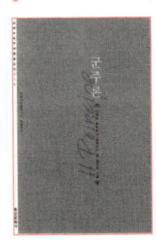

N.마키아벨리, 『군주론』, 홍신문화사, 2007.
이 책은 마키아벨리가 군주로서 권력을 얻고 유지하는 방법에 대해 집필한 책입니다. 책을 통해 마키아벨리는 말하길, 군주는 권력을 위해 권모술수도 필요하다고 주장하여 종교와 윤리를 중시하던 유럽 사회에 큰 충격과 논란을 주기도 했습니다. 하지만 그는 이탈리아를 외세로부터 보호하고 강대국으로 만들기 위해 이 책을 집필했다고 합니다. 시대는 다르지만 지금도 군주(리더)가 갖추어야 할 살아 있는 지혜를 찾을 수 있습니다.

저는 공항을 오가는 리무진 버스는 공항을 이용하는 여행객들만 이용하는 것인 줄 알았습니다. 어느 날 아들이 새로운 정보를 알려 주었습니다. 여행객이 아니더라도 공항에서 가는 목적지가 같으면 누구나 그 리무진 버스를 이용할 수 있다는 것을 말입니다. 또한 저는 몇 명의 특수 장애 학생만을 위한 엘리베이터, 경사로, 벽 쪽의 핸드 레일 등은 해당하는 사람만 이용하는 것이라고 무의식적으로 생각했습니다. 그런데 제가 다리가 불편하거나 물건이 많을 때 엘리베이터를 이용하고, 발을 다쳐 계단보다는 경사로와 핸드 레일을 잡고 다니는 경우를 보면서 너무나 편협한 생각을 하고 살았다는 것을 깨닫게 되었습니다.

『군주론』도 이와 같은 맥락으로 저와는 전혀 관계없는 내용의 책이라고 생각했습니다. 이 책은 목적을 위해 수단과 방법을 가리지 말라는 마키아벨리즘으로 회자되기도 합니다. 정치사상가 마키아벨리는 약소국인 조국을 부강하게 지켜 달라는 염원으로 피렌체 국왕 로렌초 데 메디치에게 군주의 길에 대한 책을 바칩니다. 조선 시대의 율곡 이이도 충정으로 제왕의 도에 대해 성현의 글들을 모아 왕을 위해 『성학집요』라는 책을 지어서 바쳤습니다. 시대를 넘어 왕의 위치에서 지침서가 있어야 한다고 생각하는 것은 시대와 환경을 막론하고 같다는 보편성을 가지고 있습니다.

이 책은 고대와 중세의 전통적인 사상과 도덕에 반기를 들었던 최초의 근대 철학서입니다. 어떤 사상이나 철학은 그 시대 배경에서 나옵니다. 마이카벨리가 살던 시대는 군소 국가 간의 대립과 외세의 침략 등으로 혼란스러운 때였습니다. 그러니 막강한 힘의 군주가 필요했을 것이고, 군주의 역할에 대한 책이 탄생할 수밖에 없었을 것입니다. 시대와 상황이 다르지만, 군주나 정치 지도자가 아니더라도 일반인 누구나 필요한 처세서(사람들과 사귀며 세상을 살아가는 방법이나 수단)로서 읽을 수 있는 책입니다.

진정한 리더는 지도자 입장이 아니라 구성원들의 입장과 기대를 알도록 애써야 한다는 지금 시대에도 리더에게 지침이 됩니다. 또한 '군주된 자는 전쟁과 군사 조직, 군사 훈련 이외의 다른 목적을 갖거나 다른 직무에 관심을 갖거나 몰두해서는 안 된다'라고 군주의 책무에 대해 이야기합니다. 이것은 오늘날 정치가들, 공직자들, 어느 위치에 있든지 간에, 그 직무에서 조금이라도 사적인 이점을 챙기려 하면 안 된다는 경고와 같습니다. 이는 지금도 변함없는 직언입니다. 또한 군주에게 정신적 훈련을 위해 독서를 강조하고 성현의 성공 사례를 모방해야 한다는 말도 적혀 있는데, 이는 부단한 자기 발전으로 고인물이 되지 말라는 경고로 누구에게나 적용할 수 있는 내용입니다.

산맥과 고지의 특징을 살펴보기 위해서는 골짜기와 같은 낮은 지대에 있어야 하고, 평지를 그리는 데 좋은 전망을 위해서는 산꼭대기로도 올라가 보아야 하듯이, 백성의 성격을 제대로 파악하기 위해서는 백성의 위치에 설 필요가 있고, 또 군주의 성격을 제대로 파악하기 위해서는 백성의 위치에 설 필요가 있습니다.
_N.마키아벨리,『군주론』, 홍신문화사, 2007, p5

저자는 정신적 훈련을 위해 군주의 독서를 강조하고 성현의 성공 사례를 모방해야 한다고 말합니다. 사랑받는 군주와 두려움의 대상으로서의 군주, 둘 중에서는 두려움의 대상이 되는 것이 현명하다고 말하며, 후함과 인색함 중 오히려 인색함으로 무장하는 것이 훨씬 현명한 행동이라는 것을 역사적인 사례로 보여 줍니다. 군주가 측근의 신하를 임명하는 일에 대해서는, 군주의 두뇌가 좋은지 나쁜지 판단하려면 군주의 측근들을 보면 된다고 합니다. 이것은 지금도 맞는 말입니다. 그 사람을 보려면 친구들을 보면 된다는 것으로 누구에게나 적용되는 말입니다. 또한 군주가 측근들을 잘 살펴볼 수 있는 분별 방법으로 세 가지를 제시합니다.

저자는 운명을 격류가 흐르는 강에 비유합니다. 격류는 그 위력이 강력하나 날씨 좋은 날 제방과 둑을 쌓으면 충분히 제방을 넘지 못하고 그 물살을 약화시킬 수 있다고 하며, 이에 대해 대비하라고 경고합니다. 이처럼 운명의 힘은 통제 가능하고 운명의 반은 사람에게 달렸다는 메시지는 시대가 지나도 누구에게나 금은으로 새겨야 할 이야기입니다.

생각하면 쓸모 있는 질문 한 스푼

- 이 책에서 말하는 이야기 중 가장 공감하는 이치나 철학은 무엇인가요?
- 군주는 위대한 인물을 모방해야 한다고 합니다.(p107) 내가 모방하고 싶은 롤모델은 누구인가요? 어떤 점을 모방하고 싶은가요?
- 지금의 시대에서 가장 필요한 군주의 역할이 무엇이라고 생각하나요?
- 25장 '운명에 대처하는 법'에서 '운명에는 대담하게 맞서라'라고 말합니다. 내 삶에서 어려운 일이나 기회가 왔을 때, 신중함보다 과감함으로 대처한 경험이 있나요? 만약 경험이 없다면, 위의 문제에 대해 나는 어떤 성향인지 이야기해 봅시다.

교사와 학생 사이

하임 G. 기너트, 『교사와 학생 사이』, 양철북, 2003

『교사와 학생 사이』는 교사나 부모들이 아이들의 마음을 잘 살펴보는 지혜를 얻을 수 있도록, 이를 통해 아이가 배움에 대해 마음을 열 수 있도록 도와줍니다. 또한 거절과 부정적인 언어가 아닌 인정과 긍정, 칭찬의 언어를 통해 아이를 인격적으로 키울 수 있는 '특별한 기술'을 소개합니다.

새 학년이 시작되는 3월 2주째 2학년 때, 옆 반의 20대 후반 여선생님이 연구실에서 울면서 반 아이들이 너무 힘들다고 좀 도와달라고 저에게 도움을 청했습니다. 그 선생님은 고학년을 맡다가 처음 저학년을 맡아 걱정을 많이 하며 새 학년을 시작했었습니다. 그 선생님의 모습을 보니 제가 그 나이 시절이었던 때가 떠올랐습니다.

그때 저도 몇 년 동안 고학년 담임을 하다가 저학년을 맡게 되었습니다. 고학년은 수업이나 생활지도에 필요한 내용을 1~2번 안내하면 대체로 이해하고 실행합니다. 그런데 1~2학년 아이들은 수업 시간에 학습할 내용을 안내하거나 틀린 내용을 고쳐오도록 하면 그대로 책을 들고 오기도 하고, "선생님 뭐해야 해요?"라고 묻습니다. 수십 번 이야기해도 그런 상황은 계속됩니다. 그래서 목소리는 점점 높아지고 집중해서 안 듣는다고 주의를 주고 화를 내기도 했습니다. 옆 반의 선생님도 이런 아이들과 수업 진행에 힘겨울 것이 이해되었습니다. 이럴 때 어떻게 해야 할까요? 그때 도움이 된 책이 하임 G. 기너트의 『교사와 학생 사이』였습니다. 저자는 문제가 발생했을 때, 감정에 집중하지 말고 상황과 그 문제의 해결에 집중하라고 합니다.

의사소통에서 가장 중요한 원칙은 이것이다.
상황에 대해서 이야기하라. 성격과 인격에 대해서 이야기하지 말라.
_하임 G. 기너트, 『교사와 학생 사이』, 양철북, 2003, p88

저는 학년의 특성과 만나는 아이 각각의 상황을 파악하는 데 노력하였습니다. 그리고 다양한 각도로 생각하고, 공부도 하면서 저의 태도를 많이 고치게 되었고 아이들과의 관계도 편안해졌습니다.

우리는 아이가 숙제나 준비물을 해 오지 않았을 때 보통은 왜 안 해왔냐고 다그칩니다. 그리고 평소의 태도에 대해 비난하고, 야단칩니다. 그러나 그것들은 문제 해결에 전혀 도움이 되지 않는다고 본질을 보라고 말합니다. 가정에서도 마찬가지입니다. 저자는 성격과 인격이 아닌 오로지 상황에만 집중하고 해결하고자 하면 화의 표현이나 칭찬 스타일, 말하는 태도 등이 근본적으로 바뀐다고 구체적인 대화법을 안내합니다. 아이가 시험 준비, 과제 수행을 못 했을 때, 왜 못 했느냐고 과거를 묻지 않습니다. "어떻게 해결하면 좋겠니?"라고 미래의 해결법을 함께 의논합니다. 이런 질문은 아이가 존중받는다는 느낌을 받고 자율적으로 하는 힘과 책임감을 느끼도록 해 줍니다.

저는 그 선생님과 누구나 겪는 '교사가 되어가는' 그 과정의 좌충우돌 경험을 나누며 공감하기도 하고 해결책을 찾기도 하면서 이 책을 주었습니다. 교사뿐 아니라 부모로서도 자녀와의 대화와 문제 해결에 많은 도움을 주는 책이라고 생각되어 자주 펼쳐 봅니다. "왜"라는 말을 "어떻게"로 바꾸면서 대화해도 많은 것이 달라집니다.

생각하면 쓸모 있는 질문 한 스푼

- 책에서 소개하는 에피소드 중 유사한 경험이 있으면 말해 봅시다.
- 기억나는 선생님에 대해 이야기해 봅시다.
- 내가 다른 사람에게 어떤 일에 대해 칭찬하거나 꾸짖을 때, 성격, 인격, 상황 중 무엇이었는지 돌아봅시다.
- 누군가의 잘못에 대해 말하는 상황이 생겼을 때, 감정 표현이 아닌 해결에 중점을 둔 말을 해 봅시다.

계획대로 일이 잘 되지 않을 때

스티브 도나휴, 『사막을 건너는 여섯 가지 방법』, 김영사, 2011.
저자 스티브 도나휴는 자신이 체험한 사막 여행에서 깨달은 삶의 지혜와 상담 컨설턴트로서의 사례를 적용하여 이 책을 집필하였습니다. 사하라 사막을 여행하면서 겪은 에피소드들을 인생의 고난을 건너는 비유로 삼아 구체적인 실천 지침을 제시하였습니다. 사막과 산을 오를 때의 차이점, 그로 인한 모든 것들의 준비와 방법이 달라야 한다는 지혜를 알려줍니다.

새 학기가 시작되었습니다. 우리는 새해를 맞아 1월 1일에 그리고 마음이 흐트러질 즈음 고유의 명절 설날, 3월에 새 계획을 세웁니다. 등반하듯 목표를 향해 한 걸음씩 내딛습니다. 그렇게 우리의 삶은 등산에 많이 비유되곤 합니다. 정상이라는 목표를 향해 어려움을 헤치고 가는 모습과, 때론 오르막과 내리막이 반복되는 등산이라는 것이 우리의 삶과 닮았기 때문입니다. 그렇다면 목표가 좌절되거나 계획대로 되지 않거나 이혼, 파산에 이르면 인생의 정상을 오르지 못했기에 실패한 것일까요?

저자는 예측 불능이고 불확실한 우리의 인생을 산이 아닌 사막에 비유합니다. 인생에서 성취나 성공, 목표가 전부는 아닙니다. 살아가다 보면 끝이 보이지 않기도 하고, 종종 길을 잃고, 언제 목표에 도달할지 알 수도 없는 상황에 처하기도 합니다. 방황 속에서 자신의 새로운 모습을 발견하고, 때로는 사면초가에 처하기도 하고, 거기에서 빠져나오기도 하지만, 때론 신기루를 좇기도 하며, 길을 잘 가는 듯하다가 어느 순간 방향을 잃기도 합니다. 저자는 이런 과정의 연속 그 자체가 모두 인생이라고 말합니다.

우리가 좌절감을 느끼는 때는 언제인가요? 기대한 어떤 목표에 도달하지 못했을 때이겠지요. 이것은 인생을 산에 오르는 것에 비유하기 때문이라고 합니다. 목표의 추구와 성취, 그 결과를 중시하는 사회에 있기 때문이라고 말입니다. 우리의 삶 모든 모습이 과정이라 여기고, 사막을 건너는 중이라고 생각하며 산과는 다른 사막을 건너는 다른 규칙들을 찾아보며 어떨까요?

저자는 사막을 건너는 여섯 가지의 규칙을 이야기합니다. 지도가 아닌 나침반 따라가기, 오아시스를 만날 때마다 쉬기, 모래에 갇히면 타이어에서 바람 빼기, 혼자서 함께 여행하기, 캠프파이어에서 한 걸음 멀어지기, 허상의 국경에서 멈추지 말고 가기입니다.

우리는 언제 휴식하나요? 어떤 일을 마쳤을 때, 이미 지쳤을 때나 피로할 때만 쉬는 것은 아닌지 돌아보아야 하겠습니다. 지치지 않아도 오아시스가 있으면 쉬어가라는 것은 무엇을 의미할까요? 기력을 회복하고, 걸어온 여정을 점검하여 정정하기도 하고, 같은 여행길에 오른 사람을 만날 수도 있기 때문입니다. 그것이 혼자서 함께 여행하기의 의미이겠지요.

목표를 갖는 것 자체가 잘못된 것이 아니라 문제는 목표 이외의 것을 보지 않거나 못 보는 것을 경계하라는 뜻으로 여겨집니다. 우리는 간혹 목표 때문에 현재의 일을 미루거나 대충하는 경우가 있습니다. 이에 대해 저자는 삶의 큰 방향을 바라보며 지금 눈앞에 있는 일에 모든 주의를 집중하라고 합니다. 그래서 투아레그족 언어에는 '내일'을 의미하는 단어가 없다고 말하며 현재에 집중하라고 강조합니다.

이 책은 저자가 20대에 떠난 사막 여행 체험과 컨설턴트로서 수많은 상담을 하고 적용한 사례를 종합하고 고안하여 집필하였습니다. 이 책은 우리 각자가 자기의 사막을 슬기롭게 건널 수 있도록, 여행하며 걸어온 한 걸음 한 걸음 모든 순간을 충만한 가슴으로 포용할 수 있도록 이끌어 줄 것입니다.

생각하면 쓸모 있는 질문 한 스푼

- ⊙ '지도'와 '나침반'의 차이는 무엇일까요? '나침반'이 의미하는 것은 무엇인가요?
- ⊙ '모래에 갇히면 타이어에서 바람을 빼라.'라는 말처럼, 어려운 일에 부딪혔을 때, '타이어에서 바람을 빼는 일'은 어떤 것인가요?
- ⊙ '사막을 걷는 6가지 방법' 가장 공감 가는 방법, 실행이 어려운 방법은 무엇인지에 대해 이야기해 봅시다.

지금은 건강한 비교가 필요한 때

리처드 니스벳, 『생각의 지도』, 김영사, 2004.

동양의 공자 후손들과 서양의 아리스토텔레스 후손들의 생각에는 다양한 차이가 있습니다. 책은 이러한 생각의 차이에 대해 쓴 책입니다. 동서양의 문화와 교육, 경제 등 다양한 영역에서 관점의 차이를 비교하여 과학적으로 입증합니다. 저자는 동서양의 사고방식이 우열 문제가 아니라 서로 상호보완적 관계에 있다고 봅니다. 책은 동서양 사고방식의 차이점과 우리의 생각에 대해 새롭게 생각하게 합니다.

외국 사업가가 한국 사업가와 상품 거래 성사를 위해 주의해야 할 점에 관해 쓴 글을 읽은 적이 있습니다. '한국 사람들과의 거래를 성사하려면 그 사람의 취미를 알고 그와 같은 취미를 갖고 있는 것이 유리하다.' 서양 사고방식으로는 사업 본질보다 다른 요소가 거래 성사에 영향을 끼치는 것에 의아해한다는 뜻입니다. 또 다른 차이는 동양인은 개인의 성공보다는 집단의 목표 달성과 화목한 인간관계를 더 중요시합니다. 자기소개를 할 때도 서양인은 자신의 취미와 특기, 꿈을 소개하는 반면 동양인은 가족 구성원과 형제자매의 소개를 통해 자신을 표현한다고 합니다.

교육과 사회 문화 등의 다양한 영역에서 동서양의 사고방식 차이는 세대를 거쳐 전승됩니다. 또 태어나면서부터 각각의 문화에 따른 교육 방식의 차이를 보입니다. 서양의 교육이 개인의 자율성, 독립성, 자존감 향상에 주

안점을 둔다면, 동양의 교육은 상호 의존성, 공동체 구성원으로서의 책임과 의무, 다른 사람과의 관계 형성에 초점을 맞춥니다.

　이런 동서양의 차이와 우리 자신의 특징을 아는 것은 왜 필요할까요? 일본과 미국 대학생을 대상으로 애니메이션을 보여주고 등장했던 개체와 배경을 묘사해보라는 연구를 한 적이 있습니다. 연구에서 미국 학생은 전체적 배경보다 개체를 인식하는 경향을 보였고, 일본 학생은 개체와 배경을 함께 인식하는 경향을 보였다고 합니다. 유사한 다른 실험을 통해서도 동양인이 서양인보다 주위 환경에 더 예민하다는 결과를 나타내었습니다. 또한 동양인은 다수가 함께 있을 때 더 편안해 보였고, 특히 고향이나 취미 생활 등이 비슷한 집단과 함께 있을 때 더 열심히 하는 것으로 관찰되었습니다. 이러한 차이를 아는 것은 어떤 일의 동기 유발 혹은 목표 설정에 도움이 됩니다.

　동서양의 사고와 문화와 시각의 차이를 명쾌하게 풀어 놓은 리처드 니스벳의 『생각의 지도』는 동서양의 '비교'가 각자의 차이점을 인정해 주는 잣대라는 것을 알게 해 줍니다. 저자는 동서양의 사고와 문제의식의 차이에 대한 다양한 실험 연구 사례를 소개합니다. 이를 통해, 서양인은 세상을 통제의 대상으로 보고 직선적인 사고를 하는 반면, 동양인은 세상을 적응의 대상으로 보고 순환적 사고를 한다고 저자는 말합니다.

　범죄 영화를 보거나, 실제로 어떤 사람의 실수가 있었을 때 우리는 어떻게 말하나요? 원인을 어디에 두나요? 이에 대한 다양한 실험에서도 동양인은 일이 일어난 상황적인 배경과 원인에 주의를 기울이는 반면, 서양인은 사건, 인물 그 자체의 원인, 인물의 성격, 성향에 초점을 둔다는 연구 결과를 보여줍니다.

자연과 토양, 기후가 다르기 때문에 지역마다 감자, 양파라는 같은 종을 심는다 하더라도, 품종도, 맛도, 생김새도 다릅니다. 이처럼 다른 자연과 생물학적 특성, 지역적 특성으로 사고방식과 문화가 만들어지고 그로 인해 차이가 시작되었을 것입니다. 그런 차이에 대해 이 책에서는 8장에서 동양이 옳은가? 서양이 옳은가를 묻고 있는데, 이 질문은 과연 타당한지에 대해 의문이 생깁니다. 간략하게 의학, 법률, 과학 등 다양한 영역에서 동양과 서양의 차이를 비교한 것을 보면 옳고 그름의 문제는 아니라고 생각합니다.

동양과 서양이 서로 사고의 차이를 알아가는 것은 서로를 이해하는 데 도움을 줍니다. '안다'라는 것은 이해하는 데에 도움이 됩니다. 동서양의 비교는 서로의 사고방식과 심리 구조가 '다름'을 이해하게 합니다. 어느 쪽이 잘 하느냐, 좋은 것이냐가 아니라 각각의 특징은 또 다른 강점이 될 수 있으며 우리 자신의 정체성을 확고하게 해 주는 요소입니다. 비교를 통해 차이를 이해하게 되면, 동서양은 서로 더 성숙한 관계를 맺을 수 있을 거라 생각됩니다.

생각하면 쓸모 있는 질문 한 스푼

- 동양의 문화에서 한 가지 주장이나 상황에 대해 '이럴 수도 있고 저럴 수도 있다'라고 수용하는 사고와 자세는 창의성 발달로 보면 부적절하다고 말합니다. 이에 대해 어떻게 생각하나요?
- 책에 소개되는 동서양의 다양한 비교 실험 중 재미있는 내용은 무엇인가요?
- 사회과학의 많은 영역에서 학자들이 동양과 서양의 사고방식이 앞으로 충돌할 것인지, 아니면 어느 한쪽으로 수렴될 것인지에 대한 견해가 맞서고 있다고 합니다. 미래 사회에서 사고방식이 어떻게 될 것 같은가요? 이유는 무엇인가요?(동양의 서구화, 동서양의 차이가 심화됨, 동서양의 융합, 한쪽으로 통일)

시대를 이기는 장사의 기술

박찬일, 『노포(老鋪)의 장사법』, 인플루엔셜, 2018.
저자가 3년간 우리나라에 있는 스물여섯 곳의 노포를 여행하며, 그곳에서 발견해 낸 그들의 경영 정신과 성공의 노하우를 소개합니다. 평생 업으로 삼아 반석에 선 노포들의 경영과 삶의 태도에서 성공의 비법을 포착했다면 벌써 배움의 시작에 들어섰습니다. 꼭 장사가 아니더라도 이들의 경영법은 모든 이의 삶에 필요한 경영법 아닐까요?

얼마 전 가족과 함께 외식했습니다. 딸이 한 번 왔는데 맛있더라고 추천해서 오게 된 곱창집입니다. 다들 맛있어서 한 번 더 들렀더니 문이 닫혀 있었습니다. 가게 쉬는 날인가 보다 하고 아쉽게 다른 곳으로 갔습니다. 그런데 며칠 후 그 식당 앞을 지나가게 되었는데 다른 가게로 공사 중이었습니다. 많은 식당이 그렇습니다. 몇 년 지나지 않아 바뀝니다. 단골로 가던 식당 주인이 하던 말이 생각났습니다. "3년에서 길어야 5년 지나면 다른 메뉴로 바꾸지 않으면 살아남기 어려워요." 그 주인도 어떤 메뉴로 바꿀지 고민하고 있었습니다.

노포를 오래 취재하다 보니 어떤 중요한 공통점을 발견하게 됐다. 이른바 '살아남는 집의 이유'다. 물론 맛은 기본이다. 운도 따라야 한다. 그 외에 가장 중요한 건 한결같음이다.
_박찬일, 『노포(老鋪)의 장사법』, 인플루엔셜, 2018, p6

한 독자가 『노포(老鋪)의 장사법』을 읽고 책에 소개된 식당을 찾아갔는데, 맛도 환경도 그렇게 뛰어나지도 않더라고 쓴 글을 읽었습니다. 오래된 식당은 그만큼 누군가가 만만찮게 찾았을 텐데, 유명한 맛집이라고 모두의 입맛에 맞는 것은 아닐 것입니다. 그럼 오래가는 장사법의 기준은 무엇일까요? 저자 박찬일은 기자라는 직업에서 음식 전문 요리사로, 다시 기자가 되어 시대를 대변하는 또 다른 역사를 품고 있는 노포를 찾았습니다. 그렇게 저자는 그들의 '영광의 시대'를 기록하는 일로 우리에게 노포의 비법을 안내합니다.

맛배기, 넌둥만둥, 민짜, 내포 빼고…. 이런 말들은 하동관 곰탕집에서 손님들이 주문하는 명칭들입니다. 김치 외의 반찬도 없는 곰탕 한 그릇에 이처럼 다양한 주문 명칭이 있습니다. 직원들끼리나 아는 약칭을 이미 손님들이 다 알고 주문합니다. 약칭으로 서로 더 끈끈하게 이어져 있는 것 같은 느낌을 주기도 합니다. 팔판정육점 사장의 철학은 단 하루도 네 시간 이상 자지 않고 이른 새벽 식당을 열고 재료 준비하며 하루도 쉬지 않는 것을 희생으로 생각하면 안 된다는 것입니다. 이와 같이 오래된 식당들은 그럴 수밖에 없는 장사의 철학이 있습니다.

그날그날 도정으로 메밀의 향을 지켜가는 노포는 재료가 무기이고, 재료 공급처를 수십 년 바꾸지 않고 신뢰를 쌓아 오래 남는 식당이 되었습니다.

41년이나 그 자리를 지키는 포장마차가 있습니다. 최고의 재료를 쓰는 여수의 41번집, 제일 어려운 일은 직원에게 시키지 않는 철학, 한결같음은 음식을 만드는 데뿐 아니라 어느 곳에나 필요한 '기본'일 것입니다.

이 책으로 독서 토론을 하면서 회원들은 우리의 삶 속에서 얼마나 많이 '먹는 일'이 이루어지는지에 대해 이야기하며 '음식은 추억이다.'라는 명언을 남겼습니다. 오래된 식당은 단순한 음식, 맛을 넘어서 손님들의, 손님과 식당, 음식 간의 교류이고 역사가 되어 기록되는 것 같습니다. 그래서 단순히 누군가 유명하다고 말한 것을 들은 이후, 그곳을 찾아간다고 해서 그곳이 그 사람의 맛집이 되지는 않는 것 같습니다. 역사가 없기 때문입니다. 저도 나만의 오래된 단골 식당을 만들어 추억이 되고 역사가 되는 의미 있는 장소로 만들어 보고 싶어집니다.

생각하면 쓸모 있는 질문 한 스푼

- 내가 자주 가는 노포 식당이 있다면 어떤 곳이며, 장수하여 노포로 남아 있는 이유가 무엇이라고 생각하나요?
- 인생 음식, 추억의 음식이 있다면 무엇인가요? 어떤 추억이 담겨있나요?
- 이 책에 소개되는 많은 음식점 중에서 꼭 가보고 싶은 곳을 1~2곳 말해 봅시다. 끌린 이유가 무엇인가요?
- 노포로 살아남는 곳은 각기 신선한 재료, 서비스, 맛 등 다양한 이유가 있겠지만, 가장 중요한 요인은 무엇이라고 생각하나요?

'같기'를 기다리는 교육 말고

조던 스콧·시드니 스미스, 『나는 강물처럼 말해요』, 책읽는곰, 2021.
이 책은 캐나다의 대표 시인 조던 스콧의 자전적인 이야기입니다. 말을 더듬는 아이가 내면의 아픔을 안고 어떻게 치유하며 살아가는지에 대해 섬세하고 아름다운 그림으로 잔잔하게 그려냈습니다. 굽이치고 부딪치며 부서지면서도 쉼 없이 흐르는 강물처럼 자연, 아버지와의 소통 속에서 남과 다른 자신을 긍정해나가는 성장 이야기입니다.

저는 3학기째 독서 토론과 논술문 쓰기에 관한 화상 수업을 하고 있습니다. 이번 학기 수강생의 3분의 2가 1학기에도 제 수업을 들었던 학생들입니다. 지난 학기의 수업을 마치고 나니 학부모님들이 문자로 '아이가 다음에도 하고 싶다고 했다', '수업이 재미있다고 기다리곤 했다.'라고 전해 주었습니다. 수업 진행자로서 뿌듯했습니다.

한 학생은 처음에는 질문에 대해 거의 말을 안 했지만 차츰 흥미를 느끼고 적극적으로 생각을 표현하기도 하고 질문도 잘 만들었습니다. 그런 변화를 보는 것도 보람 있었습니다. 그 부모님도 아이가 재미있어한다고 전해 주었습니다. 반면 한 학생은 제가 이야기를 하고 나면 늘 "선생님, 뭐라고 했어요?", "선생님, 뭐 말해야 해요?" 하고 되묻습니다. 질문을 하면 한참을 생각하기도 하고, 한 낱말, 한 구절씩 천천히 말을 합니다. 그러면 저는 기다리고 있는 다른 학생들이 신경이 쓰였습니다. 그 학생이 생각하고 말하는 동안 화상에서 계속 바라보고 기다려야 하고, 띄엄띄엄 자신의 생각을 말하니 답답하기도 할 테니까요. 저는 그 학생에게 생각의 표현을 돕는 힌트를 주기도 하고 다른 친구들에게도 조금 기다려 주자고 말하기도 합니다.

사람마다 정보를 받아들여 뇌에서 처리하고 밖으로 표현하는 데에는 속도와 방법에 차이가 있습니다. 그것을 알면서도 이럴 때 좀 더 기다려 주지 못하는 저 자신이 힘들기도 합니다. 『나는 강물처럼 말해요』라는 책은 생각을 말로 표현하는 데에 어려움을 느끼는 주인공에 대한 이야기입니다. 반 아이들은 자기들과는 다른 주인공에 대해 이상하게 생각합니다. 왜 우리는 어떤 기준에 다 맞게 살아야 할까요? 왜 다른 사람과 같지 않음에 대해 허용하지 못할까요? 주인공 '나'는 아침마다 창밖의 소나무 가지에 까마귀가 내려앉는 소리, 아침 하늘 사라지는 달의 소리 등 자연의 소리는 다 듣습니다. 그러나 어떤 말도 하지 못하고 그저 바라만 보는 주인공의 뒷모습에 외로움이 전해져 옵니다.

주인공은 학교에 가면 늘 뒷자리에 앉고, 말할 일이 없는 상황이 되길 바랍니다. 이 이야기는 작가의 실제 유년 시절의 경험을 토대로 만들어진 자전적인 이야기입니다. 그러던 주인공이 말을 하게 됩니다. 어떤 일이 있었을까요? 그를 이해해 주고 지지하고 기다려 준 한 사람이 있었기 때문입니다. 아버지는 그날도 학교에서 힘들었을 아들을 강으로 데리고 갑니다.

강물이 어떻게 흘러가는지 보이지?
너도 저 강물처럼 말한단다.
_조던 스콧, 시드니 스미스, 『나는 강물처럼 말해요』, 책읽는곰, 2021, p26

침묵은 또 다른 언어입니다. 몸짓도 언어입니다. 사람마다 말하는 방식이 다릅니다. 더듬거리거나 천천히 말하는 것도, 말의 속도가 느린 것도 그 사람의 표현 방식일 것입니다. 저와 함께 수업하는 그 학생도 자신만의 방식으로 표현하기 위해, 마음과 머릿속에서 많은 작업이 일어나고 있을 것입니다. 그것을 다른 학생들처럼 잘 표현하기를 '기다리는 것'이 아니라 그 자체로 존중하고 인정하는 것이 제게 필요한 일입니다.

제가 직장으로 가는 길에는 강이 있습니다. 말하지 않고도 말하는 것과도 같이 조용하고 움직임 없는 강물의 흐름이 제게 위안과 힐링이 됩니다. 때로 강은 소용돌이치고, 장애물에 물길이 비켜 흐릅니다. 때론 정지된 것처럼 가만히 있기도 하며 다양한 형태로 '흐름'이 계속됩니다. 강을 보며 주인공이 자신이 말로 표현하는 것에 대해 힘을 얻고 그 강을 닮아가듯 수업에 참여하는 그 학생에 대해서 저도 조급함이나 다른 학생처럼 되기를 기다리지 않을 것입니다. 저는 다음 수업에는 좀 더 여유 있게 학생들 그대로의 모습으로 그들을 맞이할 수 있을 것 같습니다.

책은 이렇게 삶에서 일어나는 문제와 고민에 대한 위로가 되기도 하고 해결의 길을 열어주기도 합니다. 이 그림책과 저의 글을 공유하는 독자들에게도 이 책은 또 다른 문제에 대해 위로와 답이 되는 책이 될 것이라 기대합니다.

생각하면 쓸모 있는 질문 한 스푼

- 나를 둘러싼 환경이나 상황 또는 사람과의 관계에서 어려움을 겪을 때 어떤 마음이 들었나요? 어떻게 극복해 갔나요?
- 주인공이 어려움을 극복하는 데 위로가 된 존재는 무엇인가요? 내가 힘들거나 어려운 일이 생겼을 때 나에게 위로가 되는 존재(사람, 사물, 동물 등)에 대해 이야기해 봅시다.
- '강물처럼 말한다'라는 것은 무슨 의미일까요?
- '어려움을 겪고 있는 사람에게 어떤 말이 위로와 힘이 될까요?
- '위로란 (이다.)'의 (   )에 들어갈 말을 적어 봅시다.

6장
사랑한다는 것에 대하여

사랑은 설렘
사랑은 기다림
사랑은 대답 없는 메아리
따뜻함
살아가는 이유
사랑, 그 쓸쓸함
때로 충만함.
사랑, 참 어렵습니다.
나와의 사랑
나만의 사랑, 너와의 사랑
우리의 사랑
자연, 사람, 삶에 대한 사랑을 위해
다른 사람들의 사랑으로 들어가보면
어떨까요?

1	내가 가장 아끼는 낱말은?	아그네스 드 레스트라드·발레리나 도캄포, 『낱말공장나라』, 세용출판, 2009.
2	외로움과 고립의 끝	델리아 오언스, 『가재가 노래하는 곳』, 살림, 2019.
3	살며, 사랑하며, 철학하며	뮈리엘 바르베리, 『고슴도치의 우아함』, 아르테, 2017.
4	누군가를 사랑한다는 것은 내 안의 나를 만나는 것	알랭 드 보통, 『왜 나는 너를 사랑하는가』, 청미래, 2007.
5	의식의 흐름을 따라 읽다	버지니아 울프, 『등대로』, 민음사, 2014.
6	쉬운 이야기, 깊은 생각, 토끼와 자라 이야기의 재해석	성석제·윤미숙, 『토끼와 자라』, 비룡소, 2010.
7	내가 달리는 목적	조지 쉬언, 『달리기와 존재하기』, 한문화멀티미디어, 2003.
8	자유인 조르바	니코스 카잔차키스, 『그리스인 조르바』, 열린책들, 2013.
9	내가 만약 사흘만 볼 수 있다면	헬렌 켈러, 『사흘만 볼 수 있다면』, 산해, 2005.
10	'운명'적 사랑	이디스 워튼, 『여름』, 민음사, 2022.

내가 가장 아끼는 낱말은?

아그네스 드 레스트라드·발레리나 도캄포, 『낱말 공장 나라』, 세용출판, 2009.

자주 사용하는 말은 무엇인가요? 어떤 말을 좋아하나요? 이 책은 '말'에 대한 상상의 그림책입니다. 이 책은 돈을 주고 낱말을 사서 삼켜야만 말할 수 있는 세계를 보여줌으로써 말의 소중함과 고마움을 일깨워 줍니다. 말의 사용에도 빈부의 격차가 존재하는 나라, 원하는 말을 갖고 있지 못해도 소망을 이룰 수 있는 나라 이야기가 나옵니다. 무엇이 그것을 가능하게 할까요?

제 아이가 7~8살 정도의 어린 나이였을 때 일입니다. 아이와 책 읽기를 하면서 그림 동화책을 보고는 "글이 얼마 없어서 금방 읽겠네." 하면서 하루 몇 권 읽을까에 대해 독서 계획을 세웠던 적이 있습니다. 참 어리석고 무지한 생각이었습니다. 그림책을 글로 읽는 것일까요? 독서는 글만 읽는 것일까요? 요즘 저는 그림 동화책을 자주 아주 오래 읽습니다. 아마도 그림 속에 들어있는 글을 찾느라 그런 것이겠지요.

돈을 주고 낱말을 사야 한다면, 어떤 낱말을 사고 싶은지요? 낱말 공장 나라에서는 낱말을 돈을 주고 사야 하기 때문에 사람들이 말을 하지 않고 지냅니다. 비싼 낱말은 큰 부자 말고는 자주 사용할 수도 없습니다.

가난한 사람들은 쓰레기통을 뒤지기도 했어요. 하지만 사람들이 버린 낱말들은 모두 시시한 것들뿐이었어요. 쓸데없는 낱말들이나 말 찌꺼기가 대부분이었지요.
_아그네스 드 레스트라드·발레리나 도캄포, 『낱말 공장 나라』, 세용출판, 2009, p9

갑자기 세상 쓰레기통을 떠올려봅니다. 우리가 버린 쓸데없는 낱말들은 얼마나 넘쳐날까요? 정기적인 할인 기간처럼 봄이 되면 낱말을 싸게 팔기도 하는데 값이 싸다고 한 아름씩 사 가지만 별로 쓰지도 못합니다. 마트나 백화점에서 싼값에 준다고 이것저것 사 오지만 집에서 별로 사용하지 않고 결국에는 버리는 일은 낱말도 마찬가지입니다. 복화술사, 등나무 같은 낱말을 싼값 혹은 공짜로 가져온다고 해도 어떤 상황에 쓸 수 있을까요?

가난한 필레아스는 곤충을 잡는 망으로 떠도는 낱말 '체리, 먼지, 의자'를 잡아서 사랑하는 소녀 시벨의 생일날 초대받아 세 낱말을 전해 줍니다. 시벨을 사랑하는 또 한 소년 오스카는 부모가 부자여서 많은 낱말들을 시벨에게 쏟아냅니다. 필레아스는 온 정성을 다하여 용기를 내어 세 낱말을 말했고 체리, 먼지, 의자는 시벨을 향해 날아갔습니다. 그러자 시벨의 얼굴에서 갑자기 미소가 사라지더니, 아무 말도 하지 않습니다. 어느 순간, 갑자기 시벨이 다가와 필레아스의 볼에 입을 맞춥니다.

필레아스는 쓸데없는 말과 말 찌꺼기들만 가득 찬 쓰레기통을 뒤져 어렵게 찾은 낱말 한 개, 유일하게 남은 낱말, 아주 좋아한 그 낱말을 아껴두었다가 입을 맞춘 시벨에게 "한 번 더!"라고 말합니다. 사람들이 쓸모없다고 버리는 쓰레기통에서 주운 낱말 몇 개로 시벨에게 온전하게 마음을 전하고 사랑의 마음을 시작하게 되는 필레아스의 마음이 고귀해집니다.

생각하면 쓸모 있는 질문 한 스푼

- 낱말을 돈으로 사는 세상이 된다면 어떤 일이 일어날까요?
- '체리', '먼지', '의자' 세 낱말로 필레아스의 마음이 전해진 이유는 무엇일까요?
- 낱말을 쓰레기통에 버린다면 어떤 낱말을 버리고 싶은가요?
- 단 세 개의 낱말만 돈으로 살 수 있다면 어떤 낱말을 사고 싶습니까?

외로움과 고립의 끝

델리아 오언스, 『가재가 노래하는 곳』, 살림, 2019.
생태학자 델리아 오언스가 일흔이 되어가는 나이에 쓴 책입니다. 이야기는 미국 남부의 노스캐롤라이나주의 해안 습지에서 일어난 살인사건으로 시작됩니다. 그 사건과 연루된 카야 클라크는 문명의 혜택을 받지 못하고 소외된 채, 습지에서 홀로 살아남은 자입니다. 책은 카야 클라크의 성장과 사랑, 삶의 이야기를 펼쳐 놓습니다. 극단적 환경의 영향, 외로움의 끝은 어디인지. 여성의 독립, 계급과 인종차별, 자연과 인간의 관계를 다루면서, 동시에 스릴 있는 이야기 전개가 펼쳐집니다. 손에서 놓을 수 없는 흥미진진한 소설입니다.

1969년 10월 어느 날 해안의 늪에 한 남자의 시체가 누워 있는 것이 발견되면서 소설이 시작됩니다. 두 소년의 신고로 보안관과 의사가 범인을 추적해 가는 이야기가 펼쳐집니다. 동시에 이야기는 17년 전으로 거슬러 올라가 문명의 사각지대에서 혼자 살아가던 늪 소녀 카야의 성장 이야기를 함께 보여줍니다. 두 이야기는 씨실과 날실처럼 서로 엮이며 계속하여 교차되며 전개됩니다. 이쯤이면 뒷이야기가 궁금하여 시간을 잊고 몰입할 만큼 흥미진진해집니다.

어린 카야의 이야기는 이렇습니다. 아버지의 계속되는 폭력에 엄마가 떠나고, 이어서 언니와 오빠들이 집을 나가자, 혼자 남아 아버지와 지냅니다.

고사리 같은 손으로 청소를 하고 아는 만큼 요리도 해서 식탁을 차리고 그 시간 외는 최대한 아버지의 눈에 안 띄도록 하면서 살아가는 법을 배웁니다. 그러다 마침내 아버지도 떠나고 철저하게 카야는 혼자가 됩니다. 그런 카야를 품어 안고 키워준 것은 자연이었습니다. 홍합과 굴을 따서 먹고 생선을 훈제해서 팔아 연명해 갑니다. 외로울 때 친구가 되어 준 것은 습지의 그레이트 블루, 나이트 헤론과 같은 생물들과 안개와 바람이었습니다. 다쳐서 상처가 났을 때의 치유법도 자연에게서 배웁니다.

  카야는 학교에서도 거부당하지만, 우연히 알게 된 테이트의 도움을 받아 글을 배워 자연과 생물학의 세계를 탐구합니다. 그리고 생물의 생태를 관찰하여 정리하면서 끊임없이 어미가 새끼를 떠나는 이유에 대해 답이 될 만한 설명을 찾아 헤맵니다. 그래야 자신을 떠나간 엄마를 이해하고 용서할 수 있기 때문입니다. 카야가 알기 이전부터 카야를 알고 있던 테이트의 지고지순한 사랑과 이별, 그 사이를 비집고 들어오는 잘생긴 부잣집 체이스의 유혹, 거칠고 끝없는 구애, 거부할 수 없는 욕망이 교차합니다.

  사마귀가 나방의 파닥거리는 날개 따위는 아랑곳하지 않고 씹어먹는 모습을 보며 카야는 인정사정없는 생존을 위한 포식 행위를 체득합니다. 수컷 사마귀가 허세 부리며 암컷 앞에서 구애하는 것을 보아왔기에 체이스가 자신을 유혹하는 행동을 받아들입니다. 수컷 사마귀와 교미하는 동안 암컷 사마귀가 수컷의 머리를 물어뜯고 날개까지 다 씹어 먹는 모습을 관찰하며 짝짓기 상대와 끼니라는 본능의 만족을 얻는 행동을 당연하다고 자연에게서 배웁니다. 우리가 이해할 수 없고 가혹해 보이는 일 덕분에 인간들도 생존할 수 있었다는 자연의 섭리를 터득합니다. 그렇게 카야는 엄마의 가출도, 자신의 행위도 자연의 법칙으로 이해하려고 합니다.

대자연에, 저기 가재들이 노래하는 곳에서는 이렇게 잔인무도해 보이는 행위 덕분에 실제로 어미가 평생 키울 수 있는 새끼의 수를 늘리고, 힘들 때 새끼를 버리는 유전자가 다음 세대로 전해져.
_델리아 오언스,『가재가 노래하는 곳』, 살림, 2019, p295

　이 책은 동물행동학 박사 델리아 오언스가 미국 남부의 노스캐롤라이나 주 아우터뱅크스의 해안 습지를 배경으로 쓴 성장 소설이자 러브스토리이면서 미스터리 법정 소설입니다. 카야는 학교 대신 자연 속에서 배우고 홀로 책까지 펴내는 생물학자이자 시인입니다. 철저하게 고립된 외로움 속에서 살아온 카야의 살인과 복수는 자신의 생명을 지키려는 자연의 섭리일까요? 카야는 오직 자연의 일부로서 존재할 뿐일까요? 이야기는 자연재해라는 형태로 인간에 대한 자연의 복수가 시작되고 있음을 알리기도 합니다.

　습지라는 공간을 보트를 타고 낚시를 하고 매립해서 농사를 짓는 착취의 공간으로 바꿔버리는 인간. 그런 사고와 모습조차 인간이 타고난 자연의 생물학적 청사진이라면 과연 어떻게 해야 할까요? 지금 세계 곳곳에서 일어나는 자연 파괴와 재해 기사를 보면 심각함을 느낍니다. 이제 자연에 대한 우리의 시각을 바꾸고, 인간 중심의 생존을 위한 착취에서 벗어나야 할 때입니다.

　카야의 이야기와 사건의 정점이 만나는 시점 그리고 예기하지 못한 반전들이 숨어 있는 습지와 늪, 삶과 죽음이 공존하는 소설 속의 이야기는 매력이 있어 우리는 금세 빠져 시간을 잊게 됩니다.

생각하면 쓸모 있는 질문 한 스푼

- 습지와 늪은 어떤 특성과 차이가 있을까요?
- 책의 1부는 '습지', 2부는 '늪'으로 표현되어 있습니다. 두 곳의 차이점이 소설 내용을 구별해 주기도 합니다. 각각 상징하는 것이 무엇인가요?
- 심한 외로움을 느꼈던 적은 언제인가요? 외로움을 해결하는 나만의 방법이 있다면 무엇인가요?
- 다른 사람이 나에 대한 선입견, 편견을 갖고 대해서 힘들었던 일이 있나요? 반대로 타인을 선입견이나 편견으로 대하거나 배제한 경험이 있으면 무엇 때문이라고 생각하는지 이야기해 봅시다.
- 『가재가 노래하는 곳』은 숲속 깊은 곳, 야생동물이 야생동물답게 살아가는 곳을 이야기합니다. 나다운 모습은 무엇인가요? 나답게 살게 하는 존재가 있다면 누구인지 이유와 함께 말해 봅시다.

살며, 사랑하며, 철학하며

뮈리엘 바르베리, 『고슴도치의 우아함』, 아르테, 2017.
이 책은 그르넬가 7번지의 고급 아파트 내의 같은 공간에서 살아가지만, 엄청난 사회적 격차를 가진 사람들의 이야기입니다. 부자 아파트 수위 아줌마 르네와 6층에 사는 부유한 국회의원 막내딸이자 천재 소녀 팔로마가 이야기를 이끌어 갑니다. 열두 살에 자살을 결심한 팔로마와 지적 향유의 공간을 둔 수위 르네가 나누는 우정과 사랑의 이야기 속에서 우리는 편견에서 벗어나게 됩니다. 또한 왜곡된 현실과 서로에 대한 무관심으로 인한 소외와 애환, 그 속에서 삶의 의미를 어떻게 찾아갈 것인가 생각하게 합니다.

라디오 방송에서 "가을이 '서서히'가 아니고 '훅' 들어왔어요."라고 표현합니다. 옷깃을 여미게 성큼 다가온 가을은 우리를 사색에 잠기게도 하고, 걸어온 길을 되돌아보는 여유도 주는 것 같습니다. 이 가을, 시간을 잊고 우아한 철학 속으로 이끌어가는 소설책에 빠져 보기를 권해 봅니다.

50대 수위 아줌마 르네 미셸은 고명한 대학교수만큼의 언어를 구사하고 철학적인 사유를 하며 문화와 예술을 사랑합니다. 그러나 자신의 내면을 철저히 감추고 세상이 기대하는 수위의 모습으로 살아갑니다. 부촌 아파트 장관 집의 딸 팔로마는 자신의 운명도 언젠가는 다른 어른들처럼 '어항 속 금붕어'처럼 끝날 것에 절망하며 세상의 부조리와 삶의 허무를 느낍니다.

열세 살이 되는 생일, 팔로마는 자살할 결심을 하고 고슴도치처럼 웅크리고 살아갑니다. 영악할 정도의 천재성을 가진 팔로마의 눈에 비친 세상과 어른의 모습은 냉철하게 우리 자신을 되돌아보게 합니다. 한편, 일본인 신사 가쿠로 오즈가 이웃으로 이사 오면서 이야기는 다시 전개됩니다. 그는 팔로마와 수위 르네 미셸을 친구로 만들고 그들에게 잔잔한 삶의 파동을 가져옵니다.

르네는 아무에게도 마음을 보이지 않고 세상 사람들이 아는 '수위'로서 존재하고, 자기만의 세계에서는 현상학과 데카르트, 소크라테스의 사상 속에서 사유하며 살아갑니다. 그러다가 자신의 내면에 있는 아름다움과 가치를 알아주는 가쿠로 앞에서 어느 순간, 순수하고 아름다운 자신 내면의 '여자'를 인정하게 되고, 계속 그를 찾아가게 됩니다. 사람을 외면과 행동만으로 판단하는 오류에서 벗어나 보이지 않는 내면을 보는 가쿠로는 어떤 인성의 사람인지 궁금해집니다. 그녀는 봄바람에 눈 녹듯 가쿠로와 우정을 나눕니다. 이들이 서로에게 관심을 갖고, 우정을 느끼며 상처를 나누고 치유하는 이야기 속에서 우리는 따뜻함을 느끼고 미소 짓게 됩니다.

스마트폰과 인터넷으로 환경은 갈수록 개방되어 갑니다. 그러나 전달은 있어도 진정한 소통이 없는 이 시대를 살아가는 우리 모두가 자기의 상처를 안고, 나를 보호하기 위해 가시를 세우고 살아가는 고슴도치인지도 모릅니다. 평범한 일상의 아침, 미셸 부인은 누군가를 돕기 위해 발걸음을 하다 치명적인 사고로 삶을 마감하게 됩니다. 미셸 부인의 죽음 앞에서 팔로마가 한 말을 떠올립니다. '죽는 순간 난 뭘 했지?'

미셸의 죽음 앞에서 팔로마는 깊은 상처를 입고 혼자 사색을 하다 삶을 받아들입니다. 자살로 부모에게 고통을 주고 싶었던 자신의 마음은, 미셸의 죽음으로 고통을 느끼게 된 후, 어리석은 일이었음을 깨닫게 됩니다. 자신이 늘 쓴 단어 '결코 다시는'이라는 말이 아무런 의미도 없다는 것을 자신에게 고백합니다.

'다시는'에 맞서 무엇을 할 것인가?
스쳐 들은 음악 한 소절 속에서 '언제나'를 찾지 않는다면!
_뮈리엘 바르베리, 『고슴도치의 우아함』, 아르테, 2017, p456

이 책이 술술 잘 넘어가는 것은 아닙니다. 이야기 사이사이 사유의 깊은 철학이 숨어 있기 때문입니다. 그러나 스토리의 '재미'와 이야기 속 인물들 사이에 잘 배치된 철학 이야기, 그리고 삶의 철학적 사유도 일상의 일이어야 한다는 생각으로 '의미'를 곱씹으며 읽으면 감동으로 가슴이 젖어 드는 아름다운 시간이 되지 않을까요?

생각하면 쓸모 있는 질문 한 스푼

- 나중에는 진지하고 서로 내면을 나누는 사이로 발전했지만, 처음에 선입견과 편견을 갖고, 상대방을 좋지 않게 생각했던 관계의 경험이 있나요?
- 철옹성 같은 가시로 덮여 있으나 그 안은 부드럽고 섬세한 고슴도치처럼 남들은 모르는 겉모습, 사회적인 모습과는 다른 내면에 있는 나만의 부드럽고 아름다운 '우아함'의 속성이 있다면 무엇인가요?
- 르네와 팔로마는 서로의 내면을 알아봐 주었기에 진실로 소통할 수 있었습니다. 진짜 나의 내면을 온전히 이해하고 알아봐 주는 사람은 누구인가요? 그 사람은 어떻게 나의 보이지 않는 내면의 모습을 알게 되었나요?
- 르네와 팔로마, 오즈처럼 서로를 알아주는 만남, 의미 있는 만남의 인연은 누구인가요? 왜 그런 의미를 가지게 되었나요?

누군가를 사랑한다는 것은 내 안의 나를 만나는 것

알랭 드 보통, 『왜 나는 너를 사랑하는가』, 청미래, 2007.
남자와 여자가 만나서, 사랑하고 다투고 점차 애정이 시들해지는 '평범한' 사랑 이야기입니다. 소설과 드라마에 있을 법한 운명적 만남으로 런던행 비행기의 옆 좌석에 앉게 된 두 남녀의 이야기로 시작됩니다. 남녀의 심리와 철학적 사유가 있어 사랑 이야기가 더 빛납니다. 지극히 '평범한' 사랑 이야기에 아리스토텔레스, 비트겐슈타인, 마르크스, 파스칼 등 철학자의 생각과 철학적인 분석을 더합니다. 철학적 깊이와 함께 유머와 위트로 우리들의 사랑에 대해 생각해 보게 합니다.

사랑하는 이에게 거짓말을 한 적이 있나요? 내가 좋아하지 않는 장르의 영화를 상대방이 보러 가자고 할 때, 마음과는 달리 좋다고 한 적은 없는지요? 클로이가 초콜릿을 좋아하냐고 물었을 때 주인공은 초콜릿에 알레르기가 있는데도 정직하게 말하지 않고 먹습니다. 왜냐하면 클로이가 이전에 만난 남자친구가 초콜릿을 좋아하지 않고 싫어하기까지 하는 것을 이해할 수 없었다고 말했기 때문입니다. 그는 클로이가 좋았기 때문에 개인적인 특수한 특징들을 버려야 한다고 생각했습니다. 그래야만 다른 사람과의 끌림에 동참할 수가 있다고 생각한 겁니다.

연인이 새로운 헤어스타일을 하고 어떠냐고 물어왔을 때 어울리지 않는다고 정직하게 말한 적이 있나요? 친구들과 직장 동료들은 다 어울리고 예쁘다고 하는데 너만 왜 그러냐고 말하면 "그 사람들은 그냥 예의로 하는 말일 뿐, 나니깐 솔직하게 말하는 것."이라고 하지 않는지요? 혹은 상대가 마음에 들어 하는 옷의 스타일을 보고 "어떻게 저런 스타일을 좋다고 할 수가 있지?" 하고 구매를 만류하고 싶었던 때는 없는지요?

클로이는 주인공과 파티에 초대받게 되고, 거기에 갈 때 신을 구두를 사와서 마음에 쏙 든다며 자랑합니다. 그러나 주인공은 자신이 사랑하는 여자가 어떻게 그런 구두를 마음에 들어 하는지 취향에 대해 도저히 이해하지 못합니다. 결국 구두를 바꾸거나 환불하라고 말합니다. 그리고 그녀를 사랑했기 때문에 그 말을 했다고 하고 서로 간에 다툼이 시작됩니다.

우리는 친구들에게는 절대 하지 않을 말들을 '사랑한다'라는 이유로 하기도 합니다. 그에 대해 저자는 주인공을 통해 친밀함을 일종의 소유권이나 허가장으로 여긴다고 표현합니다. '사랑한다'라는 이름으로 우리가 행하는 모든 것들은 정말 사랑일까요? 있는 그대로 사랑한다는 것은 어떤 것일까요? 가끔 우리는 사랑하는 사람에게 "왜 나를 사랑해?", "나를 사랑하는 이유가 뭐야?"라고 묻습니다. 사실 무엇 때문에 사랑하는 것은 아닙니다. 그냥 "너이기 때문"입니다.

상대방에게 무엇 때문에 나를 사랑하게 되었느냐고 묻지 않는 것은 예의에 속한다. 개인적인 바람을 이야기하자면, 어떤 면 때문에 사랑받는 것이 아니라 나라는 사실 때문에 사랑받는 것이다. 속성이나 특질을 넘어선 존재론적 지위 때문에 사랑을 받는 것이다.
_알랭 드 보통, 『왜 나는 너를 사랑하는가』, 청미래, 2007, p190

우연히 비행기 옆 좌석에 앉게 된 남녀가 사랑하고 다투고, 헤어지고 각자 새로운 사랑을 찾아가는 지극히 평범한 연애담에 저자 알랭 드 보통은 그 연애의 행동과 말 뒤에 숨은 의미와 심리를 철학적인 통찰로 풀어냅니다. 스토리에 사랑과 사람의 심리와 철학이 있어서 천천히 읽으며 생각하게 됩니다.

누구에게나 일어날 법한 이야기이고, 그 속에서 누구나 느꼈을 법한 '내 안의 나'에 대한 심리를 들여다보게 됩니다. 너무 행복해서 오히려 불안한 적은 없나요? 습관적인 사랑으로 변한 사랑에 대해 어떤 고민을 했나요? 책은 사랑과 심리에 대해 섬세하고 날카롭게 표현하여 또 다른 나를 만나게 합니다. 남녀 간의 사랑에 들어있는 심리, 이면의 의미, 마르크스주의적 현상, 낭만적 테러리즘, 예수 콤플렉스, 사랑과 자유, 친밀성으로 인한 악영향, 사랑이 주는 교훈 등 사랑을 깊이 있게 생각해 보게 합니다. 내 곁의 운명에게 '왜 나는 너를 사랑하는가?', '왜 너에게 나여야 하는가?'에 대해 생각해 봅니다.

생각하면 쓸모 있는 질문 한 스푼

- 내가 생각하는 이성에 대해 '반했다'라고 할 때 반하게 한 것은 무엇이라고 생각하나요?
- 간절히 바랐으면서도 바람이 이루어진 후 모순된 행동을 경험한 적이 있나요?
    * 마르크스주의적 순간: 간절하게 자신을 사랑하길 바란 대상이 자신을 사랑하게 된 순간 오히려 마음이 식어버리거나 화를 내는 심리
- 주인공은 가장 사랑하기 쉬운 사람은 우리가 아무것도 모르는 사람이라고 생각합니다. 상대방에 대해 안다는 것은 사랑에 방해가 된다고 생각하나요? 도움이 된다고 생각하나요?
- '나는 너를 사랑한다'라는 말은 늘 '지금' 그렇다는 의미로 보아야 한다고 합니다. 이 말에 대해 어떻게 생각하나요?

의식의 흐름을 따라 읽다

버지니아 울프, 『등대로』, 민음사, 2014.

『등대로』는 버지니아 울프의 자전적인 성격의 소설입니다. 위압적이고 폭력적인 가정의 분위기에서 자란 유년 시절을 바탕으로 다면적인 인물들을 통해 우리의 내면을 들여다보게 됩니다. 일반 소설과는 다른 '의식의 흐름'이라는 기법으로 전개해 나갑니다. 사건의 일관성 있는 전개가 아니라 인간 내면에서 일어나는 끊임없는 의식의 흐름에 따라 사건을 묘사하며 삶과 죽음, 자연과 인생이라는 주제를 풀어갑니다.

    예전에 책을 읽고 몇 번 다시 읽어도 무슨 내용인지 집중이 안 되어 앞쪽으로 되돌아가 읽곤 하던 때가 있었습니다. 재미있는 소설인데도 말입니다. 그러다가 한참 지난 후에 그 책을 읽었을 때 쉽게 다가온 적이 있습니다. 집중이 안 되는 심리적, 물리적 환경 때문이었을 수도 있습니다. 책도 독자와 맞는 때가 있나 봅니다. 버지니아 울프의 『등대로』도 그랬습니다. 상황과 심리에 대한 정교하고 장황한 표현을 읽다 보면 내용 이해가 잘 안 되어 몇 번이나 앞 페이지로 와서 다시 읽게 됩니다. 제가 생각하는 것과 다른 이들의 생각은 어떤지 검색하니 저처럼 읽는 게 힘들었다는 독자의 후기가 위안이 되었습니다. '나만 그런 것이 아니다.'라는 확인은 큰 위안이자 힘이 되기도 합니다.

『등대로』는 마치 수채화를 보듯, 읽는 것이 아니라 그림처럼 보는 느낌입니다. 작가는 그림을 그리듯 쓰는 표현과 '의식의 흐름' 기법으로 사건들을 표현합니다. 한 사건에 대해 인물이 각자 자신의 시점에서 의식이 흘러가는 대로 표현하고, 대화와 설명을 명확하게 구분 짓지 않는 화법으로 전개합니다. 그래서 독자가 이해에 어려움을 느낀다는 평도 있습니다.

이 책은 작가의 자전적인 요소가 강하여 읽는 중에 버지니아 울프의 삶이 겹쳐 상상이 됩니다. 이야기 속의 램지 부인과 램지, 릴리의 의식의 흐름대로 저도 따라가 봅니다. 1부 '창'에서 램지 가족은 어느 날 별장에 모여 외딴섬에 있는 등대를 찾아가기로 합니다. 그러나 아버지 램지는 날씨가 좋지 않아 결국에는 못 갈 것이라는 '사실'에 근거하여 기대와 희망의 싹을 끊어버립니다. 램지는 늘 부정적이고 배타적인 태도로 아들에게 비아냥거리고 비협조적입니다.

여기서 전 제 아버지의 모습이 겹쳐 보였습니다. 속으로는 자식이 잘하는 것에 대해 자랑스러워했는지 모르지만, 오빠와 제게는 늘 상을 받거나 잘한 일이 있어도, 잘한다고 거만하면 안 된다는 등의 경고성 훈계뿐이었습니다. 램지는 원래 성격이 그런 것일까요? 램지 부인은 이와 반대의 편에서 '날씨가 개일지도 몰라' 하는 희망과 기대를 저버리지 않게 하며 내일을 꿈꾸게 하며 남편과 8명의 아이를 늘 인내하고 다독여 갑니다.

2부 '세월이 흘러서'에서는 그 이후 10년의 시간 동안 일어난 이야기가 전개됩니다. 그러나 이야기의 중심에 서 있는 램지 부인의 죽음에 대해서는 부연 설명 형식으로 표현되어 있습니다. 삶의 중요한 부분이라고 생각하는 결혼, 죽음 등을 소설의 중심에서 배제하고 있는 듯한 느낌을 받습니다. 그런 사건 자체보다는 그것이 만들어 낸 변화를 더 예민하게 부각시키고 있는 것 같습니다.

(램지 씨는 어느 어둑한 날 아침에 비틀거리며 복도를 따라 걷다가 양팔을 내밀었다. 하지만 그가 팔을 내민 전날 밤에 램지 부인이 다소 갑작스레 죽었기에, 그의 팔은 텅 빈 채로 남고 말았다.)
_버지니아 울프, 『등대로』, 민음사, 2014, p208

3부는 10년의 세월이 흐른 후 램지가 사람들과 주변 인물들이 모여 다시 등대에 가는 이야기입니다. 다시 등대로 간 그들은 일상 속에서 느껴지는 램지 부인의 부재를 맞닥뜨리고 힘들어합니다. 램지에게는 능력 있고 가족 외의 사람에게는 한없이 친절하나, 안으로는 괴팍하고 완고했던 가부장적인 제 아버지의 모습이 있기도 합니다. 그리고 램지 부인은 매 순간 사소한 일 속에서 자신을 성찰하고 삶의 진실을 추구해 가는 지혜로운 모습을 보이는데, 여기에는 자신은 감정의 피로에 압사당하면서도 가족들을 생각하는 우리네 어머니의 모습이 들어있기도 합니다.

그들은 왜 '등대'에 가고자 했을까요? 그들에게 있어 등대는 어떤 의미일까요? 등대에 간다는 것은 뭔가 좀 더 나아질 것 같은 기대, 희망을 의미하는 걸까요? 아니면 사는 것이 다 부질없다는 무의미한 절망의 확인을 의미하는 걸까요? 소설에서는 사람마다 그 등대에서 찾는 것이 다 다를 것입니다.

버지니아 울프의 삶이 투영된 이 작품은 의식의 흐름을 따라 서술한 난해한 책이지만 그 흐름의 섬세한 표현에 매료되기도 합니다. 버지니아 울프는 이 『등대로』에서 죽음을 성찰하기도 합니다. 어떤 이는 사랑을, 또 다른 사람은 희망을, 또 누군가는 허무를 읽어낸다고 합니다. 조금 무거운 내용이지만, 삶의 진중함을 위해 혹은 의식이 흐르는 대로의 표현에 한 번 몰입되어 보시길 바랍니다.

생각하면 쓸모 있는 질문 한 스푼

- 이 책에서 등대는 무엇을 상징할까요?
- 이 이야기에서 램지 가족 간의 소통과 이해의 부재로 갈등과 불화가 생기는 장면들이 나옵니다. 이들이 소통이 안 되는 이유가 무엇이라고 생각하나요?
- 램지 부인은 왜 감정적인 피로에 시달리면서까지 가족들에게 헌신할까요? 심신이 피로해질 때까지 가족이나 모임, 소속된 곳에 헌신한 적이 있나요?
- 램지 부인은 '나는 내 삶으로 무엇을 이룬 것일까?', 릴리는 '삶의 의미가 무엇일까?' 고뇌합니다. 내 삶의 의미에 대해 생각해 봅시다.
- 램지 부인은 아이들이 작은 일로 즐겁고 행복하게 지내는 모습을 보며 각자가 가진 그들만의 사소한 보물이 있다고 생각합니다. 내가 느끼는 나만의 사소한 보물(행복)은 무엇인가요?

쉬운 이야기, 깊은 생각, 토끼와 자라 이야기의 재해석

성석제·윤미숙, 『토끼와 자라』, 비룡소, 2010.

『토끼와 자라』는 같은 제목의 책만 120여 종에 이를 만큼 오랫동안 많은 사람들에게 사랑받아 온 한국 구전 소설 『토끼전』을 재미난 해학과 풍자로 재창작한 그림책입니다. 현대문학상, 동인문학상 수상 작가의 구수하고 생동감 넘치는 표현으로 구성되어 있습니다. 능청맞고 위기에 닥쳐도 절대 평정심을 잃지 않는 토끼, 용왕을 비롯한 바다 동물들과 토끼의 밀고 당기는 심리전이 잘 나타나 있습니다.

토끼와 거북이는 우화에서 달리기 경주에도, 『토끼전』의 용왕의 병을 고치기 위해 동원되는 이야기에도 등장합니다. 예전에는 거북이의 꾸준함, 성실함을 배우고 자신의 능력만 믿고 게으름이나 잔꾀를 부리는 토끼처럼 되지 말라는 교훈으로 배우기도 했습니다. 그러나 지금은 토끼와 거북이의 달리기 경기 이야기에 "왜 거북이는 토끼를 깨우지 않고 혼자 갔을까?"라는 의문으로 이야기에서 전하는 가치에 대해 다시 생각하게 되기도 합니다.

바다에 사는 용왕의 병을 고치기 위해 나서는 거북과 꾀로 목숨을 구하는 토끼의 이야기 『토끼와 자라』도 같은 맥락에서 우리에게 새로운 생각과 가치를 일깨워줍니다. 이 이야기는 「토끼전」, 「별주부전」, 「토생전」으로 다양하게 전해져 내려옵니다. 이 책은 그림을 꼼꼼하게 살펴보는 재미와 '동강동강', '할짝할짝' 등의 인물과 상황을 묘사하는 말들을 곱씹어 보는 재미가 있어 아이들과 함께 소리 내어 읽기도 좋은 책입니다.

　저는 초등학교 저학년, 고학년은 물론, 선생님과 학부모 등 성인과도 이 책으로 독서 토론 수업을 해 왔습니다. 토론을 할수록 이 책이 어린아이에게만 적용되는 것이 아니라 대인관계의 갈등, 우정 등 사회생활에서도 일어날 법한 이야기로 생각할 만한 좋은 주제가 된다는 것을 알게 되었습니다.

　학생들은 "용왕은 왜 병에 걸렸을까?"라는 질문을 하고는 용왕이 궁전 건물을 하나 짓고 많은 동물들을 불러 잔치를 며칠이나 계속했기 때문에 먹고 마시고, 오래 놀아서 병이 났다. "며칠씩이나 하는 이유가 무엇일까?", "꼭 궁전을 새로 지어야 했을까?" 등의 질문으로 현실적인 문제와 연계하여 생각을 다양하게 나누었습니다. 학생들은 정치와 경제적인 문제까지로 확대하여 생각하였습니다.

먼저 잉어가 거북을 추천했어.
장어도 연어도 사람들이 잡아먹을 것이니 밖으로 나가면 안 된다고 하지 뭐야.
_성석제·윤미숙,『토끼와 자라』, 비룡소, 2010, p7

　이 문장에서 학생들과 성인들 모두 공통적으로 "잉어는 자기는 안 가면서 왜 거북을 추천했을까?"라는 질문을 던졌습니다. 성인들은 직장에서도 잉어 같은 유형이 있다면서 자신들의 경험담을 이야기했습니다.

　간을 몸에 넣었다 뺐다가 한다는 토끼의 잔꾀에 넘어가는 용왕에게 자라는 토끼의 속성을 이미 알고 충언을 하지만 용왕은 듣지 않습니다. 학생들은 말하길, 용왕은 최고의 지도자인데도 쉽게 속아 넘어가고 신하의 말도 듣지 않는다며, 용왕의 태도에 대해 비판했습니다. 반대로 살아난 토끼는 육지에서 덫에 걸렸을 때도, 독수리에게 낚아채였을 때도 위기를 모면하는 기지를 보입니다.

토끼가 어떻게 되었는지에 대한 열린 결말에 대해 생각을 나누는 것도 재미있습니다. 쉽게 읽는 이야기이지만 질문으로 서로 생각을 나누면 인물들에 대해 몰랐던 새로운 해석, 삶과 관계있는 가치에 대한 이야기들이 나옵니다. 책은 지식이나 정보가 아니라 소통의 도구입니다. 이런 생각의 나눔에서 자연스럽게 소통이 일어나고, 다양한 생각에 대한 이해가 생깁니다. 쉬운 이야기인 만큼, 질문으로 나누는 소통을 추천합니다.

생각하면 쓸모 있는 질문 한 스푼

- 잉어는 자기는 안 가면서 다른 동물도 있는데 왜 거북을 추천했을까요? 내 주변에서 잉어처럼 자신은 하지 않고 다른 사람을 추천하거나 미루는 유형이나 경험담을 이야기해 봅시다.
- 토끼는 바다에서 살아나오고 나서도 육지에서 덫에 걸리거나 독수리에게 낚아채였을 때에도 기지로 위기를 모면합니다. 상황을 모면하는 기지에 대해 어떻게 생각하나요?
- 용왕은 토끼의 간사함을 고하는 자라의 충언을 듣지 않습니다. 왜 믿지 않는다고 생각하나요?

내가 달리는 목적

조지 쉬언, 『달리기와 존재하기』, 한문화멀티미디어, 2003.
이 책은 운동이 왜 우리의 삶 속에서 중요한가에 대한 고찰을 담았습니다. 심장병 전문의이면서 달리기 선수인 저자는 달리기 요령이 아니라 삶이라는 경기에서 멋지게 즐기는 방법을 소개합니다. 저자는 자신의 달리기 경험을 토대로 연습 방법, 부상 방지 방법과 달리기 전략 등의 정보를 소개합니다.

하루 중 '그냥' 하는 일이 있나요? 그것이 취미가 될 수도 있고, 직업일 수도 있습니다. 무언가의 좋은 결과나 목적을 위해서가 아닌 '그냥' 하는 일. 이 책은 중년에 달리기를 시작한 심장병 전문 의사의 이야기입니다. 저자 조지 쉬언은 마흔네 살의 나이에 지루한 삶에 '더 이상 이대로 살 수는 없다.'라는 생각으로 의사라는 직업을 접고 학창 시절 즐겼던 달리기를 시작합니다. 51세에 1마일 세계 신기록을, 61세에 개인 신기록을 달성했습니다.

그는 이 책에서 달리기의 기록 향상이나 자세 등의 지침서가 아니라 '왜 달리는가?'에 대한 자기 삶의 철학을 이야기합니다. 달리기 과정을 통해 사색하고 모든 것들을 낯설게 보고 발견하는 메시지를 전합니다.

책의 차례만 읽어도 전체를 다 읽은 것처럼 달리기가 곧 살아가는 일이며, 삶의 방식이 어땠으면 좋겠는지를 우리에게 말해주는 것 같습니다. 달리기, 연습하기, 자신이 되기, 살아가기, 시작하기, 발견하기, 이해하기, 놀기, 배우기, 잃어버리기, 치유하기, 우뚝 서기, 경험하기, 경주하기, 승리하기, 명상하기, 성장하기, 바라보기.

저자는 삶을 더 깊이 살기 위한 한 방법으로서 달리기를 제안합니다. 달리면서 힘든 순간을 견디는 과정이 인생에서 일어나는 모든 어려움을 견디는 과정과 같다고 생각하며 다음 발을 내딛습니다. 그에게 달리기는 삶을 더 깊이 살기 위한 방편이었습니다. 얼마 전 TV에서 한 배우가 영화나 연극 작품을 마치면 맡았던 배역의 성격과 생각에서 벗어나야 되는데 생활 속에서도 그 인물의 역할과 생각을 하게 된다고 고민을 이야기한 것이 생각납니다. 그는 우연히 달리는 동안은 아무 생각도 하지 않은 자신을 발견했다고 말했습니다. 그 이후로 시간을 늘려 달리기를 하며 생각을 비우게 되었다는 인터뷰가 떠오릅니다. 달리기는 비우기와 몰입, 치유 등 많은 의미를 찾게 하는 운동인 것 같습니다.

여러분을 새롭게 하는 것, 낯설게 보도록 해주는 것에는 어떤 것이 있는지요? 저자는 달리기를 하면서 익숙한 것을 낯설게 보는 법을 배웁니다. 우리가 낯선 곳으로 여행을 가는 이유도 새로운 체험을 하는 것도 다 익숙한 것들로부터 떠나보려는 노력이겠지요. 낯선 시각을 통해 보지 못하고 있는 자신과 주변의 것들을 발견하는 것. 새로움과 낯섦을 느끼려면 현재 있는 그 순간, 어떤 일을 하는 그 순간에 몰입해야만 합니다.

내가 달리는 모든 1마일은 늘 첫 번째 1마일이다. 길에서 보내는 매시간은 언제나 새로운 시작이다.
_조지 쉬언, 『달리기와 존재하기』, 한문화멀티미디어, 2003, p25

'지금 이 순간'의 반대말은 과거나 미래가 아니라 지금 이 순간을 느끼지 못하는 것이라고 표현하였습니다. 지금 이 순간의 자신을 인식하고 최선을 다해야 삶을 즐길 수 있게 된다는 의미입니다. '피할 수 없으면 즐겨라.'라는 말은 즐기려면 하는 일에 자기를 잊을 정도로 몰입하지 않으면 이룰 수 없는 경지입니다.

달리기만큼 처음부터 끝까지의 모든 과정이 '지금'인 운동이 있을까요? 달리다 보면 '순간이 곧 영원'이라는 말도 조금은 이해가 됩니다. 저자는 달리기는 글쓰기이며 또한 우리의 삶으로서, 마치 정신과 육체가 분리될 수 없는 것처럼 하나의 방향으로 가는 일이라고 보았습니다.

저자는 달리면서 '나는 왜 달리는가?'에 대한 답을 찾습니다. 그리고 그 질문은 '나는 무엇을 위해 사는가?'와 같다는 것을 알게 됩니다. 우리는 목적 지향적인 사회에서 의미 없는 일을 잘 견디지 못합니다. 최고, 신기록, 성장하는 매출 등이 아니면 의미가 없다고 생각하는 경우가 있습니다. "그걸 왜 해?" 이런 말을 한 적이 있지 않나요? 우리는 어떠한 형태든 목적과 바라는 결과가 없으면 안 하게 되는 경향을 보입니다. 그런 목적성의 결과가 우리의 고생을 보상해 줄 수는 있지만 우리를 구원해 주지는 못한다고 말합니다. 만약 내가 하는 일이 의미가 없다면 스스로 그 의미를 찾아야만 하기 때문입니다.

그 무언가를 하는 '목적'을 벗어났을 때 비로소 그 무언가가 의미 있는 것이 될 때가 있습니다. 살을 빼기 위해, 건강을 위해 달리다가 결국에는 모든 의미에서 벗어나 달릴 수밖에 없기 때문에 달린다는 것을 깨닫는 그 순간이겠지요. 그것은 존재 이유와도 같습니다. '왜 달리는가?'가 실은 '왜 사는가?'라는 질문과 같은 이유입니다.

'무언가를 위해서가 아닌 그 '무엇'이 나에게는 무엇일까?'를 되돌아보게 합니다.

생각하면 쓸모 있는 질문 한 스푼

- 저자는 어린 시절 즐겼던 놀이를 다시 찾아 그것을 즐겨보라고 말합니다. 그 운동을 통해 삶의 에너지를 발견하게 된다고 합니다. 어릴 때 즐기던 놀이나 지금 좋아하거나 자주 하는 운동을 찾아봅시다.
- 저자는 자신의 일이 '습관적인 행위'가 되면 더 이상 깨어나지 못하고 자신에게서 멀어진다고 합니다. 내가 습관적으로 타성에 젖어 생각 없이 하는 일은 무엇인지 되돌아봅시다.
- 내가 삶을 진지하게 생각하도록 해주는 운동이나 취미가 있다면 무엇인가요?
- 책을 읽고 다음의 목차들 중 영감을 받은 내용은 무엇인가요?
  * 달리기, 연습하기, 자신이 되기, 살아가기, 시작하기, 발견하기, 이해하기, 놀기, 배우기, 잃어버리기, 치유하기, 우뚝 서기, 경험하기, 경주하기, 승리하기, 명상하기, 성장하기, 바라보기.

자유인 조르바

니코스 카잔차키스, 『그리스인 조르바』, 열린책들, 2013.
이 책은 니코스 카잔차키스에게 세계적인 작가라는 명성을 준 작품입니다. 책 속의 인물 조르바는 저자가 자기 삶에 큰 영향을 주었다고 말하는 실존 인물입니다. 이야기 속에는 자유로운 영혼 조르바를 통해 보이는 것과 보이지 않는 것, 육체와 영혼, 물질과 정신의 상태 너머에 존재하는 변화인 '메토이소노(거룩하게 되기)'라는 가치가 담겨 있습니다. 조르바의 자유로움과 사랑, 우정의 이야기 속으로 초대합니다.

하고 싶은 말이 쌓이고 쌓였지만 내 혀로는 안 돼요. 춤으로 보여드리지. 자, 갑시다.
_니코스 카잔차키스, 『그리스인 조르바』, 열린책들, 2013, p416

    조르바는 말로서 표현하지 못하면 연주를 하거나 춤을 춥니다. 춤은 그에게 하나의 언어입니다. 관찰자이자 주인공 '나' 두목은 조르바에게 춤을 배우고 그의 춤추는 모습을 바라보며 삶의 무게를 극복하려는 조르바의 모습을 이해하게 됩니다. 사업에 실패하여 모든 것을 잃은 그 순간 '나'는 해방감을 느끼게 됨을 고백하며 조르바와 함께 춤을 춥니다.

자유인 조르바는 애착과 미련은 단 한 순간도 찾아볼 수 없을 정도로 거침없고 호탕한 사람입니다. 조르바가 살아가는 모습은 작가 카잔차키스가 살고 싶은 삶입니다. 동시에 우리 모두가 바라는 삶의 모습이기도 합니다. 저자는 고향 크레타섬에 머물던 시절에 만난 한 실존 인물과의 인연을 조르바에 투영하여 메시지를 전합니다. 인간을 니체가 말하는 '건너가는 사람'으로 볼 때, 그 건너는 '순간'이 삶입니다. 저자는 순간과도 같은 그 삶에 충실해야 함을 조르바를 통해 이야기합니다. 하지만 순간에 충실하다는 조르바의 행보는 어떻게 보면 아무렇게나 사는 것처럼 보이기도 합니다. 자기 앞에 나타나는 여인들과 자유롭게 사랑하고, 거슬림 없이 미련도 없이 헤어지고, 그것이 자기가 가장 충실하게 사는 방법이라고 하는 것을 독자가 이해하는 데는 시간이 좀 걸립니다.

조르바는 어제 일에 대한 후회도, 내일 일에 대한 걱정도 하지 않는다고 말합니다. 오로지 오늘 이 순간 일어나는 일에만 집중한다고 말합니다. 지금 현재를 살며 어제에 대한 미련을 가진다든지, 내일에 대한 생각을 하는 것만으로도 '오늘'을 살지 않는 것과 같습니다. 주인공 두목은 이런 조르바의 이야기를 들으면서 자신이 책을 통해 배운 지식에 회의를 느낍니다. 지적 영혼을 채우기 위해 노력한 세월이 억울하다고 허탈해합니다.

조르바는 두목에게 몇 해 동안 읽은 책들로 우리의 삶과 죽음에 대해 무엇을 알게 되었느냐고 묻습니다. 그것은 우리가 왜 책을 읽는가에 대한 질문이기도 합니다. 저도 제가 읽은 책이 삶과 얼마나 어떻게 연결되어 있는지 자문하게 됩니다.

내키는 대로 방탕하게 사는 것처럼 보이는 조르바는 그 나름대로의 삶의 풍랑 속에서 낙타처럼 수동적인 삶을 거부하고 주체적인 삶으로서 순간순간 선택한 대로 최선을 다합니다. 그는 일은 노예처럼 하겠으나 좋아하는 악기 산투리는 자신이 하고 싶을 때만 하겠다고 선언합니다. 조르바의 거침없는 삶의 자세에서 진정한 자유는 자신의 삶에 대한 자신감에서 온다는 것을 느끼게 됩니다. 소설 속의 조르바 자신인 저자 카잔차키스 묘비명에는 자신은 아무것도 원치 않고 두려워하지 않는 자유인이라고 새겨져 있습니다. 우리가 진정한 "자유다!"라고 외치는 때는 언제일까요? 자유로운 인간과 현실은 병행할 수 있을까요? 나 스스로 얽매어 놓는 것은 없는지 돌아보며 자유를 꿈꾸어 봅니다.

생각하면 쓸모 있는 질문 한 스푼

- 이 책에서 두 주인공은 머리형과 몸형의 삶을 살아가는 사람으로 대조되어 나옵니다. 나는 어느 쪽에 가깝다고 생각하나요? 나의 유형이 가진 한계가 있다면 어떻게 벗어날 수 있나요?
- 조르바는 남에게는 물론 자기 자신 내면에게까지 인간으로서의 허물이나 약하고 나이 들어감을 보여주지 않으려고 합니다. 이에 대해 어떻게 생각하나요?
- 조르바의 호탕함과 수많은 여성에 대한 사랑과 이별이 난봉꾼 같아 보이지만 그것을 현재를 즐기는 '카르페 디엠'이라는 것으로 해석할 수 있는 이유는 무엇일까요?
- 나에게 '자유'란 어떤 의미인가요?
- 『그리스인 조르바』의 원제는 『알렉시스 조르바의 삶과 모험』입니다. 조르바를 그리스인으로 설정한 의미, 그리스인의 특성에 대해 이야기해 봅시다.

내가 만약 사흘만 볼 수 있다면

헬렌 켈러, 『사흘만 볼 수 있다면』, 산해, 2005.
이 책은 헬렌 켈러가 22세에 쓴 아름다운 자서전 『내가 살아온 이야기』와 50대에 쓴 『사흘만 볼 수 있다면』을 완역한 책입니다. 헬렌 켈러가 자신이 눈을 뜨게 되어 3일간 세상을 볼 수 있는 상황을 가정하여 쓴 이야기입니다. 저자는 사람과 사물, 풍경과 사건들을 정교하고 세밀하게 그림을 그리듯 묘사하며 어린 시절에 대해, 3일간의 소망에 대해 이야기를 풀어나갑니다.

그저 손으로 만져보는 것만으로도 행복한 순간은 언제였는지요?
눈으로 본 것 중 가슴 벅찬 아름다움을 느낀 때는 언제인지요?
저 자신에게도 그 질문을 해 봅니다.

어린 새순이 싹 튼 나뭇가지, 거칠고 울퉁불퉁한 소나무 껍질, 자작나무의 부드러운 촉감, 꽃송이의 촉감, 손가락 사이의 물결의 감촉 등 헬렌은 만져보는 것만으로도 큰 기쁨을 느낍니다. 그녀는 눈으로 직접 보면 얼마나 더 아름다울까에 대해 간절하게 열망합니다. 그녀는 세상에 가득한 감각의 느낌들과 소중함에 대해 당연한 것으로 여기고 감사할 줄 모르는 인간들에 대해 안타까워합니다.

이 빛의 세계에서 '시각'이란 선물이 삶을 풍성하게 하는 수단이 아닌, 단지 편리한 도구로만 사용되고 있다는 건 너무나 유감스러운 일입니다.
_헬렌 켈러, 『사흘만 볼 수 있다면』, 산해, 2005, p23

이 글을 읽으며 저는 눈을 사용한 것에 대해 되돌아봅니다. 유용함과 필요성 말고 눈을 사용한 것이 무엇이 있는지 말입니다. 헬렌은 자신이 대학교 총장이라면 '눈을 사용하는 법'에 대한 강의를 필수로 넣고 싶다고 말합니다. 생각 없이 보는 것들을 진정으로 볼 수 있다면 많은 것들이 달라질 것이라고 말입니다.

만약 사흘만 볼 수 있다면 무엇을 보고 싶은가요? 헬렌은 첫째 날, 친절과 겸손과 우정으로 삶의 가치를 빛내 준 사랑하는 사람들을 보고, 둘째 날에는 새벽에 밤이 낮으로 바뀌는 자연의 기적, 역사와 예술의 흔적을 만나고, 마지막 날은 하루하루 살아가는 평범한 삶을 살펴보고자 했습니다. 우리가 일상에 젖어 무감각한 일들이 누군가에게는 절박한 소망이라는 사실은 또 한 번 우리의 감각을 깨웁니다. 우리의 일상을 현미경으로 돌아보게 만들어 줍니다.

책은 어느 작가의 말처럼 도끼가 되어 무감각한 일상과 삶의 정수리에 찬물을 끼얹는 것과도 같은 역할을 하기도 합니다. 때로는 잊어버린 것들을 되찾게 해주는 현미경, 일상 속 틈새 먼지를 뽑아내는 핀셋이기도 합니다. 이 책은 헬렌 켈러의 자전적인 스토리 편보다 후편의 「내가 살아온 이야기」에 나오는 문장을 음미하는 재미가 있습니다. 볼 수 있는 사람보다 보지 못하는 사람이 더 예민하고 섬세하게 일상과 사물, 자연을 묘사한 것을 보면 아름답다고밖에 할 말이 없습니다.

그녀의 손끝에서 살아나는 감각에 우리의 잠든 감각과 감성도 깨어나는 기쁨을 느끼기를 소망합니다.

생각하면 쓸모 있는 질문 한 스푼

- 헬렌은 우리에게 가장 친한 친구 5명의 얼굴을 정확하게 묘사할 수 있는지 묻습니다. 그리고 정상적인 시력을 가진 사람들이 일상적 환경의 변화에 무감하다고 경각심을 갖게 합니다. 친구의 모습, 주변 환경 중에 달라진 것이 있는지 살펴보고 이야기해 봅시다.
- 헬렌의 삶은 설리반 선생님이 큰 영향을 주었습니다. 나의 삶에 멘토가 되거나 영향을 준 사람이 있다면 누구인가요? 어떤 영향을 받았나요?
- 이 책의 제목처럼 '내가 사흘만 볼 수 있다면' 가장 보고 싶은 것은 무엇인지 어떻게 지내고 싶은지 적어봅시다.
- 헬렌은 자신을 정녕 행복하게 해 준 사람들에 대해 이야기합니다. (p238) 이처럼 나를 행복하게 해 준 사람들에 대해 이유와 함께 이야기해 봅시다.

'운명'적 사랑

이디스 워튼, 『여름』, 민음사, 2022.
이 책의 저자 이디스 워튼은 이 책으로 여성 최초의 퓰리처상을 수상하였습니다. 1차 세계대전이 끝나갈 시기에 전쟁 속에서 피난민을 돌보던 저자가 몇 주 동안의 휴식기에 완성한 작품이라고 합니다. 책은 주인공인 '채리티'가 연인과의 사랑을 통해 성장하는 이야기입니다. 여성으로서 겪어야 하는 사회적 인습과 전통에 맞서 자신의 욕망을 표출하는 이야기를 묘사하여 당대의 문단에 충격을 주기도 하였습니다.

저의 딸이 고등학교 배치될 때의 일입니다. 인근의 J 학교에서 장학금도 미리 주고 여러 혜택이 있다고 J 학교 우선 배정을 제의했습니다. 그러나 딸은 그 제안을 거절했고 일반적인 자동 추첨 방법으로 배정을 받았습니다. 그런데 하필 제안받은 J 학교로 가게 되었습니다. 입학해서 그 선생님을 만나게 되자, "이걸 운명이라고 하는 거야. 넌 어떻게 하든 우리 학교에 오게 되어 있었다니깐." 하면서 껄껄 웃으셨다고 전해 주었습니다. 운명의 사전적인 뜻은 '인간을 포함한 모든 것을 지배하는 초인간적인 힘. 또는 그것에 의하여 이미 정해져 있는 목숨이나 처지'입니다. 운명은 피할 수 없는 걸까요?

딸은 책을 읽다가 "엄마, 운명이란 명이 옮겨진다는 뜻이래요. 자기가 명을 바꿀 수 있다는 거죠."라고 하더군요. 운명(運命)의 한자 뜻은 '명이 옮겨진다'라는 뜻을 갖고 있습니다. 이제 저의 딸과 아들은 다 결혼을 했습니다. 그들이 짝을 만나게 된 인연을 들어보면 이렇게든 저렇게든 만나게 되는 기회들이 모여 이루어진 것은 아니었습니다.

알랭 드 보통의 『왜 나는 너를 사랑하는가』의 두 주인공이 비행기 안에서 우연히 옆좌석에 앉게 된 엄청난 확률 속의 만남으로 시작된 것처럼, 저의 딸 아들은 어느 시점에 거기에 있지 않으면 만나지 못했을 움직이는 명의 흐름 속에서 만나게 되었다는 이야기를 해 주었습니다. '운명'에 대해 이렇게 상반된 관점을 논하며 장황하게 늘어놓는 이유는 『여름』 속의 채리티의 운명에 대해 이야기하기 위해서입니다.

열여덟 살의 채리티는 무법자들이 사는 '산'에서 태어나 후견인 변호사 로열 씨의 집에서 자라게 됩니다. '산(지하도시)'보다는 좀 나은 정적인 소도시 '노스도머(천상계 도시와 지하도시, 산 사이의 도시)'이지만 지겨운 나날을 보내던 중 도회지에서 온 하니를 만나게 되어 사랑에 빠집니다. 그러나 결국 결혼은 자신과 나이 차이가 많이 나는 후견인 로열 씨와 하게 됩니다. 만약 그녀가 하니와 만나는 일이 없었다면 그래도 그녀는 로열 씨와 결혼했을까요? 사랑한다고 고백한 하니는 왜 거짓말을 하고 다른 곳으로 떠나 다른 여자와 약혼을 했을까요? 하니의 사랑은 진실일까요? 서로의 사랑을 등지고 각각 다른 사람을 선택하게 된 것은 또 하나의 운명, 즉 피할 수 없이 이미 정해진 것일까요?

'여름' 하면 나른한 태양의 그림자 한 켠에 누워 지루한 하품을 하며 누워 있는 개와 같이 무료하고 따분한 긴 오후가 떠오릅니다. 그러나 작열하는 태양 아래 녹음이 푸르게 성장하는 계절 또한 여름입니다. 한 소녀가 자신의 지루한 삶 속에서 낯선 도시에서 온 하니라는 사람을 만나, 여름이란 계절처럼 뜨겁게 사랑하고 이별합니다. 그리고 그러한 과정을 통해 증오의 감정으로 보아 오던 로열 씨를 오히려 신중하고 안정감과 안전함, 신뢰를 느낄 수 있는 사람으로 다르게 생각하게 됩니다. 동일한 사람에 대한 다른 감정을 넘어 반대의 관점을 가지게 되는 것은 상황 탓일까요? 아니면 경험을 통한 성숙일까요?

두 사람의 눈이 서로 마주쳤고, 채리티가 일찍이 본 적 없는 무엇이 그의 두 눈에 떠올랐다. 그녀를 부끄럽게 하면서도 안전한 느낌을 주는 표정이었다.
"아저씨도 훌륭하세요."
_이디스 워튼,『여름』, 민음사, 2022, P264

하니와 채리티 두 사람의 선택은 현명한 것인지, 나약한 선택인지, 이기적인 것인지, 현실적인 것인지 생각해 보게 합니다. 채리티와 로열 씨의 결혼이 운명인 것일까요? 아름다운 자연 현상의 표현을 통한 채리티의 성적 열정과 성장, 수채화 같은 사랑, 그 속에서 한여름 소나기, 태풍과도 같은 질풍노도를 겪는 채리티, 그리고 채리티 속에 생겨난 내면의 갈등과 상처, 한 사람의 점점 성숙해 가는 성장 이야기 속으로 여러분을 초대합니다.

생각하면 쓸모 있는 질문 한 스푼

- 이 소설의 제목 '여름'이 상징하는 요소는 무엇인가요? 여름의 풍경과 날씨가 이 소설에서 어떤 역할을 하나요?
- 주인공 채리티는 소설의 시작부터 계속 모든 게 지긋지긋하다고 느낍니다. 그러다가 소설의 끝에서는 불평과 짜증이 긍정적이고 따뜻한 시선으로 바뀌어 갑니다. 어떤 일이 그녀를 변화하게 했을까요?
- 내가 살아가면서 지긋지긋하다고 생각한 시절이 있다면 언제이며, 왜 그렇게 느꼈나요? 그러한 생활에서 벗어나 새로운 일이나 상황을 만난 것이 있다면 무엇인가요? 어떻게 지긋지긋한 생활에서 벗어나게 되었나요?
- 내가 살면서 '여름'과 같은 일이 있다면 무엇이라고 생각하나요?

7장
함께 한다는 것에 대하여

'나'가 '모이면' '우리'가 되는 것이 아니라
'나'를 '버려야' '우리'가 된다는『내 머리 사용법』의
문구가 떠오릅니다.
펄펄 끓는 지구와 이상 기후와 기아는 우리의 문제, 나의 현실입니다.
'나 하나쯤이야' 하는 생각 대신
'나 하나라도, 나부터라도, 나 하나만이라도'
라는 생각으로 바꾸면
행동도 바뀌지 않을까요?
나의 아주 작은 따뜻한 마음과 결단의 표현은 나를 '버리는 일'이고
그런 내가 '모이면' 아름다운 '우리'의 세상이 되는 것이라 믿습니다.

1	침묵을 지킬 수는 없었니?	프랑수아 플라스, 『마지막 거인』, 디자인하우스, 2002.
2	법이 바뀌어도 여전히 김지영	조남주, 『82년생 김지영』, 민음사, 2016.
3	머리가 아닌 가슴으로 역사 느끼기	최치원, 『새벽에 홀로 깨어』, 돌베개, 2008.
4	얼마만큼 원하시나요?	권정생, 『우리들의 하느님』, 녹색평론사, 1996.
5	낯선 이에 대한 편견과 함께 산다는 것	헬렌 한프, 『채링크로스 84번지』, 궁리, 2004.
6	소크라테스의 변명	플라톤, 『소크라테스의 변명』, 문예출판사, 1999.
7	내 삶의 모자이크를 위해 필요한 것들	천선란, 『천 개의 파랑』, 허블, 2020.
8	사람에 대한 예의	권석천, 『사람에 대한 예의』, 어크로스, 2020.
9	디지털 문명 부작용의 뒷면 읽기	최재붕, 『포노 사피엔스』, 쌤앤파커스, 2019.
10	환경조정시간이 필요해	루이스 세풀베다, 『갈매기에게 나는 법을 가르쳐준 고양이』, 바다출판사, 2021.

침묵을 지킬 수는 없었니?

프랑수아 플라스, 『마지막 거인』, 디자인하우스, 2002.
멋진 장소를 오직 나만 알고 있으면 알려서 아름다움을 공유해야 할까요? 아니면 아름다움을 유지하기 위해 그냥 두어야 할까요? 이 책은 자신의 이기심과 명예를 위해 거인의 나라를 세상에 알리고 아홉 명의 거인들을 죽게 한 한 남자의 이야기입니다. 자신을 돌보아 준 거인들을 처참히 살육하게 만든 인간들에 대한 이야기, 우리가 지켜야 할 것들에 대한 메시지가 담긴 어른을 위한 동화입니다.

지인 중에서 해외여행을 자주 하는 분이 있습니다. 동남아시아, 유럽 등 웬만한 곳은 다 다녀서 이제는 인도, 사막, 오지 등 남들이 모르는 '알려지지 않은 명소'를 찾아다니곤 합니다. 다녀와서 자랑과 함께 다양한 정보도 알려 줍니다. 그의 자랑으로 인해 또 다른 사람들이 가고 그 발길들 때문에 신비했던 곳들이 조금씩 파괴되기도 하고 개발의 폐해가 생기게 되겠지요. 알려지지 않은 아름다운 명소를 발견하면, 맛집처럼 지인들에게 입소문을 내야 할까요? 나만 알고 있어야 할까요?

『마지막 거인』은 인간이 발견한 미지의 땅에 대한 한 학자의 사명감과 과시로 생태계가 어떻게 파괴되는가를 보여줍니다. 이 책은 1992년에 발간되자마자 프랑스 몽트뢰이 어린이도서 전시회와 프랑스 문인협회 등 여러 나라와 다양한 분야에서 우수 도서로 선정되었습니다. 이 책은 아이뿐 아니라 어른들도 생각할 거리가 많은 동화입니다.

이야기는 주인공인 루트모어가 우연히 구입하게 된 거인의 이빨에서부터 시작됩니다. 그는 이빨에 새겨진 지도를 발견하고 보물을 찾기 위해 거인의 나라로 모험을 떠납니다. 모험하면서 험난한 풍파를 겪고 거인들에게 구조되어 도움을 받고 그들과 친구가 됩니다. 그는 9명의 거인들과 함께 생활하면서 신기한 내용들을 수첩에 적어 자료화합니다. 그리고 그들의 도움을 받아 집으로 돌아와 학자로서의 사명감으로 거인족에 대한 실증 자료들을 학계에 발표합니다. 사람들은 상상 속에만 있다고 믿은 신기한 거인들을 직접 볼 수 있다는 기대감에 너도나도 찾아 나서게 됩니다. 아무도 모르던 거인의 나라는 사람들로 인산인해를 이루고 망가져 갑니다.

어느 날 루트모어는 사람들이 끌고 오는 수레에 담겨 끌려오는 거인 안탈라의 머리를 보게 됩니다. 그리고 그의 마음 깊은 곳에서 한마디가 떠오릅니다.

아! 너무나 익숙한 그 목소리가 애절하게 말했습니다.
"침묵을 지킬 수는 없었니?"
_프랑수아 플라스, 『마지막거인』, 디자인하우스, 2002, p74

아름다운 자연을 본 인간은 그것을 다른 사람과 공유하고 함께 느끼고자 합니다. 그러다 더 많은 사람이 오게 되면, 필요성에 의해 자연이 개발되고, 결국 자연이 파괴됩니다. 이러한 반복적인 일을 어떻게 해결해 나가야 할까요? 자연과 더불어 살아가지 못하고 자신을 낳아 준 자연을 파괴하며 살아가는 인간의 사악한 이기심, 자기 스스로의 행동을 사명감으로 합리화하는 인간들의 모습에 거인의 말 없는 말을 되새겨 봅니다.

정말 우리는 침묵할 수는 없을까요?

생각하면 쓸모 있는 질문 한 스푼

- ⊘ 주인공이 거인의 이빨을 사게 되면서부터 인생의 대전환이 일어납니다. 이처럼 나의 인생에 큰 변화를 가져온 사람이나 사물, 경험이 있다면 무엇인가요? 변화를 가져온 이유는 무엇이라고 생각하나요?
- ⊘ 책 속의 거인의 몸에는 자신들이 생활하는 경험들이 무늬로 새겨집니다. 내 몸에도 삶의 경험이 무늬로 남는다면 어떤 무늬가 새겨지기를 바라나요?
- ⊘ '침묵'함으로써 지켜낸 것이 있거나 침묵하지 못하여 일어난 갈등이나 오해의 경험이 있다면, 그에 대해 이야기해 봅시다.
- ⊘ 책학자는 정보나 이론에 대해 세상에 알려서 이롭게 하려는 사명감이 있습니다. 그러나 알려지면 장소, 생명의 피해가 생길 수도 있습니다. 새롭고 유익한 정보는 만인에게 알려야 할까요? 아니면 혼자만 알고 있어야 할까요? 왜 그렇게 생각하나요?
- ⊘ 자기가 한 결정에 따라 생긴 결과에 대해 '그렇게 될 줄 몰랐다.'라는 말을 한다면, 그 말에 대해 어떻게 생각하나요?

법이 바뀌어도 여전히 김지영

조남주, 『82년생 김지영』, 민음사, 2016.
서른네 살의 김지영이 어느 날 갑자기 이상 증세를 보이는 데서 이야기가 시작됩니다. 그녀의 기억을 바탕으로 한국 사회의 여성으로 살아가는 삶에 대한 이야기입니다. 이에 같은 시대의 유사한 기사와 통계 자료가 덧붙여져 30대의 한국 여성들의 보편적인 삶의 모습을 보여줍니다.

제가 존경하는 선생님 중 한 분은 소설을 참 좋아하십니다. 다른 종류는 읽지 않고 소설책만 읽습니다. 소설을 읽으면 현실을 잊을 수 있어서 좋다고 합니다. 현실을 바탕으로 하지만 가상의 이야기이니 그렇고, 책 속에 빠져 현실의 일을 잠시 잊을 수 있어서라고 합니다. 그런데 현실과 거의 같은 소설을 읽으면 어떤 기분이 들까요?

이 책을 읽으면 생활 주변에서 일어나는 지극히 평범한 스토리와 전개에 화가 나기도 하고 목에 뭐가 걸린 듯 답답하기도 했습니다. 주인공이 순간순간 기억을 잃어버리는 해리장애를 뒷받침하는 결정적인 상황이나 사건이 없음에 황당하기도 했습니다. 이 책을 읽은 동료나 친구와 대화해 보면 저와 비슷한 생각을 했다는 분도 만나게 됩니다. 우리는 왜 자극적이고 뭔가 현실과 다른 새로운 것을 원하는 것일까요? 현실에서는 극단적인 병이 오게 된 원인이나 경로가 이렇게 무단히, 특별히 심한 통증이 없다가 병을 진단받는 경우가 있는데 말입니다. 이 이야기는 정말 너무 평범해서 소설 같지 않은 이야기일까요?

김지영이 취업 면접을 보러 갔을 때, 심사관이 업무상 거래처 미팅 자리에서 상사가 신체 접촉을 시도해 오면 어떻게 할 것인가에 대해 질문했습니다. 부당한 행동에 대해 주의와 경고, 법적 조치를 하겠다고 답한 면접인에게 심사관은 노골적으로 불만을 표시하고, 파일에 뭔가 적기도 했습니다. 김지영은 자리를 피하는 상황을 만들겠다고 하고 다른 면접자는 본인의 잘못을 되돌아보겠다고 대답합니다. 면접에 붙기 위해서는 그들의 정해진 답을 말해야 하고, 정당한 대답을 하려면 취업을 포기해야 합니다. 그 시대의 현실적인 상황입니다.

우리가 당사자였다면 무엇이라고 답변했을까요? 문득 어느 지역의 모 시장이 참석한 회식 자리에 대한 기사가 생각납니다. 기사에는 사진이 하나 있었는데, 시장 주변에 젊은 여성 직원들만이 앉아 있는 사진이었습니다. 사진을 본 시민들이 과잉 충성이라고 분개의 댓글을 썼었습니다. 소설을 보며 그 기사가 겹쳐 보였습니다. 저도 김지영이었을 수 있습니다. 1999년에 남녀차별 금지 법안이 제정되고 성평등을 위한 제도적인 장치가 생겼는데도 성차별은 보이지 않게 존재하고 있습니다. 그 속에서 김지영은 서서히 자신의 목소리를 잃어갑니다.

과거 시대에는 육아 문제가 해결되지 않은 여직원은 채용하지 않으려 했습니다. 그 시대에서 세상이 조금씩 변해갑니다. 법이 바뀌어 갑니다. 그러나 가치관은 그대로 남아 있기에, 우리 시대에도 여전히 김지영은 존재합니다. 모두의 몸에 이미 배어 있어 자신도 모르는 성차별 관습들이 김지영을 만듭니다. 마치 30~40도의 미지근한 물이 조금씩 온도가 높아져도 전혀 느끼지 못하듯이 말입니다.

저도 집안일을 하다 보면, "뭘 도울까?"라고 말하는 남편과 무던히 다퉜습니다. 맞벌이 부부로 직장 일을 같이하고 가사일도 함께 '하는' 것을 '돕는 일'로 생각하는 가치관이 지속되는 한, 서류가 제도가 바뀌어도 우리는 모두 김지영입니다.

생각하면 쓸모 있는 질문 한 스푼

- 82년생 김지영이 지금 시대에 살고 있다면, 가정을 갖고 직장생활하면서 어떤 점들이 나아졌을 것이라고 생각하나요?
- 내가 일상에서 가장 힘들다고 느낀 성차별 경험이 있다면 무엇인가요? (내가 느끼지 못했어도 다른 사람의 경험을 보았을 때 느낀 점을 이야기해 봅시다.)
- 가정과 직장, 우리의 생활문화 속에서 일어나는 성차별적인 태도에 대해 나도 지극히 당연하고 자연스러운 것으로 알고 '그냥 그런 줄 알고 살아온 것'이 있다면 무엇인지 이야기해 봅시다.
- 우리나라에서 남녀 성평등 문제를 해결하기 위해 가장 바뀌어야 하는 것은 무엇이라고 생각하나요?

머리가 아닌! 가슴으로 역사 느끼기

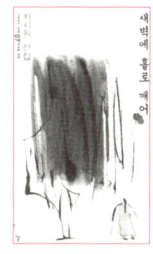

최치원, 『새벽에 홀로 깨어』, 돌베개, 2008.

신라 시대 대문학가 고운 최치원의 시와 글을 우리말로 쉽게 풀이한 책입니다. 1부~3부에는 수작으로 손꼽히는 시들과 4부는 10편의 산문, 5부에는 '사산비명' 중의 세 작품, 6부는 '수이전'의 열 작품으로 구성되어 있습니다. 13세에 당나라에 유학 가서 그의 천재성을 발휘한 부분, 「토황소격문」을 지은 문장가, 정치가로서의 삶, 그리고 역사적 격변기를 지나오면서 홀로 겪은 외로움과 서정, 천재성과 다채로운 작품의 세계를 살펴볼 수 있습니다.

역사 속의 인물에 대해 우리가 아는 것은 무엇일까요? '최치원'에 대해 아는 것을 말해보라고 하면 저는 학창 시절 역사 수업 시간에 배운 지식으로 '9세기 통일신라 말기의 학자, 중국 당나라에서 「토황소격문」을 쓴 문장가, 당나라 유학생' 등의 간단한 역사적 사실만 알고 있을 뿐입니다. 그는 제게 있어 역사의 인물 중 하나에 불과했으며, 생명 없는 지식 몇 줄에 그칠 뿐, 저와는 전혀 상관없는 인물에 불과한 지식이었습니다.

하지만 최치원의 『새벽에 홀로 깨어』를 읽고 동아리 회원들과 토론한 후로 역사 속의 인물들이 살아서 제게로 다가오는 강렬한 느낌을 받았습니다. 특히 최치원의 시를 읽으면서 인간적 번뇌를 짐작하게 되고 안타깝기도 했습니다. 서자로 태어난 설움으로 당당하게 살아가지 못하고 당나라로 유학을 떠난 최치원은 자신의 꿈을 이루지 못하는 처지와 외로움을 꽃과 바위 등 모든 사물에 마음을 빗대어 표현했습니다.

　십 년 안에 과거에 급제하지 못하면 아들로 생각하지 않겠다는 아버지의 엄한 태도에 최치원은 상투를 대들보에 걸어 매고 송곳으로 허벅지를 찔러가며 게으름 피우지 않고 공부했다고 합니다. 그의 고백은 오늘날 학업 스트레스가 과중한 학생들의 고뇌와 다를 바가 없고, 부모의 인정을 받으려는 아들로서의 몸부림이 고스란히 느껴집니다.

접시꽃
적막한 황무지 한 모퉁이에/다복하게 꽃피어 가지 휘었네.
매화비 맞아 향기 그치고/보리바람결에 그림자 비스듬하네.
수레 탄 이 뉘라서 보아 줄까?/벌과 나비 떼만 날아든다네.
천한 땅에 태어난 것 스스로 부끄리니/사람들에게 버림받은 것 슬퍼할 만하군.
_최치원,『새벽에 홀로 깨어』, 돌베개, 2008, p27

　여름 방학 중학생들로 구성된 독서 동아리에서 이 책으로 토론했습니다. 처음에 학생들은 모두 시에 관심이 별로 없는데 옛 선조가 쓴 시를 읽고 이해가 될까? 토론이 가능할까? 자신이 없었습니다. 그러나 책을 읽고 질문을 만들고 그 질문들로 토론하는 시간에 한 학생은 최치원이 자연에 관한 시를 많이 썼다며, 어느 곳에도 얽매이지 말고 살아가라는 메시지를 알게 됐다고 하였습니다. 다른 학생은 '변신은 외려 쉽다고 하고 양심을 지키는 것이 가장 어렵다고 한 이유에 대해 고민하게 된다.'라고 하였습니다.

　초등학생들과도 이 책을 읽고 토론하였습니다. 자기가 좋아하는 시를 골라 낭송하기도 하고, 배경지식이 없더라도 시에 담긴 최치원의 마음을 읽고 공감하기도 하고, 자연에 대한 표현과 시에 관심을 가지게 되었다고 말하는 학생도 있었습니다.

역사 공부는 역사적 사실을 줄줄이 늘어놓고 외우고 하는 것이 아니라 이렇게 한 권의 책, 몇 편의 시를 통해서 읽고 함께 이야기 나누는 것을 통해서 배울 때 더 효과적인 것 같습니다. 이렇게 할 때, 역사적 사실을 깨닫게 되고 충분히 가슴으로 느끼는 진정성 있는 역사 공부가 될 것입니다.

생각하면 쓸모 있는 질문 한 스푼

- 감명받은 시 3편을 고른다면 무엇인지요? 그 이유는 무엇인가요?
- 다음의 경험에 대해 이야기해 봅시다.
    - 집이나 가족과 오랫동안 떨어져 지낸 경험과 생각을 이야기해 봅시다.
    - 어떤 때 쓸쓸하나요? 쓸쓸할 때 어떻게 하나요?
- 새벽에 대한 느낌과 가장 인상 깊었던 새벽의 장면이 있다면 무엇인가요? 새벽에 홀로 깨어 있던 느낌과 생각을 이야기해 봅시다.
- 최치원이 자연이나 사물을 보는 시각, 관점에 대해 이야기해 봅시다. 나의 관점은 어떤가요?
- '새벽'은 무엇을 의미할까요?
- 책의 제목도 새벽이고, 새벽에 대한 시가 처음을 장식합니다. 새벽에 대한 시가 많은 것에 대해 서로의 생각을 나누어 봅시다.

얼마만큼 원하시나요?

권정생, 『우리들의 하느님』, 녹색평론사, 1996.
이 책은 실천으로 자신의 철학과 삶을 보여주는 아동문학가 권정생의 산문집입니다. 무욕과 절제의 삶을 살아온 저자가 자신의 삶과 생활의 단상을 산문으로 엮은 책입니다. 저자는 평생을 자연과 생명, 어린이와 이웃, 고난받고 소외된 자들에 대한 주제로 글을 썼습니다. 우리가 가진 것들은 소유하고 생활하기에 적당한가? 지나친 소유와 과소비는 아닌가? 되돌아보게 하는 청빈한 저자의 메시지입니다.

독서는 마음의 양식이라고들 합니다. 육체적으로 음식을 섭취해서 영양분이 피와 살이 되고 성장하듯, 앎으로 마음을 살찌우는 데 초점을 두기 때문일 것입니다. 때로는 책은 마음의 정화를 위한 세수가 되기도 합니다. 『우리들의 하느님』이 그렇습니다. 지금껏의 생활 태도와 마음을 되돌아보고 저울질하게 하고, 그래서 읽는 내내 마음을 불편하게 하는 책입니다.

아는 만큼 실천하지 못하는 생활, '그들만의 천국'이 존재하는 것처럼 '나의 하느님'은 다른 사람의 하느님과 상충하는데도 나는 내 하느님만 고집하진 않았는지 돌아봅니다. 우리들의 하느님은 공생하고 공유하는 하느님이라는 의미인지 생각해 봅니다.

작가는 우리에게 적당하게 가질 것을 권합니다. 그래야 함께 공생할 수 있는 길이 생긴다고 말입니다.

우리는 당장 살 집이 있어야 하고 적어도 한 달 치 살아갈 돈이 있어야 합니다. 한 사람이 하루를 살아갈 돈은 얼마면 될까요? 우리가 알맞게 살아갈 하루치 생활비 외에 넘치게 쓰는 것, 내 몫의 이상을 쓰는 것은 남의 것을 쓰는 것과도 같다는 말은 제 소비 생활을 되돌아보게 합니다.

낭비는 자기 스스로의 인간성을 파괴하고 남까지 범죄 동기를 유발시킨다.
_권정생, 『우리들의 하느님』, 녹색평론사, 1996, p74

저자는 옛날 기생들이 모양을 더 내고 싶어도 시골 여인들이 흉내 낼까 봐 자제했다고 전합니다. 이해되는 말입니다. 날아다니는 슈퍼맨 만화나 영화를 따라 하는 아이뿐 아니라 청소년도 어른들도 부러운 모습을 따라 하고 아이들의 모습과 치장을 따라 하며 '자기'를 잃어갑니다. 낭비는 나아가 함께 하는 이 지구의 생태를 위협하는 일이 되고 있습니다. 환경 운동은 자신의 과소비에 대한 반성과 실천이 먼저라고 선생은 일침을 가합니다. 이 시대에 한 개인의 소비는 사회적인 책임도 있기에, 책은 철학적으로 무거워집니다.

인간이 동물과 다른 이유는 '사회적' 존재라는 것 때문입니다. 사회적 존재는 곧 문명을 의미합니다. 그런데 작가는 이 문명을 최소화하고 부정하고 싶어 합니다. 이것은 자본주의 사회의 병폐와도 연결된다고 봅니다. 좀 더 자연에 가깝게 자급자족하며, 소탈하게 살기를 권고하나, 시대의 변화에 맞추어 보면 이루어질 수 없는 '바람'을 꿈꾸고 있는 것 아닌가 하는 생각이 듭니다. 선생은 이 책을 통해 우리는 근본적으로 인간과 생명을 지닌 모든 존재 자체의 가치를 인정하고 존중해야 한다는 점, 어떤 존재가 도구나 차별받는 존재가 되어서도 안 된다는 점, '실천하는 지성'에 대해 이야기합니다.

물질 소유가 생명과 삶의 연장을 위한 생존적 욕구 충족을 넘어서 보상과 과시를 위해 소유하는 심리적 욕구로 바뀐 이후, 사회에 많은 문제가 발생했다는 글귀도 생각납니다. 가진 것으로부터 자유로웠던 선생님, 우리들의 성자로 자리매김하는 이유입니다.

이 책의 마무리를 쓴 이계삼 님은 저자 권정생 선생을 떠올리면 늘 불편하고 죄책감이 동반된다고 했습니다. 이 책은 우리가 맞닥뜨려야 하는 '불편한 진실'입니다. 몇 번을 읽지만, 읽을 때마다 마음이 불편합니다. 이것이 소크라테스가 말하는 우리를 늘 깨어 있게 하는 '등에'라고 생각합니다. 생활 속에서 늘 깨어 있고 단 한 가지라도 행동으로 공생과 함께 살아가는 것에 대해 생각하게 합니다. 또다시 혼탁해질지라도 선생의 글을 통해 마음을 닦아봅니다. 최소한 '당신의 하느님'과 '나의 하느님'이 다르지 않은 '우리들의 하느님', 내 안에 있는 '하느님'을 찾고 같이 꿈꾸고 살아갈 수 있도록 말입니다.

생각하면 쓸모 있는 질문 한 스푼

- 이 책의 내용에서 가장 공감 가는 이야기와 이해되지 않는 내용은 무엇인가요?
- 이 책에서 바보 이반의 이야기를 하며, 이반이 임금님이 되어서도 흙을 파고 농사를 지었다고 우리도 이반처럼 되어야 한다고 말합니다. 무슨 의미일까요?(p116)
- 권정생 선생은 사람의 행복이 편리한 것, 풍요로운 것이 아니라 좀 불편하고 조금 부족해야 훨씬 행복할 수 있다고 말합니다. 이에 대해 나의 입장을 이야기해 봅시다.(찬성/반대)

'낯섦'에 대한 편견과 '함께' 산다는 것

헬렌 한프, 『채링크로스 84번지』, 궁리, 2004.
이 책은 영화 <채링크로스 84번지>로도 나온 이야기입니다. 책 읽기가 삶의 즐거움인 한 작가가 책을 구하기 위해 헌책방에 편지를 보냅니다. 이후, 헌책방 직원과 1949년부터 20여 년간의 편지를 하게 되는데, 이를 엮은 책입니다. 책을 매개로 이어진 오랜 기간의 편지 속에서 모르는 사람과의 우정, 책으로 이어지는 삶의 모습과 이웃에 대해 생각해 보게 합니다.

매월 2회의 책을 추천하는 편지를 썼습니다. 제 글을 읽는 회원님들 그리고 지금 이 책을 추천받는 독자들은 저를 모르겠지요? 저도 제 글을 읽는 독자들을 모릅니다. 그러면서 함께 읽고 싶은 책에 대해 생각을 공유하는 글을 보냅니다. 낯선 이가 보내는 글에 대해 어떻게 생각하나요?

예전에 펜팔이 유행해 낯선 사람들이 서로 편지를 주고받으며 친구가 되고 연인이 되기도 했던 시대가 있었습니다. 낯선 대상에 대해 부정적이기보다는 새로움, 설렘, 기대감을 느꼈던 시절이었습니다.

지금은 책을 주문하면서 편지가 오고 가는 일은 없겠지요. 모든 주문이 정해진 규격과 숫자로만 이루어집니다. 이야기의 배경은 영국의 채링크로스 84번지에 있는 희귀고서점입니다. 고서적에 취미가 있는 가난한 작가

헬렌 한프는 중고 서적을 구입하기 위해 영국 서점의 주인에게 편지를 보냅니다. 그리고 그 책들을 보내주는 서점 주인과 편지를 20년간 주고받습니다. 서로 책을 주문하고 보내주다가 차츰 선물도 하게 되고 서점 주인뿐 아니라 서점의 직원들, 서점 주인의 아내와 가족과도 편지를 주고받게 됩니다. 상상만 해도 따뜻하고 왁자지껄한 사랑방 같은 분위기가 느껴져 미소가 지어집니다.

저 멀리 떨어진 곳에서 누군가가 본 적도 없는 사람들에게 그렇게 친절하고 자상할 수 있다는 것을 생각하면 마음이 훈훈해집니다. 서점의 다른 분들도 모두 같은 생각일 것입니다.
_헬렌 한프, 『채링크로스 84번지』, 궁리, 2004, p46

어느 편지에서 빌 험프리스의 아내가 남편 대신 편지를 씁니다. 남편의 병과 죽음 그리고 두 사람의 유머 감각이 닮아서 부러웠다는 이야기, 헬렌의 글솜씨가 부럽다고 하면서 우정에 대해 존경을 남겼습니다. 마치 이웃집에 사는 사람들의 이야기 같은 풍경입니다. 사실, 사이버 세상의 네트워크가 잘 구축된 지금 시대에 이런 이야기들이 더 있어야 하는 것 아닐까요? 서로 모르는 사람들끼리 나누는 사무적인 일들도 이렇게 삶의 소중하고 아름다운 무늬가 될 수도 있는 세상이기에 낯선 사람은 그저 경계의 대상은 아니어야 할 텐데 말입니다.

얼마 전 택배 기사님의 문자가 왔습니다. "사고로 다쳐 아파트까지 못 가고 경비실에 물건을 맡겨 죄송합니다." 저는 물건을 확인했고 빨리 낫기를 바란다고 모르는 기사님에게 문자 답을 보냈습니다. 짧은 글 한 줄인데도 왠지 저도 스스로 따뜻해지는 기분이었습니다.

생각하면 쓸모 있는 질문 한 스푼

- 다른 사람이 읽고 공감한 곳에 줄을 긋거나 설명이 적힌 책을 읽는 느낌은 어떤가요?
- 낯선 사람에게 친절하게 대하라는 옛날의 교육과는 다르게, 지금은 낯선 사람을 경계하고 조심해야 하는 시대에 살고 있습니다. 이런 시대에서 이 책을 읽는 소감은 어떤가요?
- 자신의 일을 성실하게 했을 뿐인데 타인이 감동을 받았다고 표현하거나, 다른 사람의 당연한 성실에 감동을 받은 경험에 대해 이야기해 봅시다.
- 타인의 당연한 업무나 임무로서의 성실함에 누군가가 감동을 받는 이유는 무엇일까요?
- 택배나 음식 배달을 하면서 짧은 메시지나 문자를 주고받고 감사나 미안함을 전한 경험, 그에 대한 관련된 사이트의 후기를 쓴 경험이 있나요? 그때의 경험과 느낌 등에 대해 이야기해 봅시다.

소크라테스의 변명

플라톤, 『소크라테스의 변명』, 문예출판사, 1999.
제자 플라톤이 소크라테스의 철학을 저술한 책으로 「소크라테스의 변명」, 「크리톤」, 「파이돈」, 「향연」 등 4편이 실려 있습니다. 젊은이를 타락시켰다는 죄명으로 고소당한 소크라테스의 법정 변론을 통해 그의 철학과 삶을 이해할 수 있습니다. 시대를 넘어 지금까지 성인, 철인으로 불리는 그의 사상을 이해하고 오해와 억울함에 대처하는 그의 철학을 통해 우리 자신은 어떻게 할 것인가? 용기와 결단이 무엇인지 돌아보게 합니다.

이 책을 읽으며 '변명'이라는 뜻을 사전에서 찾아보았습니다. '변명'이란 보통 부정적인 의미로 쓰이는 경우가 많습니다. 의미 자체가 자기의 잘못된 일에 대한 합리화 또는 변으로 보기 때문입니다. 그런데 위대한 철학자인 소크라테스가 변명을 한다는 것에 대해 새삼 어휘 하나도 되새겨보게 됩니다.

사전적으로 변명이란 '어떤 잘못이나 실수에 대하여 구실(자기가 마땅히 해야 할 맡은 바 책임)을 대며 그 까닭을 말함'과 '옳고 그름을 가려 사리를 밝힘'이라는 뜻을 가지고 있습니다. 뜻을 살펴보며 변명이란 부정적인 것도 긍정적인 것도 아닌데 우리는 부정적으로 쓰는 경우가 많지 않았나 하는 생각이 들었습니다.

 소크라테스는 자신의 죽음에 좌절하고 슬퍼하고 안타까워하는 제자들 속에서 자신의 목숨을 위해 구명도 변명도 하지 않고 자신의 논리를 펼쳐가는 데에 집중합니다. 그 장면을 읽는 나도 저럴 수밖에 없을까? 나라면 어떻게 했을까? 죽음 앞을 가늠해 봅니다. 행동의 범위는 생각의 한계에서 오는 것이듯, 생각의 범위는 또한 앎의 범위를 벗어나지 못합니다.

 소크라테스는 자신의 죄명이 옳지 않다는 것을 알면서도 자신이 해야 하는 일을 알고 있었기에 두렵지 않고 자신의 소명을 다했습니다. 실천을 위해서는 우선 알아야 합니다. 진리를 실천하기 위해서는 알아야 하고, 제대로 알기 위해서는 끊임없이 질문해야 합니다. 그 과정에서 자신이 '무지한 것을 알게 되는 것', 어떤 분야에 있어서 알고 있다고 여긴 것이 제대로 아는 것이 아니라는 것을 알게 되는 것, 소크라테스는 그것이 지혜의 시작이라고 말합니다.

 소크라테스는 자신의 죄명에 대한 항변이 아니라 아테네 시민들을 위해 변론합니다. 어쩌면 시대에 대한 항변이고 옳지 않은 법임을 알면서도 그 법에 따라 죽을 수밖에 없는 부당한 현실에 대한 고발인지도 모릅니다. 멜레토스를 포함한 3인이 소크라테스를 "젊은이들을 타락시키고 신을 믿지 않는다."라는 불경죄로 기소했습니다. 이에 소크라테스는 법정에서 자신의 무죄를 변론하게 됩니다. 이 고발이 정당한지에 대한 고찰은 있었을까요? 고발한 측과 소크라테스 간의 불편한 관계가 있었기에, 이미 죽일 목적으로 시작된 것은 아닐까요?

소크라테스가 살던 그 시대의 아테네는 모든 공직자를 추첨으로 정했다고 합니다. 재판의 배심원들도 추첨으로 정하기 때문에 법률 전문성을 가지고 있지 않은 사람들이 대다수입니다. 그렇다고 무지한 것은 아니지만 공정한 재판이 될 가능성에 대해선, 회의적이라는 의미입니다.

오히려 저는 논리가 부족해서가 아니라 뻔뻔스러움과 후안무치함 그리고 그대들이 듣기 바라는 말을 하려는 의지가 부족해서 사형선고를 받았을 뿐입니다.
(중략)
여러분은 벌써 다른 이들이 그런 짓을 하는 데 익숙해져 있으니까요. 하나, 저는 이 위기의 순간에도 자유인에게 어울리지 않는 일을 해야 한다고 생각하지 않습니다.
_플라톤,『소크라테스의 변명』문예출판사, 1999, p267

'위인'과 평범한 사람의 차이는 무엇일까요? 많이 알고 적게 아는 것의 차이가 아니고 '실천'하느냐 그렇지 않느냐의 차이이겠지요. 소크라테스는 법정에서 '유능한 사람'은 능력이 뛰어난 사람이 아니라 '진리를 말하는 사람'이라고 말합니다. 그런 면에서 소크라테스는 유능하고 '몸으로 실천'하며 진리를 말하는 사람입니다.

소크라테스는 자신을 향하여 이 세상에 보내진 '등에'라고 표현합니다. '등에'란 피를 빨아먹는 쇠파리 곤충이라는 뜻입니다. 무감한 사회를 각성시키고 문제의식을 느끼게 하는 지식인의 역할을 의미합니다. 말의 등에 붙어 성가시게 하는 등에 때문에 꼬리로 제 등을 치고 움직이는 동물처럼 국가와 시민이 올바로 가도록 끊임없이 문제 제기하는 자신을 빗대어 표현한 것입니다.

자신을 향하여 '등에'라고 말할 수 있으려면 어떤 삶을 살아야 할까요? 소크라테스는 생업도 포기하고 젊은이들에게 그 진리를 알리기 위해 문답법을 하며 가르쳤습니다. 자신에게 떳떳한 삶을 살아야 그렇게 말할 수 있다는 신념이 있었기 때문입니다.

멜레토스 등의 고발로 소크라테스가 악법임을 알면서도 죽음의 길을 받아들인 것을 시대적인 상황과 거국적인 시각보다 개인의 문제로 좁혀서 생각해보고 싶습니다. '등에'에 대해 생각해 봅니다. 나 자신을 늘 일깨우는 '등에'는 어떤 존재일까요? 평온하고 안일한 생활에 만족하지 않도록 채찍질하게 하는 것이 멘토나 친구일 수도 있고 책일 수도 있을 것입니다.

소크라테스는 최선의 선택으로 억울함을 알면서도 당당하게 재판을 맞이합니다. 자신이 억울한 죄명을 받은 것과 자신이 그 죄명으로 인해 법의 집행을 받는 것은 다른 문제라고 이야기합니다. 그러나 정치적인 제약을 받을 것 같아서 정계에 진출하지 않고 평범한 신분으로 젊은 지성을 깨우며 진리를 실천하며 살았던 것은, 어쩌면 자신과의 타협은 아닌가 하고 다른 관점에서 생각해 봅니다. 다른 관점으로는 어차피 정치적으로 자신의 주장이 받아들여지지 않을 것을 알고 다른 방법으로 지성을 깨우치려고 한 것일 수도 있습니다. 소크라테스는 정면 돌파만이 정도(正道)는 아니라고 생각한 건 아닐까요?

소크라테스는 살아가면서 오로지 어떤 일을 올바르게 할 것이냐, 아니면 나쁜 행위를 할 것이냐, 선과 악만 고려하라고 말합니다. 제 삶에 있어서 부단한 성찰을 하고 있는지, 옳음을 위한 떳떳함이나 어떤 소명을 가지고 있는지 돌아봅니다.

생각하면 쓸모 있는 질문 한 스푼

- 누군가에게 자신을 변명해 본 적이 있나요? 어떤 마음이었나요? 그 결과는 어떻게 되었나요?
- 소크라테스는 자신을 향하여 이 세상에 보내진 '등에'라고 하였습니다. 나에게 있어 '등에'는 무엇이라고 생각합니까
- 소크라테스가 정계에 나가지 않고 활동한 것에 대해 어떻게 생각합니까?
- 내가 어려운 결단을 내린 적이 있다면 어떻게 그 결단을 내리는 용기를 갖게 되었나요? 만약 결단을 내리지 못했다면 무엇 때문이었다고 생각하나요?

내 삶의 모자이크를 위해 필요한 것들

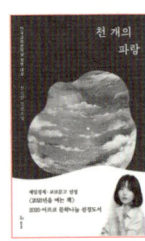

천선란, 『천 개의 파랑』, 허블, 2020.
『천 개의 파랑』은 진보하는 기술을 표현한 공상 과학 소설로 보이지만, 사실은 자본주의 시스템과 인공지능 AI의 미래 사회 속에서 잃어가게 되는 인간성, 소외되고 상처 입는 사람들에 대해 이야기하는 책입니다. 우리들의 삶의 속도와 놓치는 것들, 누구도 배제하지 않고 '천천히, 천천히' 함께 가는 방법에 대해 이야기합니다.

아들은 올해 1월, 취업에 성공해 강릉에서 근무하게 되었습니다. 뉴스에서 취업난을 다룰 때마다 저 고난의 경쟁 속에서 취업을 한 아들이 늘 고마웠습니다. 그런 아들이 지난주, 두 달여 만에 집에 왔습니다. 취업도 했고 이제 적응하면서 자신의 삶을 또 한 발짝씩 내디디면 되는데, 아들은 고민이 많다고 합니다. 원래 지금 다니는 직장이 목표는 아니었습니다. 목표로 했던 곳은 탈락했고 차선으로 정한 직장에 합격해서 일단은 다니면서 목표한 곳으로 재도전하겠다고 합니다. 경제적인 이유, 업무 환경과 복지에서의 이유라고 하지만, 그 속에는 친구들의 취업에 비해 자신이 가진 입지가 만족스럽지 않음도 들어있을 것이라고 생각했습니다.

첫 목표를 이루면 또 다른 더 큰 목표를 향해 가겠지요. 이것을 현실에 안주하지 않고 자신의 목표를 향해 도전하는 멋진 모습이라고 지지해야 할지 고민됐습니다. 그게 아니라면, 무엇이든 계획한 목표가 전부는 아니지 않냐고, 가려고 한 직장, 일의 방향이 맞으면 그 속에서 자신의 역량을 발휘하며 삶을 꾸려가는 것은 어떠냐고 말해주고도 싶었습니다. 그렇게 좀 더 고민해 보는 것이 어떻겠냐고 말하고도 싶었지만, 선뜻 말해 줄 수 없었습니다. 아들의 목표가 어떻게 정해졌는지 모르기 때문입니다. 지금 현대사회에서 인간은 모두가 같은 목표를 향해 가게 됩니다. 그것을 만든 것은 이 사회입니다. 이 사회에서 인간은 어떻게 해야 하는 걸까요?『천 개의 파랑』에서 은재가 일하던 편의점의 주인은 말하길, 사람이 산다는 게 끊임없이 낯선 것에 도전하는 것이라고 했습니다. 하지만 전 그렇게 말할 엄두가 나지 않았습니다.

당신은 당신의 주로가 있으니 그것만 보고 달려요. 자신의 속도에 맞춰서요.
_천선란,『천 개의 파랑』, 허블, 2020, p352

억대의 몸값을 자랑하는 제1의 경마, 투데이는 인간들이 달리는 것을 보는 욕망을 위해 빠르게, 더 빠르게 달리다가 3년 만에 안락사하게 되는 처지에 놓이게 됩니다. 투데이 주변의 은혜, 은재, 인공지능 휴머노이드 콜리는 합심해서 투데이를 구하려고 합니다. 단 2주 만이라도 안락사를 연기하고 경마장에서 뛰게, 그것도 투데이 현재 상태에 맞는 속도로 '천천히' 뛰게 하려고 합니다. 영양 주사를 놓고 천천히 다치지 않을 만큼 느긋하게 뛰도록 훈련시킨 후, 마침내 마지막 주로에 서게 합니다. 그러나 투데이는 무릎이 망가진다 하더라도 빠르게 뛰고 싶어 했습니다. 그런 투데이의 마음을 읽은 로봇 기수 콜리는 투데이에게 질주 순간의 행복을 느끼게 해 주고 싶어 자신의 몸을 내던져 버립니다. 투데이는 죽을 지경에서도 빠르게 뛰고 싶어 하는 질주 본능을 지녔습니다. 그것은 말의 속성일까요? 아니면 속도에 쾌감, 질주의 행복을 느끼도록 인간이 투데이를 훈련시켜 온 결과일까요?

아들이 자신의 첫 목표를 향해 다시 도전하고자 하는 모습을 봤을 때, 전 거기에서 우리나라의 교육과, 이 사회의 현실을 보았습니다. 그 기준은 우리나라의 교육과 사회가 강요해 온 기준과 무척 닮아있습니다. 모두 현재에 만족하지 않고 위로만 나아가려 합니다. 마치 빠르게, 더 빠르게 달리려만 하는 경주마처럼 경쟁이 모두의 의식 속에 무의식화되었다는 생각이 들어 가슴이 착잡해집니다.

저는 첫 시험에 합격했으나 대학엘 못 갔습니다. 갑작스럽게 아버지의 사업이 잘 안되어 다음 해에 아르바이트하면서 재수를 했습니다. 이후, 원하는 목표가 아닌 교육대학교에 입학하여 교사가 되었습니다. 만약, 제 첫 목표가 아니어서 아들처럼 첫 목표만을 위하여 재도전, 또 도전했으면 어떤 삶을 살았을까요? 그것은 또 다른 삶의 무늬가 되었을 것입니다. 그러나 저는 30여 년의 교육 경력이 쌓이는 동안 정기적으로 책을 추천하는 편집 위원의 일원이 되기도 하고, 독서와 토론의 전문성을 책으로 엮은 '글 쓰는 사람'이 되어가고 있습니다. 또 교사의 삶을 살아왔기에 남편을 만났고, 지금의 아들이 존재합니다. 마치 모자이크처럼 우리의 삶은 분절이 아니라 하나의 경험으로 인해 또 다른 사건이 일어나는, 그래서 그로 인한 경험들로 모두 연결되는 하나의 작품이 아닐까 싶습니다.

은재의 엄마 보경은 오랫동안 남편 소방관의 죽음에서 벗어나지 못했습니다. 은재도 은혜도 각자가 가진 상처를 혼자 끌어안고 외롭게 웅크리고 나오지 않았습니다. 그것은 자신과 가족의 불행을 외면하고 아닌 척 숨기고 싶기 때문이었을 것입니다. 그러나 인공지능 베티에게 아르바이트 자리를 내주고 쫓겨난 은재, 휴머노이드 '콜리'를 특별한 이유 없이 '그냥' 수중의 돈을 모두 주고 산 일, 그로 인해 친해지게 된 지수, 그리고 은혜와 투데이 구하는 일을 함께하게 되면서, 감정을 가진 '인간적인' 콜리와 '기계 같은' 건조한 감정으로 살아온 보경이 대화하면서 모두는 조금씩 자신의 세계에서 한 걸음씩 나오게 됩니다. 그리고 자신과 지금까지 연결되었지만 외면해 온 관계를 들여다보게 됩니다. 이 모든 개개인의 삶의 편린들이 모두 연결되어 거대한 파랑을 이루는 것입니다.

아들에게 무엇이라고 말을 걸어볼까? 그래도 먼저 고민을 말해 준 것이 고맙다고 생각됩니다. 스스럼없이 자신의 힘듦과 갈등을 터놓는 것은 또 우리가 함께 걸어오면서 쌓아온 관계 덕분일 것입니다. 선택은 자신이 하겠지만, 함께 공유한다는 것이 감사합니다. 아들이 어떤 삶을 꿈꾸는지 이야기해 본 지는 또 오래된 것 같습니다. 그것 또한 짜여진 삶의 스케줄, 학교, 그다음 상위 학교, 또 학교, 그리고 취업을 위해 밤낮없이 공부해 온 시간들 때문이었겠지요. 빠르게 가느라 놓치는 것들, 자신에게 맞는 속도를, 그 앞에 어느 방향을 보고 가는지 한 번쯤 나누는 시간을 가져야겠습니다.

생각하면 쓸모 있는 질문 한 스푼

- 이 소설은 2035년을 배경으로 하지만 이미 현재에도 휴머노이드와 같은 로봇과 그보다 발달한 인간의 감정을 가진 콜리와 같은 인공지능이 우리 생활에 깊이 영향을 주고 있습니다. 미래 문명의 가속도적인 발달에 대해 나의 생각은 어떤가요?
- 정신없이 바쁘게 살아오면서 소중하거나 중요한 것을 놓치고 있다고 생각한 적이 있나요? 무엇이었다고 생각하나요? 아니라면 바쁜 삶 속에서도 중요한 것을 놓치지 않은 나만의 방법은 무엇인가요?
- 연재는 체육 대회에서 더 빠르게 달리라는 주위의 요청으로 더 빠르게 달리다가 레일을 일탈하게 됩니다. 다른 인물들도 각자의 상황에서 '더 빠르게'를 요구받습니다. 저자는 이런 상황을 통해 '천천히 달리는 연습'이 필요하다는 메시지를 보냅니다. '천천히 달리는 연습'은 무엇을 의미하며 내가 하는 일과 삶에서 어떻게 천천히 달릴 수 있을까요?
- 인공지능은 인간을 대체하기도 하고, 인간을 능가할 수도 있다는 위협을 주기도 합니다. 인공지능과 과학이 발달해도 대체 불가한 인간만의 고유한 특성은 무엇일까요?

사람에 대한 예의

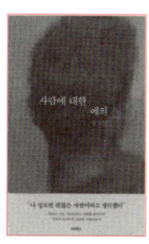

권석천, 『사람에 대한 예의』, 어크로스, 2020.
책은 저자의 개인적인 이야기부터 세상의 악인들의 이야기까지, 함께 살아가는 세상에서 지킬 예의가 무엇인지에 대한 메시지를 보냅니다. 저자는 기자 생활에서 보고 느꼈던 사회 현실에 대해 문제 의식을 제기하며 눈을 뜨기를 바랍니다. 부당함과 비극에 사회가 침묵할 때 인간이 어떤 고통 속에 있게 되는지, 때로는 침묵이 배려가 아님을, 침묵을 깨는 것이 사람에 대한 예의라는 것을 알려줍니다.

『사람에 대한 예의』 책장을 넘기면서 지난 주말에 만난 친구의 이야기가 떠오릅니다. 각자의 직장 이야기를 하는 중에, 친구는 근무하는 곳이 눈치가 보여 연가나 조퇴를 편한 마음으로 못 하는 분위기라고 했습니다. 저는 그것은 보장된 권리라고, 누구나 자기 복무에 대한 권리를 당당하게 다 행사한다고 했습니다. 조퇴나 외출, 연가를 내려 할 때마다 상사가 쉽게 허락하지 않아 모두가 불만이라고 하길래 누군가는 말을 해야 하지 않느냐고 물었습니다. 친구는 다들 옳지 않은 건 아는데, 알면서도 아무도 부당함에 대해 말하지 않는다고 했습니다. 소위 "먼저 총대를 메려고는 하지 않는다."는 것입니다. 그냥 '나만 안 하면 되지' 하는 생각으로 참는다고 합니다.

살던 대로 살기 싫어지는 순간은 누구에게나 온다. 처음엔 좀 더 민감한 사람들부터 기존의 방식을 거역하기 시작한다. 하지만 많은 사람들이 어제와 같이 살기 싫어지면 그때부터는 도저히 걷잡을 수 없게 된다. 세상이 뒤집어진다.
_권석천, 『사람에 대한 예의』, 어크로스, 2020, p183

 어제와 같이 살기 싫다는 의미는 기존부터 내려온 옳지 않은 관습이나, 정당한 법과 규칙에도 불구하고 암묵적인 압력으로 부당하게 행해온 것에 대해 제 목소리를 내겠다는 뜻입니다. 권위와 권력에 의한 묵시적인 압력에 내가 너와 함께 연대하여 같이 목소리를 내어주는 일이 사람으로서의 예의라는 것입니다.

 눈에 보이는 '금'이나 '선'은 물론, 우리가 지켜야 할 규율과 법은 인간이 사회를 살아가면서 서로 지켜줘야 할 경계선입니다. 놀이나 피구 같은 게임에서 선을 밟거나 넘으면 아웃이 되는 합법적 명령과도 같습니다. 그런데 이것이 사회적인 생활에서의 은유로 쓰이면 상황이 달라집니다. "당신이 그랬지?" 하고 어떤 일에 대해 권력에 의한 공격과 통제를 할 때는, 당사자와 그것을 목격한 우리는 침묵하지 않아야 한다고 말합니다. 그것은 권리가 아니라 인간으로서의 의무 아닐까요? 만약 침묵한다면 그다음은 침묵한 그 자신이 타격 대상이 될지도 모르기 때문입니다. 아이들의 세계에서 발생하는 학교 폭력, 그리고 직장에서의 따돌림, 이런 것도 침묵하지 않아야 하지만, 현실적으로는 정말 어려운 문제입니다.

 악이 승리하는 필요조건은 침묵일 수 있습니다. 저자는 잘못과 증거가 없는데도 억울한 일을 당한 사례들을 이야기하면서 목격자들의 예의를 부르짖습니다. 침묵하는 자는 자신이 보호될 것으로 믿지만 다음 차례는 자신이 될 수도 있다는 것을 〈기생충〉, 〈갱스터 스쿼드〉 영화를 예로 이야기합니다. 진실을 말하는 용기가 사람에 대한 예의라고 하니, 예의가 무거워지기도 합니다. 함께 일어나 연대해서 한 목소리를 내는 일이 설사 달걀로 바위를 부수는 일이 되더라도 해야 한다는 의미를 알 것 같습니다. 계란으로 바위를 치는 어리석음은, 바위가 부서지라고 깨는 것이 아니라, 그 위에 지워지지 않는 흔적을 남기겠다는 절규라는 것을 말입니다.

저자는 우리 각자가 '불편한 사람'이 되라고 요구합니다. 불편한 사람은 자신만의 원칙을 가지고 살기 때문에 그것을 지키려고 노력하기 때문입니다. 자신의 원칙이 없으면 지시하는 사람도 편합니다. 원칙을 가지면 그에 맞게 살아야 하기에 스스로 불편하지만, 오히려 그것이 자신을 지키는 일이라고 작가는 말합니다.

이 책의 표지에 다시 눈이 갔습니다. 뿌연 유리창 너머 있는 듯한 사람의 흐릿한 뒷모습입니다. 사람에 대한 예의는 나 혹은 우리의 뒷모습과 같은 것일까요? 사람에 대한 존중과 지키는 예의는 다른 사람을 위한 것 같아 보이지만, 사실은 나를 위한 예의입니다.

저자는 우리가 살고 있는 '지금 이곳'을 의심하라고 합니다. 타성에 젖은 자신에서 낯선 나와 마주치기를 바랍니다. '모르고 짓는 죄'는 없는지, 누군가를 손가락질했지만, 사실은 자신도 그런 행동을 하고 사는 것은 아닌지 돌아보기를 권합니다. 자신을 믿는 순간 편견의 구렁텅이에 빠질 수 있으므로 자신을 믿지 말라고 경고합니다.

우리는 "나 정도면 제법 예의를 지키는 사람이지 않나?"라고 생각하지는 않나요? 나 정도면 법 없이도 산다고 생각하지는 않는지, 그 생각을 벗어나라고 말합니다. 작가는 개인적인 삶과 사회적인 현상에 대한 자화상을 날카롭게 펼쳐 보입니다. 무리 속에 숨어서 '사람에 대한 예의', 인간 자체에 대한 존엄성을 생각하고 사는지 우리에게 묻습니다. 때론 불편한 내용이고 나의 민낯을 드러내지만, 유리창 먼지를 닦듯, 청소하듯 또 읽습니다. '지더라도 개기면 달라지는 것들'이 있다는 것을, 달걀로 바위를 치는 것은 바위를 부수기 위해서가 아니라 흔적을 남기기 위해서라는 말이 가슴에 와 닿습니다.

생각하면 쓸모 있는 질문 한 스푼

- 저자는 네팔 고사인쿤드 등반을 할 때, 도우미 셰르파를 돈을 주고 고용했다고 합니다. 하지만 돈을 주는 관계라고 서서히 함부로 대하게 되었고, 그런 낯선 자신을 발견하고 놀랐다고 합니다. 다른 환경이나 상황에서 '나도 모르는 나', '평소의 나 같지 않은 나'의 모습을 발견한 적이 있나요? '나도 모르는 나'의 행동과 태도에 대해 이유가 무엇이었는지 살펴봅시다.
- '나는 괜찮은 사람'이라고 생각하나요? 어떤 점에서 그런지 이야기해 봅시다. 자신이 괜찮은 사람이라고 생각하지 않는다면, 어떤 점에서 그렇게 생각하는지 생각해 봅시다.
- 모임이나 직장, 친구 관계 등에서 부당한 일을 겪는 상황과 맞닥뜨렸을 때, 어떻게 행동하는 성향인가요?
  * 예: 상황을 살피고 관망, 자신 또는 양쪽의 상황을 알아보고 개입함. 어떤 부당한 일인지 살펴보고 적극적으로 대응함 등
- 이 책의 2부에서는 주변 환경에서 생긴 편견이 가치관이 되고, 신념이 된다고 합니다. 내가 가진 편견은 무엇이라고 생각하나요? 편견으로 인해 오해를 하거나 할 뻔한 일은 있었는지, 아니면 없었는지, 만약 있었다면 그 이유가 무엇인지 이야기해 봅시다.

디지털 문명 부작용의 뒷면 읽기

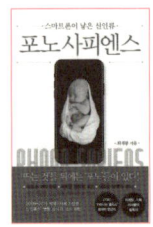

최재붕, 『포노사피엔스』, 쌤앤파커스, 2019.
이 책은 4차 산업혁명 시대의 신기술과 사업 모델을 수동적으로 대하는 기득권에 대한 경고를 담고 있습니다. 스마트폰을 자신의 신체로 여기는 신인류의 특징과 세상이 변하는 이유에 대해 명확하게 알려줍니다. 혁명의 시대 속에서 위기보다는 기회를 보고, 혼란스러움보다는 현명함을 가지도록 하자는 메시지를 담고 있습니다.

　우리가 자주 보는 다음의 모습, 어쩌면 우리 자신의 모습에 대에 평소에 어떻게 생각하나요? 카페에서 어른들이 차를 마시거나 여러 주제로 담소를 나누고 옆의 아이들은 각자 스마트폰으로 게임이나 영상에 몰입해 있는 모습, 음식점에서 온 가족이 음식이 나올 때까지 각자 스마트폰을 보고 있는 모습, 아직 말을 잘 못 하는 아기가 스마트폰의 게임이나 애니메이션을 보고 있는 모습, 걸어가는 동안에도 무언가를 기다리는 시간에도 스마트폰이 비집고 오는 이 모습들은 안전과 건강 등 여러 가지 문제성을 갖고 있어 한동안 뉴스거리로도 등장하기도 했습니다.

　주위에서는 이런 현상에 대해 걱정 반 한탄 반으로 쳐다보기도 했습니다. 그중에 저도 포함됩니다. 만약 지금도 그렇다면, 소위 우리는 '라떼'(나 때는 말이야~ 하는 옛 시절의 경험을 이야기하는 신조어)입니다. 지금의 아이들은 태어나면서부터 영상을 접하는 포노사피엔스 시대에 살고 있습니다.

'포노사피엔스'란 영국의 경제주간지 〈이코노미스트〉가 '지혜가 있는 인간'이라는 의미로 호모 사피엔스를 빗대어 '지혜가 있는 폰을 쓰는 인간'이라고 부른 데서 비롯되었다고 합니다. 저자는 포노사피엔스라는 인류의 탄생에서부터 스마트폰이 왜 이전의 첨단기기들과 달리 인류의 전반적인 사회 문화, 경제 활동 패턴을 변화시켰는지에 대해 분석해서 이야기합니다. 스마트폰이 없이는 생활하기가 어려운 이 시대에서, 우리가 살아가는 데 필요한 것들과 인재상에 관해 이야기합니다. 그는 스마트폰의 부작용에 대해서만 집중한다면 우리는 많은 것을 놓치고 있다고 포노사피엔스 문명에 대한 대비를 알려 줍니다.

결국 포노사피엔스의 마음을 살 수 있는 상품이나 서비스를 만드는 것이 성공의 비결입니다. 그래서 '사람이 답'입니다.
_최재붕,『포노사피엔스』, 쌤앤파커스, 2019, p13

얼마 전 책 정리를 하다가『2020 미래보고서』라는 제목의 책을 발견했습니다. 그렇게 멀게만 느껴지던 미래가 벌써 지나갔습니다.『포노사피엔스』의 목차에도 보면「x세대의 착각-'신세대'는 이미 '구세대'다」라고 했습니다. 미래가 너무 빠르게 현실이 되어버려 '이미 와버린 미래'라고 표현하기도 합니다. 작가는 스티브 잡스의 아이폰 개발의 메시지로 미래 사회의 해답을 제시합니다. 잡스는 세상의 혁명, 혁신이 기술만으로 이루어지는 것이 아니라고 했습니다. 사람이 중심이며 인간의 내면을 성찰하라고 말합니다.

인터넷을 통한 우리들의 일상에선 이미 정보의 시대를 넘어 소통의 혁명이 일어나고 있습니다. 은행 업무와 소비, 유통을 넘어 업무적인 회의뿐 아니라 일상의 모임까지 스마트폰으로 이루어지고 있습니다. PC로만 접속되던 게임을 스마트폰으로 하며 하루 종일 만나게 됩니다. 이에 대해 기성세대는 중독의 부작용에 집중합니다. 그러나 밀레니엄 세대는 가상의 세계에서 축적된 경험으로 또 다른 아이디어를 만들어 비즈니스 모델을 만들어냅니다. 2008년 창업의 에어비앤비, 택시 시스템인 우버도 그렇게 탄생했습니다. 저자는 문명의 혁명이 어떻게 진화되는지에 대해 『이기적 유전자』의 저자가 쓴 정의를 인용하여 설명합니다. '밈(meme)'은 문화 유전자라는 의미인데 이는 생물학적 유전자 DNA에 비해 엄청난 속도와 범위로 문명을 복제하고 파급시킨다고 합니다.

디지털 문명이 초고속으로 첨단으로 발전해도 결국은 '사람이 답이다.'는 결론에 도달합니다. 그 이유는 빅데이터가 어떻게 활용되는가를 보면 알 수 있습니다. 빅데이터로 고객의 심리를 이해하려면 공감 능력도 있어야 합니다. 구매 심리에 대한 분석도 인간을 이해하는 능력이 중심이 되어야 합니다.

디지털 문명 시대에도 새로운 기술이 접목될 뿐 그 사회를 이루고 움직이는 근본은 여전히 '사람'입니다. 오히려 더 중요해집니다. 우리는 옛날보다 익명성으로 자신이 보호되는 것 같지만 반대로 하루에도 몇십 번씩 도처의 카메라에 포착됩니다. 더 이상 가릴 수 없는 민낯의 시대, 나의 행동이 데이터가 되어 분석되는 시대에 살고 있습니다. 그래서 저자는 옛 선인들이 주장한 '인의예지'가 더 필요한 시대라고 말합니다.

모든 발명과 창조는 '불편함'의 해결에서 옵니다. 따라서 '부작용'은 또 다른 기회가 되어 주기도 합니다. 그리고 다양한 생각을 인정하는 것에서 새로운 창조는 시작됩니다. 포노사피엔스의 시대를 살아갈 자세와 준비는 기술의 방향을 잃지 않는 것입니다. 그리고 지금 우리에게는 부작용의 뒷면을 읽어 새롭게 나아가는 태도가 필요한 때입니다.

생각하면 쓸모 있는 질문 한 스푼

- 스마트폰에서 가장 많이 사용하는 어플(앱)은 무엇인가요?(SNS, 정보 검색, 동영상 시청, 뉴스, 웹툰 등) 사용하는 정도에 대해 어떤 생각을 하고 있나요?
- 저자는 '낭비 자체가 부가 된다.'라는 논리로 게임을 갖고 놀던 밀레니엄 세대가 게임 같은 택시 사업, 에어비앤비 숙소 사업을 개발했다고 이야기합니다. 이 외에 또 모든 사람이 스마트폰을 갖고 있다면 어떤 사업이 등장할까요?
- 이제 검색 엔진은 사라지는 시대라고 합니다. 인공지능 챗봇, copilot 등으로 주제나 필요한 조사(~에 대해 ~를 조사해주시오, ~를 읽고 토론할 수 있는 주제를 찾아보세요 등)를 해 봅시다. 그리고 문제점이 무엇인지 이야기해 봅시다.
- 디지털 문명은 먼 곳을 가깝게 소통하는 순작용과 가까운 곳을 멀게 하고 혼자 있는 것에 익숙하게 하는 부작용을 낳았다고 합니다. 이러한 부작용에 대한 대안은 무엇이 있을까요?

환경조정시간이 필요해

루이스 세뿔베다, 『갈매기에게 나는 법을 가르쳐준 고양이』, 바다출판사, 2021.

이 책은 라틴 문학권의 작가 루이스 세뿔베다의 작품입니다. 그는 갈매기와 고양이를 주인공으로 서로 종이 다른 존재들이 약속을 지켜가며 다양성을 존중하고 화합하는 과정을 그려냅니다. 바다가 폐수로 오염되어 죽음을 맞게 된 갈매기가 절체절명의 기회에 고양이를 만나 자신의 알을 맡깁니다. 독일의 언론으로부터 성인과 어린이 모두 읽어볼 가치가 있는 훌륭한 이야기라는 평가를 받았습니다.

아이들이 어렸을 때 제가 운동장에서 자전거 타는 법을 가르쳐 주었습니다. 그땐 어려서 몰랐겠지만, 커서는 그때 엄마가 자전거를 전혀 탈 줄 몰랐다는 것을 알고는 놀라기도 하고 어이없어하기도 했습니다.

"엄마는 자전거를 못 타면서 어떻게 우리에게 자전거 타는 걸 가르쳐 줄 수 있었어요?"

저는 겁이 많은 편이고 어릴 때 친구와 같이 자전거를 배우다 남의 집 가게 유리창을 깬 경험으로 더 이상 배우지 않았습니다. 그런 제가 어떻게 자전거 타는 법을 능숙하게 가르칠 수 있었을까요? 무엇이든 잘할 수 있어야만 가르칠 수 있는 것은 아닌가 봅니다.

『갈매기에게 나는 법을 가르쳐준 고양이』도 그런 맥락의 내용입니다. 나는 것과는 전혀 상관없는 세계에서 사는 고양이가 어떻게 갈매기에게는 생존인 나는 법을 가르칠 수 있었을까요? 이 책은 고양이 소르바스가 얼떨결에 알을 낳고 죽어가는 갈매기 켕가를 만나고 켕가가 부탁하는 세 가지 약속을 지키는 이야기입니다. 갈매기 켕가는 어떻게 갑작스럽게 알을 낳고 죽었으며, 또 어떻게 전혀 모르는 고양이에게 알을 맡기게 되었을까요?

알을 먹지 말 것, 새끼가 될 때까지 알을 보호해 줄 것, 그 새끼에게 나는 법을 가르쳐 줄 것, 켕가가 부탁한 건 이 세 가지였습니다. 우연한 약속을 하게 되었을 때, 누군가를 돕는 데서 끝나는 것이 아닐 정도로 부담스러운 약속이라면, 전혀 모르는 사람과 상황에서 오랫동안 책임져야 하는 약속이라면, 얼마나 지켜낼 수 있을지 고민하게 됩니다.

온 마을의 고양이들이 갈매기 알을 지켜내는 과정의 에피소드가 인간들의 다양한 모습을 조명해 줍니다. 우리가 왜 갈매기의 약속을 지켜줘야 하느냐고 따지는 동물, 함께 나서서 어려움을 해결하는 동물 등 다양한 군상에서 저는 어떤 유형인지 생각해봅니다.

아포르뚜나다 갈매기가 나는 법을 가르쳐달라고 할 때까지 인내심을 갖고 기다리는 고양이의 모습에서 부모의 자세를 배우게 됩니다. 그들은 가장 믿을 수 없고, 상대하면 안 되는 것이 '인간'이라고 합니다. 그러나 갈매기를 지키고 나는 법을 가르치기 위해 인간과는 소통하지 않는다는 그들만의 '금기'를 깨고 인간에게 도움을 청하기까지 합니다.

우리들은 네게 많은 애정을 쏟으며 돌봐왔지. 그렇지만 너를 고양이처럼 만든다는 생각은 추호도 없었단다. 우리들은 그냥 너를 사랑하는 거야. (중략) 우린 우리와는 다른 존재를 사랑하고 존중하며 아낄 수 있다는 사실을 배웠지.
_루이스 세뿔베다, 『갈매기에게 나는 법을 가르쳐준 고양이』, 바다출판사, 2021, p118

만약 우리가 쓰레기 봉지에 버린 깨진 유리병을 대충 싸서 버리고, 부탄가스통의 가스를 제대로 빼지 않은 채 버렸다면 어떤 일이 생길까요? 그로 인해 수거하던 환경미화원이 치명적인 상처를 입게 된다면, 그래서 삶의 여정이 바뀐다면, 그 사실을 버린 사람이 알게 된다면 어떨까요? 현재 어느 곳에선가는 발생하고 있는 이야기입니다.

켕가는 흑해 바다에서 인간이 버린 기름 덩어리를 온몸에 뒤집어쓰고 겨우 탈출하게 됩니다. 그러나 무리에 합류하지 못하고 지상에서 알을 낳아 고양이에게 맡기고 죽습니다. 인간으로 인해 세계의 자연환경이 치명적인 위기를 맞고 있습니다. 뉴스 기사에서 올해 봄꽃은 한 달이나 일찍 피었다고 합니다. 이렇게 이른 개화는 생태계의 위기를 알리는 신호라고 합니다.

저자는 자연과 환경을 중시하는 환경작가로서 고양이와 갈매기의 우화를 통해 인간이 자연을 훼손함으로써 빚어지는 폐해에 대해 고발하고 있습니다. 작품 속에서는 고양이들조차 인간의 근시안적인 자연 파괴 행동, 의식적이든 무의식적이든 무자비하게 환경을 파괴하고 있음을 꼬집고 있습니다.

무엇이든 넘치거나 모자라면 조정하듯이, 지금의 환경, 우리들의 생태계는 위급하게 조정해야 할 때입니다. 온 바다와 대기, 대지로 오염이 확산되는 것을 막기에는 개인을 넘어 연대가 필요합니다. 세뿔베다와 같이 각자 소속된 곳에서 연대하여 환경을 위해 '할 수 있는' 일을 넘어 '해야 하는 일'을 실천하며 생태계의 균형을 지켜내어야 할 때입니다.

생각하면 쓸모 있는 질문 한 스푼

- 소르바스는 나와 다른 존재를 사랑하고 인정하는 것은 쉬운 일이 아니라고 말합니다. 나와 다른 존재를 받아들이고 존중하기 위해서 필요한 것은 무엇이라고 생각하나요?
- 나 자신을 위한 일은 아니지만, 한 생명을 도와주기 위해 불문율을 깨자고 제안한다면, 단체나 모임의 구성원으로서 어떻게 하겠습니까? (찬성/반대)
- 지구의 위기, 생태계의 위기에서 개인을 넘어서 단체와 국가에서 해야 한다고 생각하는 정책이 있다면 무엇인가요?
- 고양이들은 어린 갈매기가 날고 싶다고 할 때까지 기다립니다. 또 아기 갈매기 아포르뚜나다가 날 수 있도록 돕습니다. 아포르뚜나다가 날 수 있었던 가장 큰 이유가 무엇이라고 생각하나요?

8장
살아간다는 것에 대하여

내가 잘 살아가는지
어떻게 살아야 하는지 알려면
'세상을 떠날 때, 가족과 친구들로부터
어떤 말을 듣고 싶은가?'를 생각해 보면 된다고 합니다.
우리는 '잘 살기 위해' 죽음을 이야기합니다.
'지금'의 소중함을 잊지 않기 위해서
우리에게 시간이 얼마나 남았는지 가늠해 보기도 하고
내 주변의 소중한 것을 발견하기 위해 니체도 만나고,
내가 행복해지는 방법,
나만의 의미 찾기에 시간을 보내 봅니다.

1	삶을 빛내는 '소확행'	카르멘 치카·마누엘 마르솔, 『거인의 시간』, 로그프레스, 2016.
2	느리게, 오래, 자세히 보기	리자베스 토바 베일리, 『달팽이 안단테』, 돌베개, 2011.
3	죽음에 관한 불편한 진실	레프 니꼴라예비치 톨스토이, 『이반 일리치의 죽음』, 창비, 2011.
4	삶을 풍요롭게 살아가는 방법	알랭 드 보통, 『프루스트가 우리의 삶을 바꾸는 방법들』, 청미래, 2010.
5	차라투스트라는 이렇게 말했다	프리드리히 니체, 『차라투스트라는 이렇게 말했다』, 민음사, 2004.
6	'미래'에 있는 '현재'	김초엽, 『우리가 빛의 속도로 갈 수 없다면』, 허브로, 2019.
7	나만의 '삶의 의미'를 찾아서	빅터 프랭클, 『빅터 프랭클의 죽음의 수용소에서』, 청아출판사, 2022.
8	메멘토 모리! 죽음을 기억하라	김지수·이어령, 『이어령의 마지막 수업』, 열림원, 2021.
9	왜 오뒷세이아를 읽어야 하는가	호메로스, 『오뒷세이아』, 숲, 2019.
10	'끝'의 다른 이름	알프레도 코렐라·호르헤 곤살레스, 『끝의 아름다움』, 소원나무, 2021.

삶을 빛내는 '소확행'

카르멘 치카·마누엘 마르솔, 『거인의 시간』, 로그프레스, 2016.
거인에게는 모든 일상이 지루합니다. 소가 하늘을 날아도, 날마다 숲의 변화가 일어나도 거인의 눈에는 '아무 일 없는 오늘'입니다. 사실은 날마다 다른 모습인데 그것을 인지하지 못하는 까닭은 무엇일까요? 장면 장면마다 조금씩 달라지는 그림을 발견하는 재미와 하루하루를 다른 느낌으로 살아가는 방법은 무엇인지 생각하게 하는 책입니다.

"요즘 어떻게 지내세요?"라고 안부를 물으면 어떤 대답을 하는지요? 보통은 "뭐, 별거 있나요? 그저 그렇죠." 혹은 "늘 같지, 사는 게 그렇지."라고 합니다. 사실 매일, 매주, 매달, 매년 같은 직장이나 집에서 같은 시간에 비슷한 일을 하고 별다를 것이 없는 우리네 일상입니다. 정말 그럴까요?

잠깐! 저게 뭐야? 소가 하늘을 날고 있잖아!
휴… 별일 아니군. 아무 일도… 아니었어….
_카르멘 치카·마누엘 마르솔, 『거인의 시간』, 로그프레스, 2016, p25~28

주인공이 거인이라서인지 책도 일반적인 책의 두 배 정도 큰 사이즈라 거인이 실감 납니다. 거인은 눈을 뜨면, 매일 오늘도 아무 일이 없다고 생각합니다. 모기 한 마리가 날아다니는 것을 새롭게 발견하거나 소가 하늘을 날고 있어도 모두 별일 아니라고 생각합니다. 하루하루가 똑같은 소나무 같다고 여기며 지루해합니다.

　그러나 자세히 살펴보면 거인 몸의 털도 날마다 모습이 다릅니다. 거인의 머리에 심어진 나무가 싹이 트고 잎이 자라고 꽃과 열매가 열리고 잎이 지며 무수한 변화가 일어납니다. 소나무 숲에 찾아오는 동물도 매일 다릅니다. 하루하루 날씨도 다르고 자연도 다른 모습입니다. 하지만 매일 다른 하루를 겪으면서도 거인은 때로 만족스러운 미소를 짓기도 하지만, 때로는 하루하루 아무 일이 없다고 권태로워합니다. 거인은 날마다 주변과 자신이 달라지고 있는데도 왜 아무 일 없다고 생각할까요?

　살아가는 일상에서 별다른 일이 있으면 좋겠다고 생각한 적이 있나요? 저는 아주 오래전, 교사로서 매일 시간표가 달라서, 매시간 아이들과 다른 내용을 수업할 수 있어서 좋다는 생각을 한 적이 있습니다. 사실 매일 같은 교과 시간으로 구성되어 있고 한 주일은 같은 단원을 아이들과 수업한다고 생각하면 매일 같은 시간 엇비슷한 일을 하는 변화 없는 시간이라고 생각할 수 있습니다. 그러나 사실은 그 시간 속의 내용과 학생들과 수업 중 일어나는 일들은 매 순간순간 다릅니다. 우리의 일상도 좀 더 들여다보면 하루하루가 다른 일이 많지 않을까요?

　차를 타고 다니면 발견할 수 없는 자연의 변화가 있습니다. 그런 변화는 걸어가며 눈을 돌리면 발견할 수 있습니다. 바쁜 걸음을 멈추고 잠시 여유를 갖고 주변을 둘러보면 지금까지 보지 못한 변화가 눈에 보입니다. 그래서 어느 시인도 올라갈 때 보지 못한 꽃을 산을 내려오면서 보았다고 노래했을 것입니다. 거인의 이야기는 이처럼 우리가 일상 속에 사소한 변화와 행복이 있다는 것을 깨우쳐 줍니다. 소소하지만 확실한 '행복'도 거창하고 특별한 것이 아니라 반복되는 일상에서 어제와는 다른 그 '무엇'을 발견하고 나만의 의미를 만들고 느끼는 일에서 시작하는 것입니다. 어제와는 다른 일은 무엇이 있었는지 살펴보세요.

생각하면 쓸모 있는 질문 한 스푼

- 거인은 자기 머리 위에서 나무가 자라고 눈앞에 없던 일이 생기는데도 왜 '아무 일 없는 하루'라고 생각할까요?
- 나에게 소나무같이 '날마다 같은' 하루는 어떤 모습입니까?
- 거인은 특별한 사건을 기다리며 일상을 지루해합니다. 내가 기다리고 있는 일상의 '특별한 일'이 있다면 무엇인가요?
- 늘 똑같은 일상에서 벗어나려고 시도한 일이 있다면 어떤 것인가요? 만약 없다면 어떻게 하면 '아무 일' 없는 일상에 변화를 줄 수 있다고 생각하나요?
- 주변에 변화가 일어나도 '아무 일' 없다고 생각하는 거인에게 어떤 말을 하고 싶나요?

느리게, 오래, 자세히 보기

엘리자베스 토바 베일리, 『달팽이 안단테』, 돌베개, 2011.
저자 엘리자베스 토바 베일리가 책 이야기의 주인공입니다. 후천성 미토콘드리아병이라는 희귀병을 20여 년이라는 세월 동안 앓고 있으면서도 1년 동안 야생 달팽이를 관찰한 이야기를 썼습니다. 달팽이에 대한 관찰과 연구는 전문적 과학자를 넘어서는 정보를 담고 있습니다. 달팽이와의 교감, 투병의 치유 기록을 통해 독자들에게 위로를 주는 에세이입니다.

    화분이 비를 맞을 수 있는 창문 없는 베란다가 있는 주택에서 살고 싶은 꿈이 있었습니다. 어쩌다 주택으로 이사하는 기회가 왔습니다. 저는 지붕 없는 바깥 베란다가 있는 곳에서 5년여 살았습니다. 그런데 몇 번 바깥에 나가 나무와 꽃들을 돌보고 그 뒤로는 그런 곳이 있다는 사실조차 까마득히 잊고 바쁘게 지냈습니다. 어느 날 베란다에 나가보니, 꽃들은 물론 사람의 무관심을 어느 정도 버텨낼 법한 큰 나무들까지 다 말라 죽었습니다.

    생명을 지켜주지 못한 미안함이 컸습니다. 가족들은 어차피 또 시들게 할 식물들을 왜 사냐고 했지만 저는 또다시 푸른 식물들을 샀습니다. 잎을 닦고 구석구석 살펴보기도 하고, 하루하루 작은 변화를 관찰하면서 알게 되었습니다. 꽃과 나무를 가꾸는 일은 식물과 더불어 내 삶의 균형을 갖는 일이고 자신을 돌아보는 여유를 갖는 시간이었다는 것을 말입니다.

나와 다른 생명체를 관찰하는 것은 그것의 삶을 돌아보는 일입니다. (중략) 어쨌든 그것은 관찰자인 내게도 살아야 할 목적을 주었습니다.
_엘리자베스 토바 베일리, 『달팽이 안단테』, 돌베개, p175

'후천성 미토콘드리아병'이라는 희귀병에 걸린 저자는 병실에서 20여 년간 투병하며 친구가 가져온 야생 달팽이와 함께 지내게 됩니다. 달팽이의 생태를 1년 동안이나 관찰하면서 『달팽이 안단테』라는 책을 썼습니다. 처음 달팽이를 보면서 느낀 어색함이 호기심으로, 호기심이 애정으로 변해갑니다. 그렇게 달팽이를 관찰하고 친구라 부르며 보호하는 대상에서 애정하는 대상으로 변하게 됩니다. 관계성은 동물과 인간, 인간과 인간 사이가 다 같다고 생각합니다.

저는 지인 중 한 사람에게 몇 개의 화분을 선물했는데, 전혀 식물에 대해 관심이 없다가 그 화분들을 키우면서 관심이 생기고 재미를 갖더니 다양한 정보를 찾아 원통에 화분을 심어 집을 꾸미기도 하고, 사업으로까지 발전하는 경우를 보았습니다. 우리의 관심은 언제 어떻게 세상과 연결될지, 자신에게 어떤 흥미와 관심이 있는지에 대해 아무도 알 수 없다는 것이 참 흥미로운 일입니다.

병의 치료로 인해 갇힌 듯 정지된 시간 속에서 살아가는 주인공은 달팽이가 적응해 가는 모습의 관찰에 몰입하게 됩니다. 지켜보는 시간이 늘어나고, 그의 움직임을 보는 것이 즐겁고 깨달음을 주기도 합니다. 주인공은 느린 달팽이의 걸음에서, 야행성에서, 한 공간에서 시간을 죽이고 고독하게 살아가는 것에서, 달팽이와 자신의 공통점을 찾게 됩니다. 그렇게 달팽이의 존재 자체가 그에게 위로가 되어갔습니다.

저자는 많은 책들을 주문하여 찾고 물어가며 달팽이에 대해 몰입해 갑니다. 달팽이의 이는 2,000개가 넘고 자웅동체이면서도 짝짓기를 합니다. 신경세포가 10만 개나 되며 기억력이 있다는 등, 해박한 지식을 알게 됩니다. 달팽이의 이가 2,000개가 넘다니! 저도 따라 검색하며 찾아보게 되었습니다.

생태계의 균형과 유지가 동식물뿐 아니라 인간의 생존도 좌우하는 지금, 인간을 '만물의 영장'으로 표현하는 것은 한계를 가지고 있습니다. 어떤 존재이든 같은 '생명' 그 자체로서 소중함을 알고 지켜야 하는 시대가 되었습니다. 인간의 고귀함은 생명에 대해 잘 알아가는 능력과, 생명을 더 보호해 줄 수 있다는 뜻으로 해석할 수 있습니다. '아는 만큼 보인다'라는 말이 떠오릅니다. 보이는 만큼 생각하게 됩니다.

낯설고 모르는 생물체, 또는 대충 알았던 것에 대해 관심을 갖고 좀 더 자세히, 천천히, 꾸준히 알아보는 시간이 우리에겐 필요합니다.

생각하면 쓸모 있는 질문 한 스푼

- 작은 호기심으로 시작해 전문적인 관찰이나 연습 등으로 발전한 것이 있나요? 어떤 계기로 시작하여 발전하게 되었나요?
- 달팽이에 대한 다양한 정보 중 가장 새롭거나 흥미로웠던 내용은 무엇인가요?
- 저자는 "그 아주 작은 존재가 내 삶을 지탱해 주었다."라고 달팽이와의 관계를 표현합니다. 심신이 아프거나 힘들고 외로울 때, 나를 일으켜주고 힘을 준 동물이나 식물 등과의 경험이 있다면 이야기해 봅시다.
- 이 책은 빠른 속도로 발전하는 복잡한 사회에서 천천히 안단테로 느린 삶을 살라고 합니다. 일상생활 속에서 시간과 삶을 성찰하고 음미하는 '느림'의 시간이 있다면 언제 어떻게 지내는지 이야기해 봅시다.

죽음에 관한 불편한 진실

레프 니콜라예비치 톨스토이, 『이반 일리치의 죽음』, 창비, 2021.
이 작품은 톨스토이가 쓴 중단편 중에서 가장 훌륭하다고 평가받는 글입니다. 삶과 죽음의 참된 의미에 대해 톨스토이의 사상과 철학이 집약된 작품입니다. 갑작스럽게 불치의 병에 걸려 죽음을 앞둔 일리치의 죽음 앞에 선 두려움과 혼란, 고독과 좌절 앞에서 일상을 돌아보게 합니다.

아주 가까운 사람의 사망 소식을 들은 사람들이 누구나 그러듯이 그들도 죽은 게 자신이 아니라 바로 그라는 사실에 안도감을 느꼈다.
_레프 니콜라예비치 톨스토이, 『이반 일리치의 죽음』, 창비, p10

    이반 일리치와 아주 가까운 친구는 이반 일리치의 부고 소식을 듣고 예의상 미망인에게 무슨 위로의 말을 할지, 약속된 게임 시간에 맞춰 갈 수 있을지 걱정합니다. 조문이 귀찮은 의무를 수행해야 하는 상황같이 느껴지고 떨떠름한 마음입니다. 인간 내면의 치부 같은 심리를 적나라하게 표현한 것 같습니다. 동료의 사망 소식을 듣고 애도와 함께 '아, 난 아직 살아있구나.' 하고 안도하는 비정함을 동시에 느끼는 것이 인간의 실체입니다.

    이반의 아내도 다르지 않습니다. 슬픔은 뒤로하고 정부로부터 얼마나 더 많은 지원을 받을 수 있을지에 대한 조언을 구하느라 바쁩니다. 21세기의 오늘, 건물 안에서 흙 없이도 식물이 재배되고, 손가락 클릭 하나로 생활에 필요한 일들이 이루어지고 20~30년, 혹은 10년 전보다 엄청난 변화의 모습들을 보이는 지금 시대에도 우리의 삶에서 죽음의 모습과 인간 본성은 변화가 없어 보입니다.

갑자기 다시는 일어날 수 없는 병에 걸려 죽음을 기다리는 사람이 된다면? 가족은 어떨까요? 이반 일리치가 죽었다는 소식으로부터 이야기는 시작됩니다. 그 이후엔 주인공의 죽음에 대한 가족과 주변 친구들의 시각이 전개되고, 마지막으로 주인공이 죽어가는 과정에서 주인공의 시각으로 이야기가 전개됩니다. 이야기는 영화 되감기처럼 과거로 되돌아가며 조명됩니다.

그의 삶은 지극히 평범합니다. 시류에 민감하고 출세 지향적이기는 하지만 속물이나 비난받을 행동을 하는 사람은 아닙니다. 상급 관리 부인에게 인사를 하고, 그중 한 사람과의 염문설, 하위 직원들이 마련하는 정당하지 않은 술자리도 간혹 갑니다. 적당한 정의와 관습에 적응하고 적당히 비리와 부패 속에서 선을 지키며 사는 소시민입니다. 가정은 있으나 가족은 없고 각자의 섬에서 살아가는 요즘의 가족 부재의 모습과 유사한 삶을 살아가기도 합니다. 그러다가 원인 모를 질병으로 시름시름 앓습니다.

그의 죽음에 대해 주변의 시각은 그를 한 인간이라는 존재로 보기보다는, 이해 손실과 관계있는 존재로 여깁니다. 이반 일리치는 죽음을 받아들이거나 이해하지 못하고 끝없이 신에게 반문하다가 자기 삶에 대한 회한에 빠집니다.

'내가 잘못 살아온 건 아닐까?', '하지만 마땅히 해야 할 일들을 다 하면서 살았는데 어떻게 그럴 수가 있는 거지?', '지금 내가 원하는 건 대체 뭐지? 사는 것인가? 그렇다면 어떻게 사는 것인가?'

이반 일리치는 건강하던 시절에는 자신이 살아가는 인생이 잘못된 것일 수 있다고 생각하지 않았습니다. 그러나 죽음 앞에서는 '내 인생이 잘못된 것일 수도 있다는 것이 진실인지도 모른다.'라는 생각에 괴로워합니다. 젊은 시절 기존 세대들이 훌륭하다는 것들에 반기를 들고 맞서 싸우고 싶던 마음이 있었습니다. 그 한 편의 유혹, 그때의 유혹들이 진짜이고, 그 이외의 것은 다 가짜일지도 모른다고 생각합니다. 병과 함께 깊은 번뇌 속에서 그는 이 인생이 자기 잘못으로 인한 결과라고 스스로 인정합니다. 하지만 가식이든 진실이든 자신 앞에서 슬퍼하는 아들과 가족들의 태도를 보고 이반 일리치의 감정은 바뀝니다.

'지금 내 삶의 모습은 만족스러운가?', '내가 살아가는 기준은 나의 것인가?', '내가 오늘 하루 어떻게 살았나?'를 생각하며 사는 사람이 얼마나 될까요? 우리는 오늘도 살지만, 삶에 대해 의문을 던지고 생각하는 일은 잘 하지 않습니다. 톨스토이는 이반 일리치의 죽음의 과정을 통해 행여 우리가 맹목적으로 삶에 투신하고는 있지 않은지 반문하게 합니다. 열심히 살아야 하지만 그보다 더 열심히 생각하며 살라고 메시지를 던집니다.

생각하면 쓸모 있는 질문 한 스푼

- 책을 읽고 느낀 소감과 인상 깊은 장면이나 내용에 관해 이야기해 봅시다.
- 이반 일리치의 죽음의 소식을 듣고 주변의 인물들이 가지는 각자의 속마음에 대해 어떻게 생각하나요?
- 이반 일리치 본인이 생각하는 자신이 살아온 삶에 관한 생각과, 본인이 아닌 다른 사람의 눈에 비친 그의 삶에 관한 생각이 다릅니다. 다른 사람의 눈에 비친 나의 삶과 내가 살아가는 실제의 삶은 어떻다고 생각하나요? 두 가지의 모습이 다르다면 그 이유는 무엇이라고 생각하나요?
- 이 책의 저자 톨스토이가 전하고자 하는 메시지는 무엇이라고 생각하나요?

삶을 풍요롭게 살아가는 방법

알랭 드 보통, 『프루스트가 우리의 삶을 바꾸는 방법들』, 청미래, 2023.
이 책은 알랭 드 보통이 프루스트의 작품들을 재구성한 문학비평서입니다. 프루스트가 인용한 내용 편지, 경험을 활용하여 프루스트의 작품들을 이해하기 쉽도록 이야기해 줍니다. 저자의 삶에 대한 배경을 알면 그의 작품을 이해하는 데도 도움이 됩니다. 프루스트 작품을 읽기 전 입문서라고 할 수 있습니다.

오늘 하루, "빨리빨리", "어서"라는 말을 몇 번 정도 했나요? 예전 학생들과 수업하다가 "얘들아, 빨리 마무리하자."라고 말하다가 움찔할 때가 있습니다. 정말 빨리 마무리해야 하는 것인가? 또 아이들에게 시간에 쫓기도록 말을 했다는 자책을 하기도 합니다. 도대체 우리는 왜 빨리빨리에서 벗어나지 못할까요?

우리에게 일주일, 한 달의 삶만 남아있다면? 무엇을 하고 어떻게 시간을 보내게 될까요? 그때도 '빨리'를 외치며 급하게 시간을 보낼까요? 그만큼 알차고 바쁜 일상이었을까요? 많은 성인과 책들은 이 같은 화두 속에서 자신을 되돌아보는 것이 가장 오늘을 잘 살아가는 방법이라고 말합니다. 정말 자신에게 중요하고 필요한 일만 하도록 일상에 대한 다이어트가 필요합니다.

마르셀 프루스트의 명작, 125만 단어를 담고 있는 어마어마한 분량의 『잃어버린 시간을 찾아서』라는 책은 읽어내기가 여간 어려운 것이 아닙니다. 프루스트의 동생은 누구든 매우 아프거나 다리가 부러지거나 해야만 그 작품을 읽을 수 있다고 말했습니다. 버지니아 울프는 『잃어버린 시간을 찾아서』를 몇 번씩이나 읽기를 중단했다고 고백합니다. 유명한 작가들도 읽기 힘들어했다는 고백은 독자들에게 위로를 주기도 합니다. 저자는 이러한 프루스트의 작품을 통해 우리가 삶의 지혜를 얻을 수 있도록 풀어줍니다.

프루스트는 어릴 때부터 몸이 아프고 천식 등으로 늘 집에서만 지냈습니다. 그의 건강상 고통과 집에서 있는 시간은 오히려 사물과 사람을 인식하는 데 집중하게 하고 섬세한 감각으로 받아들이게 해 주어 대작을 쓰게 됩니다. 저자는 프루스트 친구들의 증언과 주고받은 편지와 신문 등 다양한 자료를 통해 우리가 습관적으로 무감각하게 살아가는 삶의 모습을 바꾸는 새로운 관점을 소개합니다.

이 세계가 멸망한다면, 마지막으로 남은 최후의 시간에 무엇을 하겠습니까? 프루스트는 죽음의 위협을 느끼면 우리 앞에 있는 생이 훌륭해 보이겠지만 그 상황이 아니면 우리는 무엇이든 끊임없이 미루는 게으름으로 삶의 아름다움을 보지 못한다고 말합니다. 우리는 어떤 위기가 와야만 삶이 아름답다고 느끼며, 파국이 일어나지 않으면 또 일상에 젖어 무엇이든 미루게 될 것이라고 말합니다. 굳이 파국이 필요하진 않지만 내일이 없을 수도 있다는 생각은 오늘의 삶을 제대로 살게 하는 방법이라는 메시지를 전합니다.

프루스트가 국제회담에 참석했던 외교관의 이야기를 들을 때, 몇 번이나 그에게 너무 빠르지는 않게 말해달라고 요청했습니다. 시간을 음미하는 것, '빠르지 않게'라는 말은 지금 그 일에 집중하게 합니다. 그는 그것이 사물이나 환경과 상황에 눈을 뜨는 방법이라고 말합니다. 늘 당연하다고 여기는 모든 것들로부터 새롭게 눈을 뜨는 방법, 빠르지 않게.

무엇인가를 다시 한번 바라보므로 야기될 수 있는 행복이야말로 프루스트의 치료 개념에서 핵심적이라고 할 수 있었다.
_알랭 드 보통,『프루스트가 우리의 삶을 바꾸는 방법들』, 청미래, p 193~194

저자는 우리가 방문해야 할 곳은 프로스트가 자란 일리에 콩브레 마을이 아니라고 명소 방문의 의미에 대해 이야기합니다. 명소란 그 장소의 객관적 가치가 아니라 한 예술가의 시각에 근거하여 탄생됩니다. '그곳'에 가서 우리의 눈으로 바라보니 "별 것 없네."라는 말이 나옵니다. 저자는 프로스트의 눈, 낯선 시각으로 자신의 세계를 바라보는 것이 우리가 삶을 새롭게 바꾸는 방법이라고 중의 하나라고 말합니다. '당연한 것'을 하나씩 비틀어 '다르게' 생각해 보기를 추천합니다.

생각하면 쓸모 있는 질문 한 스푼

- 이 책에서 말하는 우리 삶을 바꾸는 9가지 방법 중 가장 흥미로운 것은 무엇인가요? 그렇게 생각한 이유는 무엇인가요?
- 프루스트가 감기로 고생할 당시 어머니가 갖다 준 홍차에 마들렌 한 조각을 떨어뜨려 마시며 음미한 느낌을 묘사합니다.(p195)
  차나 음료를 마시거나, 운동이나 스트레칭 등 한 가지를 하며 그 행위를 음미하고 글로 또는 말로 표현해 봅시다.
- 프로스트는 우정을 독서에 비유했습니다.(p176) 둘 다 소통과 연관되기 때문이라고 하며 핵심적인 이익은 우정보다 독서 쪽이라고 생각했습니다. 이에 대해 서로의 생각을 이야기해 봅시다.
- 나만의 '삶을 바꾸는 방법'을 다른 사람에게 소개한다면 어떤 이야기를 해 주고 싶나요?

차라투스트라는 이렇게 말했다

프리드리히 니체, 『차라투스트라는 이렇게 말했다』, 민음사, 2004.
저자 니체는 "신은 죽었다"라고 말하며 새로운 세계의 새로운 인간을 위한 원칙을 우리에게 제시합니다. 10년간 산중에서 명상을 마치고 인간 세상으로 나온 차라투스트라는 '초인이 되라, 인간은 건너가는 자'라고 말합니다. 작품 속의 주인공은 다양한 사람들을 만나며 우리에게 삶의 철학에 대해 들려줍니다.

제가 오랫동안 참여하고 있는 독서 동아리에서는 회원들이 돌아가며 토론 도서를 추천합니다. 이 방법은 편독을 막을 수 있어 좋습니다. 제가 리더일 때 『차라투스트라는 이렇게 말했다』로 독서 토론을 했습니다. 함께 읽으면 어려운 책도 이해하는 데 도움이 될 것 같아서였습니다. 저와 마찬가지로 회원들 모두 분량과 내용 면에서도 어렵다고 망설였습니다.

인문 고전은 다른 것도 그러하듯 한 번 읽기도 힘들 만큼 분량이 많고, 몇 번씩 읽는다고 책의 내용이 이해되는 것이 아닙니다. 그러나 2~3시간 동안 질문을 만들고 그 질문으로 토론하다 보니 문맥을 이해하는 데 도움이 되었습니다. 어려운 책일수록 혼자보다는 함께 읽고 공유하는 것이 도움이 됩니다. 토론 후에 전 회원들은 혼자서는 몇 번을 읽어도 모를 내용과 의미를 함께 토론하고 궁금증을 각자의 생각으로 나누는 동안 책 속의 의미들을 알게 되었다고 보람 있다고 했습니다.

'차라투스트라'는 반기독교인 조로아스터교의 교조를 말하며, 예언자라는 의미를 갖고 있습니다. 이 의미 자체가 기존의 사상에 대한 의심과 반항, 우리의 의식을 깨어 있도록 부르짖는 자라고 생각됩니다. 저자 니체는 차라투스트라를 통해 자신의 허무주의적 철학을 설파합니다.

나는 그대들에게 정신의 세 가지 변화에 대해 말하고자 한다. 어떻게 하여 정신이 낙타가 되고, 낙타는 사자가 되며, 사자는 마침내 아이가 되는가를.
_프리드리히 니체,『차라투스트라는 이렇게 말했다』, 민음사, 2004, p35

이 구절을 독서 토론으로 함께 나누며 자신이 책임지기 싫어 순종만 하려는 낙타인지, 자신의 의지대로 살고자 하나 실천에 옮기지 못하는 비겁한 사자에 머물러 있는지, 아이처럼 삶을 놀이로 즐기고 있는지 되돌아보았습니다. 차라투스트라는 아이처럼 삶을 놀이로 즐기고 망각으로 늘 새로운 출발을 하는 삶을 살라고 합니다.

'우리는 다리를 건너는 자'라는 표현이 현재 이 순간에 몰입하라는 강한 메시지가 되어 가슴에 박힙니다. 삶은 종착역이나 어떤 목적이 있는 것이 아니라 '다리'처럼 지나가는 것, 그 순간임을 이해하게 되었을 때 '지금'의 소중함을 더 절실히 느끼게 됩니다. 차라투스트라는 이쪽과 저쪽으로 건너가는 '다리'가 인간의 삶이라고 말합니다. 건너가면서 몰락하는 존재이므로 인간이 위대하고 아름답다는 것입니다.

니체의 분신 차라투스트라는 인간 내면의 초인을 찾으라고 끊임없이 우리들을 깨웁니다. '신은 죽었다.'라고 말하며 절대적으로 믿어온 최고 가치를 상실했다면 '인간은 어떻게 살 것인가?'라는 질문을 던지며 인간 스스로 운명과 가치를 창조하고 자유 의지와 책임을 가지는 초인(위버멘쉬)의 삶을 살라는 메시지를 전합니다. 초인을 뜻하는 위버멘쉬는 가치와 도덕, 신앙을 뛰어넘는 인간을 말합니다.

만약 영원한 시간이 주어지고 그 안에서 일체의 사물이 그대로 무한히 되풀이된다면, 지금 한 일, 지금껏 해 온 일을 그대로 하시겠습니까? 니체는 삶이 그런 무한 반복의 영원회귀라면 그렇게 되더라도 "다시 한 번 더!"라고 할 수 있는 스스로에 의한 자유 의지의 행동을 하라는 메시지를 전합니다.

뱀과 독수리, 얼룩소와 원숭이, 정오 등 수많은 은유 속에 숨은 의미를 혼자 읽어내기는 어려운 점이 많습니다. 어려운 책은 여럿이 함께 읽고 나누면 행간을 읽어낼 수 있고, 또 다양한 관점에서 생각을 공유하며 나눌 수 있습니다. 이를 통해 책의 내용이 살아 움직입니다. 둘만 되어도 함께 책을 읽고 토론해 보길 추천합니다. 책은 지식의 도구가 아니라 소통의 도구입니다. 책을 통해 서로의 삶과 철학을 자연스럽게 나누게 됩니다. 가족끼리도 더 자연스럽게 대화할 수 있는 도구가 됩니다. 또한 독서 토론은 자신이 잘 알고 정리된 내용을 발표하는 자리가 아니라, 모르는 채로 와서 함께 읽고 대화하며 알아가는 시간입니다. 토론하는 과정에서 비로소 책의 내용을 이해하게 되는 '대화로 책 읽는 과정'이라는 것을 느껴보길 바랍니다.

생각하면 쓸모 있는 질문 한 스푼

- 이 책에 나오는 다양한 비유와 이야기에서 가장 마음에 와 닿았던 내용은 무엇인가요? 그 내용과 내 경험과 어떤 관련이 있나요?
- 니체는 인간의 정신 세계를 낙타와 사자와 아이로 표현합니다. 낙타와 사자와 아이의 삶은 어떤 것인지 이야기해 봅시다. 그중에서 나는 어디에 머물고 있으며 그 이유는 무엇인가요?
- 차라투스트라가 다음과 같이 말한 의미에 대해 이야기해 봅시다.
 "아, 형제들이여, 내가 인간을 사랑할 수 있는 것은 인간이 건너가는 존재이며 몰락하는 존재라는 점에서이다."
- 이 책에서 찾은 명문장은 무엇입니까?

'미래'에 있는 '현재'

김초엽, 『우리가 빛의 속도로 갈 수 없다면』, 허블, 2019.
이 책은 바이오센서를 만드는 과학도인 작가가 쓴 공상 소설입니다. 「관내분실」로 한국과학문학상 중단편 부문 대상과 이 책으로 동시에 상을 받았습니다. 이 책은 작가만의 독특한 공상 과학 소설이면서 그 공상이 그리 멀지 않은, 이미 와 있는 미래에 대한 이야기입니다. 인공지능과 과학 문명의 발달 속에서 인간으로서 함께 살아가기 위해 무엇이 필요한지에 대해 이야기합니다.

저의 아버지가 세상을 떠나신 지 10년이 지났습니다. 명절이나 기일에 공원 묘원에 가서 인사를 드릴 때면 엄마는 "여기 온다고 네 아버지 영혼이 여기 있나?" 하고 자조적으로 말씀하십니다. 그것은 그리움의 역설적 표현일 것입니다. 저는 어머니가 생전의 기억 속에서 아버지와 조우하고 대화하고 있음을 봅니다.

책에서는 이런 아쉬움을 겪는 사람들을 위해 죽은 사람의 생애를 데이터로 이식하여 '살아있는 추억'으로 만날 수 있는 마인드 수집 도서관이라는 것을 만들어냅니다. 아마 책에서 나온 이것은 곧 현실에서도 가능한 일이 될 것입니다.

『우리가 빛의 속도로 갈 수 없다면』 중의 「관내분실」은 임신한 주인공이 엄마의 마인드 인덱스 분실 소식을 전해 듣고 그것을 찾아가는 과정에서 엄마의 삶을 만나는 이야기입니다. 마인드 인덱스란 생전에 '나'에 대해 다른 사람들이 기억하는 흔적들의 표현, 대표적인 낱말들을 말합니다. 그녀는 엄마를 구별해 낼 수 있는 키워드를 찾아다닙니다. 주인공은 그 과정을 통해 산후우울증으로 힘들었던 엄마의 어제와, 엄마가 여자이기 전에 인간으로서 살았던 삶을 알게 되면서 비로소 엄마를 이해하게 됩니다.

도서관에 존재하되 어디 있는지 찾을 수 없는 책과 같은 존재 부재를 묘사하는 「관내분실」은 죽은 자에게만 해당되는 것은 아닙니다. 우리들에게도 사실상 존재하되 분실된 것 같은 존재들이 있습니다. 수십 년 함께 살아온 가족에 대해서 그가 무엇을 좋아하는지, 무엇으로 그를 대변할지 우리는 알지 못합니다. 나를 대표하는 인덱스 키워드는 무엇일까요?

저는 새로운 사람들과의 모임에서 짧은 시간 동안 연수받거나 교류를 하게 될 때마다 "열정적이다.", "코풀소처럼 거침없다."라는 말을 듣습니다. 그래서 저도 '열정적', '코뿔소'라는 말로 저를 소개하기도 하고 제 키워드로 생각합니다. 여러분 자신을 대표할 수 있는 물건이나 키워드가 있다면 무엇인지요? 가족과 주변의 친구들은 나를 어떤 낱말로 상징하고 표현할까요? 자신을 대변하는 것들과 좋아하는 것, 가족의 인덱스 키워드를 찾아보는 것도 의미 있는 일이 될 것입니다.

우울을 가진 향수를 뿌리면 우울한 감정을 갖게 된다는 생각에 동의하시는지요? 여행지에서 사온 컵, 혹은 머플러를 보면 어떤 감정이 드나요? 그 컵은 컵의 의미를 넘어 여행지에서의 추억을 상기시킵니다. 그것은 행복과 설렘을 갖고 있습니다. 작가는 그것이 '감정의 물성'이라고 표현합니다. 주인공은 기쁨도 설렘도 아닌 슬픔과 우울의 물건을 사는 연인 보현이 이해가 되지 않습니다. 보현이는 왜 분노와 같이 부정적인 감정의 물성을 살까요? 그 감정을 사고도 사용하지 않고 그대로 보관만 하는 심리는 무엇일까요?

『우리가 빛의 속도로 갈 수 없다면』은 「스펙트럼」, 「공생가설」 등 여러 단편으로 구성되어 있고, 우주와 미래의 이야기 같지만 '그럼에도 불구하고 인간'에 대해 이야기합니다. 「순례자들은 왜 돌아오지 않는가」에서 열여덟 살의 순례자들은 먼 곳으로 떠나 애벌레가 허물을 벗고 나비로 환생하듯, 완벽한 성년으로 돌아옵니다. 하지만 그들보다 더 많은 숫자의 순례자들은 완벽하지 않은 모습으로 괴롭지만, 더 행복하게 거기에 남습니다.

'완벽한' 유전자의 선택이 미래 과학의 완성이라고 보는 관점은 수십 년 전의 『멋진 신세계』라는 책에도 거론됩니다. 인간을 분류하여 출생부터 유전자를 정하여 식물을 배양하듯 양육하는 장면이 나옵니다. 기형으로 태어난 이들은 경계 밖으로 밀려납니다. 이 두 세계를 보여주며 독자에게 '완벽한 유토피아에서 인간은 행복한가?'를 묻습니다. 이 책은 과학의 기술과 인간의 행복은 비례하지 않을지도, 지금과 같이 차별과 소외는 계속될지도 모른다는 메시지를 남깁니다.

책에서 상상하는 미래는 삶의 터전을 타 행성으로 옮기는 것이기도 하며, 죽은 자를 언제까지나 박제한 영혼처럼 마인드로 만들어 원할 때마다 볼 수 있는 것이기도 합니다. 심지어 원하는 감정을 소유한 물성을 통해 자유로이 느낄 수 있습니다. 그러나 우리가 소망한, 책에서 묘사한 모습의 미래가 온다고 해도 그 미래 속의 '인간'이 추구하는 것은 지금과 별반 다르지 않을 것입니다. 과학 기술이 더 좋은 세상을 가져다준다 해도 우리가 해결해 나가지 않는 한, 과학 기술로 인해 누군가가 배제되고, 차별되고 소외된다면 미래에도 세상은 '현재' 진행형일 것입니다. 작가는 먼저 온 미래를 통해 무엇이 인간인가?', '무엇이 인간이게 하는가?'라는 질문을 우리에게 던집니다.

생각하면 쓸모 있는 질문 한 스푼

- 가족 중 누군가와 큰 갈등이 있었거나 서로에게 상처를 준 경험이 있나요? 상처를 회복한 경험이나 가족관계에서 상처를 최소화하면서 살아가는 방법에 대해 이야기해 봅시다.
- 「순례자들은 왜 돌아오지 않는가」라는 이야기에서 릴리는 유전병을 갖고 있습니다. 미래의 완벽한 생명을 연구하는 릴리는 딸이 자신처럼 유전병이 있다는 것을 알고도 폐기하지 않았습니다. 단지 딸이나 인간이기 때문은 아니라고 합니다. 다른 이유가 있다면 무엇일까요?
- '우리가 빛의 속도로 갈 수 없다면'은 무슨 의미일까요?
- '우리가 빛의 속도로 갈 수 없다면 (   )' 위의 (   )에 글을 지어 봅시다.

나만의 '삶의 의미'를 찾아서

빅터 프랭클, 『빅터 프랭클의 죽음의 수용소에서』, 청아출판사, 2021.
이 책은 정신 의학자이자 사상가인 저자가 나치 강제 수용소에서 포로로 겪은 극한 상황에서의 고통의 경험을 쓴 자전적 에세이입니다. 저자는 자신의 경험을 토대로 정신 치료 기법인 로고 테라피를 정립하고, 인간이 어떻게 고난을 극복해 나갈 수 있는지 우리에게 방향을 제시합니다.

'외로움부(Ministry of Loneliness)'라고?
며칠 전 TV 방송에서 영국에는 '환경부', '교육부', '외교부' 등과 같이 '외로움부'가 있다는 것을 듣고는 놀랐습니다. 외로움과 고독의 심각성은 영국뿐 아니라 다른 나라는 물론 우리나라도 매우 심각한 문제라고 생각합니다. 그러나 이제는 '외로움'이 개인적인 문제가 아니라 사회적인 문제이며 정책적으로 다루어져야 하는 시대가 되었다는 것을 의미하는 것이겠지요. 외로움은 타인과의 관계, 자기 자신과의 관계에서 소통의 부재로 인해 느끼게 되는 감정이며, 그로 인해 우리는 자존감이 낮아져 위축되게 됩니다.

그 방송을 보면서 스티븐 코비의 『성공하는 사람들의 7가지 습관』에서 저자가 도서관에서 책을 읽다가 발견했다는 '자극과 반응 사이에는 공간이 있다.'라는 내용이 떠올랐습니다. 반응 이전에 자극을 어떻게 처리할지, 어떤 결과가 오도록 선택할지, 그 공간에 주도적인 우리 자신이 있다는 뜻이겠지요. 인간은 외로움의 자극과 나의 반응 사이에서 주도적인 선택을 하는 존재라는 뜻이겠지요. 이와 같은 의미의 말을 빅터 프랭클도 이 책에서 하고 있습니다. 그는 인간의 모든 행동과 의지를 제약하는 극단적인 수용소에 있으면서도 사람이 자기 행동의 선택권을 가질 수 있다고 이야기합니다.

누군가로부터 불쾌한 말을 듣거나 자극을 받거나 절망적인 상황에 처했을 때 어떻게 반응하나요? 나 자신이 반응을 선택할 수 있는 자유 의지의 공간을 갖고 있다는 것을 통찰하는 지혜를 깨우치는 것도 쉬운 것은 아닐 것입니다. 그러나 '나는 충분히 내 행동을 선택할 수 있다'라는 것을 알아차리기만 해도 삶의 모습은 조금씩 달라집니다. 저자는 우리 자신을 힘들게 벼랑으로 몰아가는 것은 상황이 아니라 우리 자신이라고 말합니다. 자극과 반응 사이의 선택할 수 있는 공간을 인식하지 못하면 자신의 잠재 능력에 대해서도 모르고 그저 상황과 환경을 변명 삼아 수동적으로 반응하며 살아갈 수도 있기 때문입니다.

이 책은 빅터 프랭클이 나치 강제 수용소에 수용되어 겪었던 잔인했던 자신의 체험과 그로 인한 깨달음의 이야기입니다. 부모님과 아내, 형제가 강제 수용소에서 몰살당하게 되고, 추위와 공포 등의 잔혹함 속에서 살아남은 체험 속에서 깨닫게 된 삶의 의미에 대해, 수용소에서 나온 후에 적은 책입니다. 후반부는 이를 통해 정립한 '로고테라피(Logotherapy)'라는 이론에 대한 내용입니다. 이 이론의 핵심은 사람이 살아가면서 자신의 삶의 의미를 찾는 것이 가장 중요하다는 것입니다.

그는 나치 강제 수용소의 수감자들 중에서도 자기가 해야 할 일이 있다는 것을 아는 사람이 더 잘 살아남았다는 사실을 알았습니다. 삶의 절실함은 어떤 상황에 대해 더 견디고 버텨내는 잠재 능력과 의지, 한계 상황을 이겨내게 만듭니다. 그가 발견한 수감자들의 삶과 죽음의 기준은 그들이 '내 삶의 의미가 있는가?'였다고 합니다. 가스실로 끌려가지 않은 이상, '헤어진 가족을 다시 만나야 해!'라고 하는, 반드시 살아서 나가야만 하는 이유가 있었던 사람들이 살아남는 확률이 더 많았다는 뜻입니다.

니체가 말했다.
'왜' 살아야 하는지 아는 사람은 그 '어떤' 상황도 견딜 수 있다.
_빅터 프랭클,『빅터 프랭클의 죽음의 수용소에서』, 청아출판사, 2022, p123

　로고테라피에서는 우리가 삶의 의미에 도달하는 방법엔 세 가지 길이 있다고 이야기합니다. 첫째, 일이나 행위를 통해서, 둘째, 어떤 경험이나 사람을 통해서, 셋째, 시련을 통해서라고 합니다. 시련이 꼭 필요하다는 것이 아니라 시련을 통해서도 자신의 의지와 잠재 능력을 발견할 수 있고 그 속에서 의미를 찾게 된다는 뜻입니다. 그것이 시련이라는 자극에 대한 우리 자신의 주도적인 반응이라고 생각합니다. 우리는 시련을 통해서 많은 지혜와 깨달음을 얻기도 하니까요. 그래서 시련을 다른 말로 '보석'이라고 부르기도 합니다.

　저자는 행복에 대해서도 사람이 행복하려면, '행복해야 할 이유'가 있어야 한다고 말합니다. 어떤 이를 웃게 하려면 웃을 수 있는 이유가 필요하고, 또 우스운 이야기를 들려주어야 하는 것과 같은 원리입니다. 이 책을 읽는 기회를 통해 행복할 이유, 내가 살아가는 이유에 대해 목록으로 적어

보고 생각해 보는 것도 좋을 것 같습니다. 그렇게 책을 읽고 뜻있는 시간을 갖게 되길 바랍니다.

생각하면 쓸모 있는 질문 한 스푼

- 살아오면서 힘들었던 순간을 견뎌낸 경험이 있다면 어떤 것인가요? 그 경험으로 내가 배운 것은 무엇인가요?
- 힘든 일, 견디기 어려운 신체적 또는 정신적 고통이 있을 때 나를 견디고 이겨내도록 해 주는 것은 무엇인가요?
- 내 스스로 만든 감옥의 틀, 또는 남들의 시선으로 행동에 제약을 받는 것이 있다면 무엇인가요?
- 나를 행복하게 하는 것들과 내가 살아가는 이유에 대해 이야기해 봅시다.

메멘토 모리! 죽음을 기억하라

김지수·이어령, 『이어령의 마지막 수업』, 열림원, 2021.
이 시대의 지성 이어령과 김지수 작가와의 대화를 담은 책입니다. 이어령 선생은 그의 마지막 인생 수업으로 우리에게 삶과 죽음에 대한 지혜의 메시지를 들려줍니다. 저자는 암 투병의 고통 속에서도 삶과 죽음에 대해 묻는 인터뷰 질문에 대해 은유와 비유로 "죽음이 생의 한가운데 있다."라고 말하며 울림 있는 지혜를 줍니다.

삶은 생존의 빵이 아니라, 케이크와 같은 선물이라고 하시던 이어령 선생님의 영상이 생각납니다. 이어령 선생님은 자신이 떠나고 난 후 남는 사람들에게 삶과 세상에 대한 깨움을 주려고 병석에서도 열정적으로 영상과 인터뷰를 남겼습니다.

그는 죽음을 마주하며 살아가는 방법, 사랑과 용서, 과학 등 다양한 주제들을 통해 우리에게 '죽음이 생의 한가운데 있다는 것'을 울림 있는 목소리로 전합니다. 죽음이 우리 삶의 가장 가운데에 있다는 것은 무슨 의미일까요? 저는 오랫동안 책을 추천하는 독서 편지 편집원으로 글을 썼습니다. 어느 날에 글의 제목을 '죽음이라는 불편한 진실 앞에서'라고 붙여서 담당에게 보냈던 적이 있습니다. 담당자는 그때가 2월인가 3월이어서 모든 것을 시작하는 시점에서 죽음을 논하는 것이 좀 불편하니 다르게 제목을 짓자고 제게 요청을 했습니다.

어떻게 살아야 할까를 알려면, 어떻게 죽을까를 고민해야 하고, 그 죽음을 통해 삶의 방향을 알아야 합니다. 하지만 우리는 누구나 겪어야 하는 죽음을 커튼 뒤에 숨겨놓고 다른 말을 합니다. 이것이 '불편한 진실'이라는 것 아닐까요? 선생의 다양한 주제들 그 중심에는 죽음이 있습니다. 죽음을 앞둔 마음으로 세상을 살아갈 모습은 순간순간이 절실하고 절박할 것입니다.

모든 만남과 행동이 한 번뿐이라면 어떤 생각이 들까요? 단 한 번뿐이라는 무게에 대해서 생각하게 합니다. 한 번은 대충하게 될까요? 신중하게 될까요?

내가 곧 죽는다고 생각하면 코끝의 바람 한 줄기도 허투루 마실 수 없는 거라네.
_김지수·이어령,『이어령의 마지막 수업』, 열림원, 2021, p162~163

선생은 화문석의 가격에서 무늬가 없는 것이 무늬 있는 것보다 더 비싼 값으로 팔리는데, 그 이유는 무늬 없는 화문석을 짜느라 몇 배나 재미없고 힘들었기 때문이라고 말합니다. 그처럼 우리의 인생도 자신만의 무늬가 없으면 고역의 생존이 됩니다. 그 이야기가 가슴에 와 닿습니다. "너 존재했어?", "너만의 이야기로 존재했어?"라고 책은 우리에게 묻습니다.

선생은 성실한 노예가 될 것이냐를 물으며 리빙과 라이프를 이야기합니다. 저도 학창시절부터 오랫동안 늘 '생존'하느냐, '생활'하느냐, '나는 살아질 것인가? 살아갈 것인가?'를 고민해왔습니다. 자유 의지로 나만이 가질 수 있는 그 무언가의 의미를 찾아 살라는 이야기겠지요.

저는 인생을 모자이크라고 생각합니다. 조각조각이 모여 하나의 큰 그림이 되고 단 한 조각도 빠지면 안 됩니다. 그 조각의 순간순간이 다 의미 있는 것이겠지요. 선생은 삶을 한 프레임들이 모여서 파노라마가 되는 것이라 말했습니다. 삶은 다 연결되어 있다고도 말씀하셨는데, 모두 같은 표현이라고 생각합니다.

선생은 재능이 평범을 넘어서는 학생들도 특수한 아이로 보고 특별한 지원이 필요하다고 주장하였습니다. 생각이나 신체가 아파서 적응을 못 하는 것만 특수한 아이가 아니라 영재와 천재성을 가진 학생도 평범한 범주에 적응하지 못하는 특수아로 보는 시각이 새로웠습니다. 그에 맞는 교육과 예술의 중요성을 강조한 선생의 말은 끝없이 새롭고 창의적인 생각을 실천하던 분에 맞는 말이라고 생각합니다.

악할 것 같은 인간도 누군가를 위해 파 뿌리 하나 정도는 나눠주는 양심을 가진 존재라고 말하는 부분에서는 인간에 대한 사랑과 가능성이 느껴집니다. 실존주의, 진선미의 명쾌한 비유와 정리, 미래 인공지능 사회에서의 인간, 문학 예술의 역할 등 간결하게 이야기하면서도 방대한 맥락을 이야기하는 것을 보면, 다 이해하기 어렵기도 합니다.

세상을 떠나는 자가 남은 우리를 더 애틋하게 보고 순간순간 나답게 살라고 메시지를 보냅니다. 그것을 보며 이 시대의 어른에 대해 다시 생각하게 됩니다. 메멘토 모리! 죽음을 기억하라! 삶을 위하여.

생각하면 쓸모 있는 질문 한 스푼

⊙ 다음의 말에 대해 어떻게 생각하나요?
"인간은 타인에 의해 바뀔 수 없고 스스로 깨닫고 만족할 수밖에 없으며 그것이 자기다움이다."

⊙ 나의 '자기다움', '나답게 사는 것'은 어떤 모습인가요?

⊙ 선생은 '남의 신념대로 살지 마라, 방황하라, 길 잃은 양이 돼라.'라고 말합니다. 내가 신념대로 살고 있는지, 만약 그렇지 못하면 무엇이 걸림돌이라고 생각하나요?

⊙ 선생처럼 가족과 친구와 지인들에게 당신의 지혜를 남긴다면 어떤 것일지 생각해 봅시다.

왜 오뒷세이아를 읽어야 하는가?

호메로스, 『오뒷세이아』, 숲, 2015.

'오뒷세우스의 노래'라는 뜻으로 기원전 700년경 쓰인 작품인 『오뒷세이아』는 세상에서 가장 오래된 서사시로 평가받고 있습니다. 트로이 전쟁에서 승리를 이끌어낸 그리스의 영웅 오뒷세우스가 전쟁 후 귀향까지의 10여 년의 모험을 그린 이야기입니다. 신화적인 힘과 대결하며 겪는 숱한 모험과 역경, 그 속의 다양한 유형의 인물들 속에서 인간의 본질과 삶을 이어나가는 나만의 이치를 알아갈 수 있습니다.

독서 토론 모임에서 호메로스의 『오뒷세이아』를 읽게 되었습니다. 책을 추천한 회원도, 다른 회원들도 모두 고민했습니다. "우리가 읽어낼 수 있을까?", "우리 수준으로 토론할 수 있을까?" 걱정이 앞섰습니다. 그럴만하다고 공감했습니다. 먼저 700여 페이지의 분량이 위압감을 느끼게 합니다. 인물들의 계보와 어려운 이름들이 내용의 이해를 방해합니다. 한 사람의 대사가 서너 페이지가 넘습니다. 오뒷세우스의 아들 텔레마코스가 이야기하는 것인지, 텔레마코스가 전하는 이야기 속의 다른 인물이 하는 말인지, 헷갈려 다시 앞장을 넘겨보기를 몇 번씩 해야 겨우 대화의 주체를 이해하게 됩니다. 어떤 독서 모임에서는 24장 구성의 책을 2개 장씩 매주 읽기도 하고 6주간 온라인으로 모여서 읽고 토론을 하는 모임도 있었습니다. 우리에게도 한 달의 기간이 있으니 각자 1일 60쪽씩 읽으면 10여 일이면 한 번 읽을 수 있다고 매일 독서 시간을 정해서 읽어보자고 제안하였습니다.

시대를 넘어 지금까지 회자되고 있는 이 책은 BBC 설문 조사에서 '오늘날 우리의 세계를 형성한 100개의 이야기들' 가운데 1위로 선정되었습니다. 현재까지도 소설과 영화, 광고, 상표 등 많은 영역에 영향을 끼치고 그 모티브가 활용되고 있습니다. 그 가치는 무엇일까요?

그 이유는 아무도 그것을 노래하지 않는 어둠에 싸인 먼 역사의 첫 새벽에 인간으로서 겪는 모험과 인간이라고 불리려면 반드시 알아야 하는 인간적인 삶의 본질을 호메로스의 서사시가 노래했기 때문이다.
_호메로스, 『오뒷세이아』, 숲, 2015, p19

고전의 책은 그냥 읽기만 해도 의미가 있는 일이라고 생각했습니다. 우리 각자의 수준에서 책의 의미를 찾고 받아들이면 되는 것입니다. 독서 전문가들의 객관적인 평가가 아무리 가치 있어도 스스로 그 가치에 공감해야만 하며, 자신만의 새로운 의미를 찾는 경험을 하는 것이야말로 진정한 독서의 목적이라고 생각합니다. 무엇보다도 어려운 책일수록 여럿이 함께 읽고 이야기를 나누어야 다양한 관점으로 생각하게 되고 이해에 도움이 됩니다.

저는 공책에 신들과 등장인물들의 계보를 적고 검색도 하면서 읽었습니다. 이런 기본적인 내용이 이해가 되니 두 번째 읽을 때는 흥미진진한 이야기에 빠지고, 행간의 의미를 생각해 보게 되었습니다. 이야기의 대강은 많은 사람들이 알고 있을 것입니다. 그러나 영화의 예고편을 보았다고 그 영화를 다 본 것이 아니듯, 대강의 줄거리를 아는 것과 책을 읽는다는 것은 다른 일입니다.

이 책은 그리스가 10년 동안의 트로이와의 전쟁에서 승리하고 오뒷세우스가 부하들을 이끌고 고향 이타케로 돌아오는 여정을 그리고 있습니다. 그가 고향으로 돌아가는 중에 포세이돈의 아들 외눈박이 퀴클롭스를 만납니다. 그를 물리치는 과정에서 그의 눈을 멀게 하고 그 죄로 오뒷세우스는 고향에 다 도착해 가는 즈음에 또다시 먼 곳으로 가게 되고 끊임없이 귀향길을 방해받습니다. 10여 년 동안 바다를 헤매고 요정 칼립소에게 포로가 되어 함께 살기를 강요받아 수년간 머물기도 하고, 마녀 키르케에게 잡혀 동료들이 돼지로 변하게 되기도 하는 등 숱한 고난을 겪습니다.

고난 끝에 돌아온 고향의 형편 또한 녹록지 않기에, 결국 가족과 집을 되찾기 위한 싸움이 시작됩니다. 이러한 오뒷세우스의 여정과 이야기는 왜 우리에게 중요할까요? 10여 년 동안 험난한 바다에서 고난을 이겨내며 고향을 간 오뒷세우스처럼 내게 있어 끝내 이루어야 할 삶의 '이타케(방향, 목적)'는 무엇인지 생각하는 것도 의미 있는 일이겠지요. 하루하루 살아가는 데에 바쁜 우리에게 책을 읽으며 잠시 삶의 나침반을 들여다보는 것은 뜻깊은 일입니다. 또한 그가 없는 동안 아내에게 구혼을 하며 아내를 괴롭힌 많은 남자들에게 오뒷세우스는 잔인하게 복수합니다. 이에 대해서도 어떻게 생각하는지 함께 읽은 사람들과 생각을 나누어 보는 것도 의미가 있습니다. 내가 생각하는 영웅은 어떤 모습인가요? 오뒷세우스는 어떤 모습의 영웅인지 그의 행적과 연관하여 토론하여 보길 권합니다.

또한 외눈박이 거인 퀴클롭스가 한 개의 눈만 가졌다는 데서 유래된 퀴클롭스 콤플렉스(Cyclops complex)처럼 나의 콤플렉스나 편견은 무엇일까? 생각하는 시간이 될 것입니다. 소통이 잘 안 될 때 어떻게 해결하고 있는지, 다른 방법은 없는지 들여다보는 것도 이 책이 주는 큰 가치입니다. 다양한 질문으로 책을 읽으면서 그 장면에 머물면 책은 더 깊이 다가옵니다. 이러한 과정에서 질문이 책을 이해하는 데 얼마나 중요한가를 느끼게 될 것입니다.

오뒷세우스가 고향을 가는 험난한 바다의 여정이 우리 삶의 모습이기에 '오뒷세이아'를 '인간의 삶'이라고 표현하기도 합니다. 이 책을 읽고 '여행'에 대한 의미를 재해석해 봅니다. 여행은 원하는 목적지로 가는 것이지만 원하지 않거나 예기치 않은 역경이 있기도 합니다. 목적지에서 기대한 모습이 꼭 있는 것도 아닙니다. 그렇다고 무조건 되돌아올 수도 없고 그만둘 수도 없는 상황일 때, 어떻게 할 것인가 해결책을 생각해야 하는 것이 여행이자 삶입니다.

오뒷세우스를 통해서 '영웅'에 대해서도 다시 생각하게 됩니다. 이야기 속에서 오뒷세우스는 바다 위의 끝없는 고난과 유혹에 꿋꿋하게 대처하는 모습이 아닙니다. 나약하고 좌절하는 그의 모습이 왜 영웅인가에 대해 생각하면서 '인간' 그리고 '나'에 대해 성찰해 봅니다.

고향을 찾아가는 목적을 잊지 않고 끝없는 예기치 못한 상황을 해결해 나가는 오뒷세우스처럼 살아간다는 것도 그런 모험과 같습니다. 오뒷세우스의 모험은 흥미로운 이야기 속에서 삶에 대한 근본적인 질문에 대해 생각하게 합니다. 그래서 책은 타인과의 소통이고 나 자신과의 소통 도구입니다. 두꺼운 책이지만 매일 설정된 식사 시간처럼 독서 시간을 정해서 조금씩 읽으면서 오뒷세우스의 모험의 세계로 빠져 보기를 추천합니다.

생각하면 쓸모 있는 질문 한 스푼

- 오뒷세우스는 낯선 섬에서 괴물들을 만나 이겨냅니다. 낯선 상황과 사람들에 대해 나는 어떻게 적응하는 편인가요?
- 아름다운 매력을 가진 님프 세이렌은 견디기 어려운 유혹을 상징합니다. 나의 의지를 꺾고 하는 일에 집중하지 못하게 할 만큼 유혹하는 것이 있다면 무엇인가요? 유혹에서 벗어나는 나만의 방법은 무엇인가요?
- 오뒷세우스가 '영웅'인 이유는 무엇이라고 생각하나요? 내가 생각하는 '영웅'은 어떤 모습인가요?
- 외눈박이 거인 퀴클롭스는 외눈박이 눈이라 한 쪽밖에 볼 수 없습니다. 이것을 '퀴클롭스 콤플렉스(Cyclops complex)'라고 하는데 내가 가진 콤플렉스나 편견은 무엇인가요?
- 오뒷세우스에게서 배운 지혜가 있다면 무엇인가요?

'끝'의 다른 이름

알프레도 코렐라·호르헤 곤살레스, 『끝의 아름다움』, 소원나무, 2021.
우리가 가진 '끝'에 대한 새로운 생각을 하게 하는 그림동화입니다. 지금 끝내고 있는 일과 관계와 모습에 대해 어떤 느낌들을 갖고 있나요? 거북이 니나를 따라 여행을 떠나며 끝에 대한 새로운 느낌과 생각을 가져보세요.

'끝' 하면 어떤 생각과 느낌이 드나요?

과제를 완성한 끝, 한 학기의 끝, 한 학년의 끝, 학업의 끝 졸업, 방학의 끝, 만남의 끝, 시험 끝, 여행 끝, 장마나 태풍의 끝, 책을 한 권 다 읽은 끝, 하루의 끝, 직장생활 끝, 전세살이 끝. 수많은 끝을 적어보세요.

어떤 일이나 관계의 '끝'이 주는 감정은 어떤가요? 기쁨과 성취감, 뿌듯함, 슬픔과 허탈, 절망, 시원함, 섭섭함 등 아주 다양합니다. 수많은 끝에 대한 감정들을 또 적어보세요.

지금 어떤 '끝'에 서 있나요?

그 '끝'을 다르게 표현한다면 무엇이라고 이름 지어주고 싶나요?

100년간 수많은 여행을 한 거북이 니나는 '끝'이 무엇인지 알고 싶어 길을 떠납니다. 가다가 만난 개미는 먹이가 다 떨어진 '끝'은 나쁜 것이라고 말합니다. 애벌레, 제비, 뱀, 꾀꼬리, 강물을 만나 '끝'이 무엇인지 아느냐고 물어봅니다.

"여름이 끝날 때 나는 친구들과 따뜻한 남쪽으로 날아가. 그리고 겨울이 끝날 때 다시 여기로 돌아오지."
"그게 무슨 뜻이야?"
"끝은 아마 방향을 바꿔야 할 순간일지도 몰라."
_알프레도 코렐라·호르헤 곤살레스, 『끝의 아름다움』, 소원나무, 2021, p17

니나를 만난 동물들은 '끝'에 대해 '평생 기다려온 순간', '방향을 바꾸어야 할 순간', '시작하는 순간'이라고 각자의 생각을 말합니다. 니나는 많은 '끝'에 대한 생각을 들어도 끝에 대해 알 수 없었습니다.
 '끝'을 모르는 이유는 무엇일까요?
 니나는 끝이 없기 때문일 수도 있고, 끝을 가보지 않아 모르는 것일 수도 있다고 생각합니다. 모르기 때문에 끝이 두렵게만 느껴집니다.

 이 책은 색감이 대조적이고 화려하고 강렬합니다. 그리고 그림을 읽어가는 재미가 있습니다. 저학년부터 어른까지 함께 읽을 수 있고, 우리가 가진 '끝'에 대한 편견과 고정된 생각을 벗을 수 있는 좋은 책입니다.
 끝이 아름다운 이유는 무엇일까요?
 '끝'의 다른 이름을 지어 주세요.

생각하면 쓸모 있는 질문 한 스푼

- 책에서 여러 동물들이 각자의 '끝'에 대한 의미를 말합니다. 어느 동물이 말한 것에 공감하나요?
- 나에게 '끝'은 어떤 의미인지 이유와 함께 정의를 내려 봅시다.
- 주인공 니나의 여행은 어떤 상징적인 의미가 있다고 생각하나요?
- 나의 삶에서 '끝'이 새로운 시작이 된 경험이 있다면 무엇인지 이야기해 봅시다.

부록

아이와 함께, 가족과 함께하는 독서 토론 목록
『독서의 쓸모』 읽고 독서 토론하기

아이와 함께, 가족과 함께하는 독서 토론 목록

1	'우리를 관찰하는 그들'에 대해	권정민, 『우리는 당신에 대해 조금 알고 있습니다』, 문학동네, 2019.	1장-1
2	'관계'의 안녕을 위한 방법	안도현, 『관계』, 문학동네, 1998.	2장-5
3	고전의 위력	율곡 이이, 『격몽요결』, 민음사, 2023.	4장-4
4	'같기'를 기다리는 교육 말고	조던 스콧·시드니 스미스, 『나는 강물처럼 말해요』, 책읽는곰, 2021.	5장-10
5	내가 가장 아끼는 낱말은?	아그네스 드 레스트라드·발레리나 도캄포, 『낱말 공장나라』, 세용출판, 2009.	6장-1
6	쉬운 이야기, 깊은 생각, 토끼와 자라 이야기의 재해석	성석제·윤미숙, 『토끼와 자라』, 비룡소, 2010.	6장-6
7	침묵을 지킬 수는 없었니?	프랑수아 플라스, 『마지막 거인』, 디자인하우스, 2002.	7장-1
8	삶을 빛내는 '소확행'	카르멘 치카 마뉴엘 마르솔, 『거인의 시간』, 로그프레스, 2016	8장-1
9	'끝'의 다른 이름	알프레도 코렐라·호르헤 곤살레스, 『끝의 아름다움』, 소원나무, 2021.	8장-10

『독서의 쓸모』 읽고 독서 토론하기

일상과 함께하는 독서, 책 속에서 삶의 지혜를 찾아 실천하는 『독서의 쓸모』를 읽고 토론해 봅시다.

다음의 질문들 중 선택하여서 토론해 봅시다

- 8장의 주제 중 가장 관심이 많은 주제 또는 현재 필요한 주제는 무엇인가요? 왜 그런지에 대해 이야기해 봅시다.
- 이 책에서 다룬 추천의 책들 중에서 읽었던 책이 있으면 소감과 관련된 경험을 이야기 해 봅시다. 읽고 싶은 책에 대해서도 관련하여 떠오르는 경험과 이유에 대해 이야기 해봅시다.
- 책에서 재미있거나 공감하는 내용에 대해 이야기해 봅시다.
- 이해가 되지 않거나 궁금한 내용은 무엇인가요? 질문으로 만들어 함께 생각을 이야기해 봅시다.
- 책을 구성한 8개의 주제 중에서 한 가지를 골라 다른 사람에게 추천하고 싶은 나만의 책이 있다면 무엇인가요? 이유와 함께 이야기 해봅시다.
- 책의 다양한 질문 중에서 나에게 가장 와 닿는 질문 1~2가지를 찾는다면 무엇인가요? 왜 그 질문이 나에게 중요한가요?

- 나의 일상이나 삶에 변화를 준 인생의 책이 있다면 무엇인가요? 그렇게 생각한 이유와 경험에 대해 이야기 해봅시다.
- 책을 읽고 내가 실천할 지혜를 찾았다면 무엇인가요?
- 책의 내용에서 베껴쓰고 싶은 문장을 찾아 적어봅시다. 그리고 소리내어 낭독하고 소감을 이야기해 봅시다.

_____
_____
_____
_____
_____
_____
_____
_____
_____
_____
_____
_____

- 다른 질문을 만들어 함께 토론해 봅시다.

에필로그

일상 속으로 들어와
'쓸모 있게' 나를 채우는 독서 여정

일이나 사람과의 관계에서 지칠 때 『우리는 당신에 대해 조금 알고 있습니다』를 읽으면 위로가 됩니다. 책에는 우리처럼 힘들게 사는 식물들의 모습과, 그들의 눈으로 관찰한 우리의 모습을 통해 잊고 있던 안쓰러운 나 자신을 돌아보게 됩니다.

『관계』에서 새 구두에 적응하려면 발뒤꿈치에 상처 나는 시간도 필요하고 기다릴 줄 알아야 한다는 이야기를 봅니다. 우리는 거기서 다른 사람을 이해할 수 없을 때, 갈등이 있는 관계나 어색한 사이에 대해서도 인정하고 기다려야 한다는 것을 알게 됩니다.

배움과 가르침에 관한 책들을 읽으며 저는 학생들에게 꾸짖되 화를 내지 않는 방법을 실천하며 조금씩 변화합니다. 저의 내면에 잠재된 화의 이면을 돌아보게 됩니다. 이렇게 독서는 우리의 일상 속으로 들어와 실제적인 처방이 되어 줍니다.

독서는 한 개인이 가진 경험과 만나 삶과 어떻게 연관되는지 마음을 여행하게 하는 보물 상자입니다. 나와 작가의 감정과 경험이 함께 만나 의미를 새기게 되고 마지막 장을 넘기면 자신을 새롭게 발견하기도 하고, 생각이 조금 비껴가는 새로운 길을 걷게 될 것입니다.

시대가 빠르게 변함에 따라 정보와 소통의 매체가 디지털과 AI 인공지능으로 변해갑니다. 비대면의 비중이 커집니다. 우리의 집중력도 짧아져 책과 영화 등은 요약본도 지루해 숏폼, 5분 이내의 영상으로 대신하곤 합니다. 이런 현상에 대해 염려하는 뉴스도 보았습니다. 그럼에도 불구하고 미래학자, 교육자들은 미래 사회에서 주도적이고 창의적인 사고는 여전히 중요할 것이며, 그 핵심 바탕은 꾸준하고 능동적인 독서라고 말합니다.

능동적인 독서는 일상생활의 경험. 삶과 닿아 있어야 합니다. 독서는 나를 제대로 만나고 발견하는 도구입니다. 나와 관계 맺는 사람과 세상을 살아가면서 겪는 문제 해결에 도움을 주는 소통의 다리입니다. 삶을 채우는 독서 맛집에서 나만의 이야기와 맞닿은 나만의 책을 발견해보세요.

맛있는 음식을 먹거나 멋진 곳을 다녀오면, 우리는 친구나 주변에 알려서 공유하려고 합니다. 추천받은 식당이나 장소에 다녀오면 함께 극찬을 할 수도 있고 인생 맛집을 발견하는 기회를 얻게 되기도 합니다. 그러나 그곳에 대해 공감하지 않을 수도 있습니다.

이 책을 쓴 저의 마음이 그렇습니다. 이 책을 보며 누군가는 공감할 것이고, 누군가는 공감하지 않았을 것입니다. 하지만 저는 이 책들을 읽음으로써 저의 마음과 일상을 조금씩 변화시키고 저 자신을 성장시킬 수 있었습니다. 이처럼, 이 책을 읽는 누군가에게도 이 책의 내용이 일상을 함께하는 위로와 지혜가 되길 소망해 봅니다.

노을 맛집, 드라마 맛집이라고 들어보셨나요? 냉면 맛집처럼 음식에 관한 비유로 쓰였지만, 요즘은 전망이나 노을, 드라마 등에서 멋지다는 표현으로도 쓰입니다. 이 책의 독자가 제가 추천하는 책들을 다른 이에게 공유하게 되길, 그리하여 삶의 공백을 채워나가게 되길 바랍니다. 이를 통해 이 책이 독서 맛집이 되었으면 좋겠습니다.